暢銷修訂版

使用說明書

血型

A
B
O
AB

# 從血型特質來掌控他人心理

血型和心理有著怎樣的聯繫？

為什麼某種血型的人身上總是莫名的相似？

為什麼O型血的人總是那麼自信？

如何拒絕不同血型的人？

本書就能回答你的問題，

解答你的關於血型和心理的所有疑惑，

為你更瞭解你自己，幫你更懂得他人，

讓你從中知道那些可信可不信的神奇事。

孫靈嵐 編著

CONTENTS 目錄

# 第 1 章　學會血型控心術，你在哪兒都是焦點

# 第 2 章　學會從不同血型人手中獲得自己想要的東西

第 **3** 章　**如何吸引不同血型人的眼球**

第 **4** 章　**讓不同血型的人都愛你**

# 第 5 章 對不同血型的人，說不一樣的話

# 第 6 章 如何巧妙拒絕不同血型的人

## 第 7 章 婚姻家庭裏的馴「愛」哲學

## 第 8 章 職場兵法，水來土掩

第 **1** 章

# 學會血型控心術，
# 你在哪兒都是焦點

# 1 選擇團隊，站對方陣

　　所謂的團隊就是有著共同的價值觀，能夠為了同一件事去努力付出，並且可以互相協調互相彌補的隊伍。雖然說人都是千奇百怪的，但是同一種血型的人會有一些相同的性格特徵，這些人聚集在一起就會形成一種團隊氣質，這種氣質會決定你在這個團隊中能不能有所發展。人生其實就是不斷地選擇團隊的過程，選擇了適合自己的團隊，可以一展所長，就能如魚得水，越來越有幹勁；相反，則可能被埋沒了才華，失去了奮鬥的激情，最後被磨成一個什麼都平凡的普通人。

　　不同血型的人，適合的團隊氣質不一樣。雖然大家說要讓自己適應社會，這樣雖然可以保證自己能夠安安穩穩地在這個團隊中生存，但也淹沒了光輝和優勢。所以尋找一個適合自己的團隊和環境，可以幫我們更好地成長。

張凡是典型的弱勢 A 型血的人，他很難接受一些新事物，創新能力也比較差，但是做事確實很認真，很少在工作中出錯。而身邊的同事都是開朗外向的，這樣一比較他就顯得默默無聞了。雖然如此，他並不覺得自己這樣在公司有什麼問題，他習慣了自己這樣默默無聞的工作方式。

　　直到有一天，上司把張凡叫到辦公室，婉轉地表達了希望張凡辭職的意思。張凡不明白為什麼，自己從來沒有做錯事。上司說：「最近我們做了一個團隊成員之間的調查，我們發現很多同事都覺得你不適合這個團隊。雖然你很謹慎細心，能夠幫他們處理一些細

節上的問題，但是還是沒有對團隊做出特別重大的貢獻，為了不影響團隊的效率，我最後才不得不做出這樣的決定。」

最後張凡辭職了，但他還是不明白自己到底有什麼問題！一個星期以後，他收到了以前上司的一封郵件，上司說：「我一直都認為你是一個非常負責的員工，是任何一個公司都希望得到的員工。但是我現在帶領的這個團隊比較特殊，整個團隊的氣氛很活躍，在工作上大家都是有話直說，而且有話必說。我並不是要安慰你才這樣對你說，我一直認為你很優秀，但是公司這個團隊的氣氛並不適合你。我一個朋友的公司團隊氣氛就比較平穩，而且他一直希望能夠有一個嚴謹認真的人提示他團隊的走向，並且有足夠的細心在關鍵時刻去幫他指出問題。我向他推薦了你，如果你有意的話可以到他的團隊中去，或許你會得到更好的發展。」

最後他決定去新公司試一試，新公司的同事和以前的同事很不一樣，他們很喜歡張凡這樣穩重認真的人。很多次張凡都憑藉著自己的認真和嚴謹，發現了一些關鍵細節處的重大問題，避免了重要的錯誤。同事們更喜歡這個平時不多話，關鍵時候卻能發揮重要作用的新同事了。

張凡這個時候才明白前任上司說那些話的意思，一個人只有選擇對了團隊，才能把自己身上的優勢發揮得淋漓盡致。半年之後，張凡得到了升遷的機會。他常常會想：如果自己一直沒找到合適的環境和團隊的話，會不會變成一個平凡自卑的小老頭？

張凡雖然是典型的弱勢 A 型血的人，這並不表示他就一定不能成功。這類人雖然在氣勢上沒有那麼強大，但是他認真負責的態度，卻是能夠與公司和同事建立起長久的合作關係。也是因為他看

起來是弱勢的，所以大家會更願意與這樣的人交往。而且Ａ型血的人骨子裏就有犧牲精神，團體的歸屬感很強，所以特別容易把自己當做是團體的一員。這樣的人在一個比較平穩、謙和的團體中，是很容易得到認可的。

團隊散發出來的氣質會讓人感受到一種磁場，這種磁場會一直吸引著你圍繞團隊運行。選擇一個團隊就像是選擇吸鐵石的南北極，只有對了才能夠互相吸引，否則無論你怎麼用力，也無法合併在一起。

個人氣質和團隊的氣質相符，是最合適的完美搭配；但是如果個人氣質和團隊氣質相悖的話，就會壓抑個人氣質。壓抑個人氣質有兩種結果，一種是像張凡這樣離開團隊，另一種是自我改變，磨平棱角，成為團隊中的隱形人。誰都不願意做一個隱形人，誰都希望自己的光輝可以散發出來，所以無論你是什麼血型的人，尋找到可以互相吸引的團隊才能開啟成功之門。

尋找適合的團隊，除了瞭解自己的氣質，更重要的是瞭解團隊的氣質。按血型分，我們可以這樣來瞭解團隊中的氣質。

**以Ａ型血為主的團隊**：Ａ型血的人比較靦腆，沒有那麼積極，卻很有責任感。而且在團隊中，他們容易受到同事的影響，經常會舉棋不定。在這樣的團隊中，外人看來可能覺得比較消極，但是隊員們一個個都是負責認真的。或許別的團隊的人都下班走了，Ａ型血的團隊還默默地加班，為自己的工作奮鬥著。

如果你責任心沒那麼強，最好不要和Ａ型血的團隊共事，因為他們最看不起做事不負責的人，到時候你很可能成為團隊中的邊緣人。

**以Ｂ型血為主的團隊**：Ｂ型血的人自我意識非常強，他們的語

chapter **1** | 第
學會血型控心術，你在哪兒都是焦點 | 一
　　| 章

言能力、空間判斷能力也都很強。這個團隊呈現出來的氣質就像是東北大漢，爽朗、直接，沒有過多的心眼。一旦確定以後就不顧一切地幹下去，他們非常重視過程。這個團隊中可能經常會聽到爭吵聲，但是過了一會兒又能聽到爽朗的笑聲。這就是一個矛盾的團隊，可以為一件事吵得面紅耳赤，也可以說說笑笑開心不已。

　　如果你是一個敏感的人，那麼最好不要進入這個團隊，因為你很有可能為了一件小事就會覺得非常難過，想不通到底是為什麼。而別人則完全沒有放在心上，這就是 B 型血的團隊，簡單而直接。

　　**以 AB 型血為主的團隊**：這個團隊的人行動尖銳，而且都是能夠出謀劃策的軍師級人物，不過軍師太多也會影響意見的統一和實施。AB 型血的人不會主動投入團體，管理起來比較困難，但是具有爆發性。尤其是面對著明天就要交付的工作，在這種高壓的環境下，他們最容易爆發出好的想法。

　　如果你過於強勢，不太願意做一些基本的事情，那麼在這個團隊中就難以發展。在都是天才的團隊中，平常人則更容易獲得成就。天才們關注思想，而平常人願意去實施。

　　**以 O 型血為主的團隊**：O 型血的人熱情、耿直，在團隊中不會過於計較得失。整個團隊會很活潑，也非常有默契，但是通過了的決議很難再改變，就算是錯誤的也不容易有所修改。所以這個團隊容易呈現兩種極端，要嘛就成功，要嘛就失敗得很徹底。

　　如果你沒有堅強的心臟和很強的說服力，那麼你就只能陪著團隊失敗或者成功。而且他們喜歡成群結黨，性格過於孤僻的你，很可能成為他們排斥的對象。

　　沒有哪種類型的團隊是十全十美的，之所以要組成團隊，就是

要取長補短，互相配合，這樣才能獲得成功。而對於個人來說，妄想改變團隊的氣質是很難的，尋找適合自己的團隊才是上上之選，也才能保障自己的發展。

A型血為主的團隊，沒有那麼積極，但是卻有足夠的責任感；B型血為主的團隊，是一個非常矛盾的團隊，簡單而直接，非常重視過程；AB型為主的團隊，行動尖銳，比較難於管理，卻很有爆發性；O型血的團隊，很活潑，很有默契，但是容易呈現兩種極端。

## 2 善加利用不同血型自身的弱點

一個團體中，焦點在誰身上，那個人就是當之無愧的領導者。不過，可能這位「領導者」並不是上司、主管，但是能吸引大家的注意力成為焦點，是不是上司已經不重要了。很多上司是工作中的主管，卻不能成為大家的焦點，甚至會讓人在某些時候覺得他可有可無。而有的人或許只是一個普通的職員，但是大家都會不由自主地支援他，欽佩他，而這就是焦點氣質。這種氣質很奇怪，它不會跟隨那個人的位置而存在，或許說這種氣質只選擇能夠駕馭它的人。

每一個人身上都有這種焦點氣質，或許在認真工作的時候，或許是在私下的相處中。每個人身體裏都有這種焦點氣質，每個人都

可以成為眾星拱月的那個月亮。而對於不同血型的人來說，激發自己身體裏的焦點氣質才能真正吸引住身邊的人。

展示自己的焦點氣質最重要的還是要掌握方法，只要方法得宜，所有人都可以像如來佛的手一般，讓孫悟空永遠逃不出五指山。

彼特剛剛升為銷售組的小組長，其他小組成員都還算配合，唯獨那個陳佳是個麻煩人物，每次都一副不合作的樣子，開會的時候心不在焉，要求寫的報告也拖了一個多星期，業績也不太好，不怎麼答理同事，大家都不太喜歡這個人。彼特原本想跟上司反映把他調走，可是他剛剛才升職，如果馬上就去和上司反映這個問題，上司一定覺得他沒能力，而且如果能夠收復這個不合群的人，同事們會更加佩服他這個上司。所以必須自己想辦法解決。

彼特發現陳佳雖然外表看起來很冷漠，不拘小節，做事的時候也不喜歡跟別人配合。但是他卻不是一個瀟灑的人，經常關注別人對他的看法。彼特覺得陳佳就是一個「乖僻 B」，就是一個典型的 B 型血的人。

這種人有一個最大的弱點，就是如果別人對自己冷漠，或者是被團隊拋在了後面，他就會非常著急。彼特信心滿滿的，他知道他一定可以收服下屬的心，讓大家都能看到他的領導才能。

第二天，他把小組中的成員叫過來一一單獨談話。陳佳以為馬上就輪到自己了，可是一直到第二天，彼特都沒有叫陳佳來談話，陳佳問了同事，組長都跟他們說了什麼，但是同事們都說沒說什麼。陳佳更懷疑小組裏的人想要孤立自己。他一直等了一個星期，彼特都沒有找陳佳談話，而且也不派任務給他了，開會的時候也不

點名讓他專心一點……這一切讓陳佳非常不安。

陳佳越來越著急，他覺得大家都當他如空氣一般。陳佳想來想去，他很肯定自己被這個剛上任的上司整了，所以大家都不答理他。他決定好好去開展業務，以此證明他在這個團隊中還是非常有用的。於是陳佳變得非常賣力，半個月就完成了一個月的銷量。而且還主動和同事們分享經驗，同事們對他也熱情起來。

這時彼特才把陳佳叫來單獨談話，彼特還沒開口，陳佳就說：「你不要想聯合大家來孤立我，我現在證明了我的價值，大家都看好我的！」彼特大笑起來，彼特說：「我從來沒有和大家一起要孤立你，我和其他人談話真的沒談什麼，只是說了一些家常，但是因為你覺得我一定是在孤立你，所以你就越來越害怕，更加覺得同事對你的態度變了，其實他們沒有變，只是因為你有了懷疑。其實現在這樣不是很好嗎，和同事相處愉快，業績提高，為什麼不繼續下去呢？」

陳佳這才發覺組長的用心良苦，從那以後，陳佳不再是小組中最不配合的那一個，反而成為了小組中最積極的那個，而且對彼特敬佩有加。大家看到那麼難搞的陳佳都變了，對這個組長更是佩服得不行。

彼特非常聰明，他懂得利用陳佳來為自己立一個品牌，讓身邊的人都看到自己的領導能力。也正是因為他成功地馴服了陳佳，其他人對這個主管更有信心，他們的關係也更加牢靠了。這就是焦點氣質的魅力，也是人人都希望練就這種氣質的原因。

每一種血型的人都有其弱點，只要你善加利用，必然可以為自己所用，掌控也能變得簡單易行。但是沒有人喜歡被人擺佈，被人

控制，所以最好能夠把這種掌控做得不露痕跡，就算最後穿幫了，也要把這種控制提升到「為他好的高度」，這樣才能夠讓對方甘心被你控制。無論哪一種血型只要能夠抓住細節，攻擊弱點就可以為我們所用，現在我們就來看看每一種血型的人都有什麼弱點。

**A 型血**：A 型血的人雖然待人接物的時候謹慎細心，但是他們有多疑的一面，所以在初次見面的時候，A 型血人會給人一種和藹親切的感覺，但是時間久了你會發現，無論你和他們接觸多少次，他們依然是這種恭恭敬敬、客客氣氣的樣子，讓人不由懷疑他們是不是真心待人。其實這都是因為他們多疑，如果 A 型血的人對你過於客套，那麼你就要小心了，說不定他早就開始懷疑你的用心了。

對待 A 型血最有效的辦法就是時不時找他們說說心事。雖然他們待人多疑，但是內心是渴望與人交心的，而談心是獲得他們信任最有效的方法，一旦獲得他們的信任，那麼 A 型血的人必然會視你為生死之交。

還有一點，A 型血的人非常重視自尊心，最好不要在公眾場合批評他們，讓他們下不了臺，這樣做只能是適得其反，很可能讓他們惱羞成怒。

所以，對於 A 型血的人來，能夠時常和他們談談心，保護他們的自尊心，這樣才能獲得他們的信任，讓他們死心塌地為你服務。

**B 型血**：B 型血的人喜歡跟著感覺走，所以他們常常是感性的人，在他們眼裏，什麼規矩都不及他們一時的心血來潮。而同時，他們很難承受過重的壓力，尤其是來自人際關係方面的壓力，這更容易讓他們變成刺蝟。脾氣一旦上來，就一定會與你槓上，你說東

他偏說西，不管你說的正確與否，他們都要先痛斥一番，這可能是因為他們天生就感性的關係。

所以對於 B 型血的人來說，最重要的是利用他們的感性，從有利於你的角度把他們的感情激發出來，再加上適當的利用身邊的人對他施加的壓力，他們自然會向你投降。

O 型血：O 型血可以說是心態最好的血型了，不過也正是因為這樣，他們會把各種壓力、各種不良的情緒都在身體內部化解了，於是在行動上變得懶散。而且他們會為自己找到各種各樣的藉口，確立下來的目標一會兒就改了。行為上的懶散會讓他們錯過大好的機會，有些不思進取的感覺。不過這種狀態會隨著年齡的增大而有所改變。

所以 O 型血的人難以掌控，感覺他們什麼都不在乎，但是如果你可以擊敗他們良好的心態，就能鞭策他們積極上進。最好的辦法就是給他們下達死命令，用一些很硬性的指標來給他們壓力，並且不可以有任何餘地。

AB 型血：這種血型的人集合了 A 型血和 B 型血的特點，即理性又感性，這導致他們變得很矛盾，心裏老是有兩個小人在打架，有時候很難做出決定。AB 型血是所有血型中最矛盾，最波動的一類。

對於 AB 型血的人來說，在他們猶豫不決的時候，很希望外界有一種力量來告訴他們應該走什麼樣的路，所以，適當地瞭解他們的想法，引導他們去做決定。決定了以後再執行的過程中又必須要不斷給他們信心，讓他們堅信自己的選擇是對的，而不再猶豫。

> A 型血的人謹慎細心但多疑，自尊心較強，所以可以和他們聊聊天；B 型血的人很隨意，比較感性；AB 型血的人是感性和理性的結合體，很矛盾，易波動，所以要引導他們並給予信心；O 型血的人難以掌握，心態最好，所以要下達死命令，用硬性指標來施壓。

## **3** 我來做各種血型的幕後大老爺

每個人都希望自己是最閃耀的那顆星星，但是真正可以成為團隊中星星的只有一個人。別人成為星星以後我們是不是就只能看著他發光發亮，自己在一邊做點綴的塵埃呢？我們可以不用做跟班，而是做一個幕後大老爺，像慈禧太后一樣垂簾聽政。雖然可能他是主導，但是我們的思想也能像螞蟻搬東西一樣，一點一滴地滲透到他的思想中，最後影響這位處於主導地位的星星。

無論多麼強勢的人，都會受到身邊人的影響和干擾。雖然我們並沒有在主導的位置上，但是可以通過自己微小的力量來影響他們的決定。

張翔在家裏基本上是一個沒什麼話語權的老公，老婆說什麼就是什麼，同事們取笑張翔是老婆奴。可是只有張翔自己知道，表面上老婆似乎主導一切，但其實很多事情最後都是按照自己

的設想來完成的。

　　張翔的老婆小芬是一個非常強勢的 A 型女，而且小芬的想法從來都是非常理智的，感情用事這種詞語永遠用不到小芬身上。所以家裏從來都是小芬做決定的，小到買什麼零食回家，大到理財投資等等，小芬都只是通知老公，而不會和老公坐下來心平氣和地商量。雖然小芬如此強勢，但是張翔的繞指柔也是把小芬管得死死的。

　　有一段時間小芬不知道受到了什麼啟發，到處看房子，想買一間房子做包租婆。那個時候房價是不錯，但是張翔夫妻倆只是一般的薪水階層，而且每個月還要還貸款。雖說已經還了一半多，但是這幾年為了還房貸、照顧孩子，兩人基本上沒什麼存款。如果再買一間房子，壓力是可想而知的。張翔可不想一直為了房貸過著緊張的日子。但是他知道他要是提出抗議，老婆一定不會接納他的意見，甚至會把他臭罵一頓。

　　於是他開始跟老婆講述他同事買了房子以後，為了還房貸而遭受的各種痛苦，跟別人四處借錢，身邊的親朋好友都敬而遠之；他們不能給孩子買最好的東西，東省西省，只為了還房貸；那幾天張翔每天回家就看《蝸居》，然後和老婆說海藻怎麼墮落，海萍怎麼辛苦。

　　終於有一天，小芬跟張翔說：「老公，你說我們要不要再買一間房子？」張翔這下可是心裏有底了，於是他用理性客觀的資料分析了買房子帶來的各種壞處以及好處，然後告訴老婆，買房子在他們家現在來說是不合適的。這次，強勢的老婆只是默默地起身走了，而從那以後，老婆再也沒有到處看房子了。

　　小芬雖然強勢，卻不是不講道理的人，只要能夠有理有據地證明她的想法是錯的，她就能夠自動改正。老婆和上司是一樣的，雖然我們處於弱勢的地位，沒有決定權，但是不等於我們就無所作為。只要抓住每一種血型人的特質，尋找最有效的方式方法來引導他們，我們自然能夠成為幕後的大老爺。

　　這種引導必須建立在對對方非常熟悉的基礎上，如果你不能夠做到知己知彼，那麼就不要指望你可以引導他們，甚至你會被識破，反而惹怒他們。一個強勢的人是很難接受有人在後面操控他的，所以，要嘛不做，要做就要做到天衣無縫，無法識別出來。只有這樣，才能修煉成最好的控心術。

　　我們說過要把引導做得天衣無縫，最重要的就是了解各血型的具體特點，這樣才能夠做到知己知彼。

　　**A 型血**：A 型血的人屬於理智型的，他們做什麼事都要經過一番審慎的思考，絕不會輕易作出決定和發表意見，而且做事一定是循規蹈矩，一絲不苟。這可以算是優點，也可以算是缺點，因為過於循規蹈矩就無法突破原有的框架，無法創新。A 型血的人還是一個懂得深思熟慮，做事謹慎的人，他們不會憑一時衝動來做事，但是也因為過於謹慎而顯得有些優柔寡斷。

　　A 型血的人擁有很多優秀品質，所以要引導他們確實不是一件容易的事。但是這種血型的人卻是最願意按道理來辦事的人，所以引導他們的最好方法就是以理服人。把你的道理條理清楚地表達出來，然後就留下時間給他們自己思考。不過，很重要的一點是，在講道理的時候一定要注意時間和場合，否則也是難以成功的。

　　**B 型血**：所有形容 B 型血的詞語基本都是感性的，比較偏向於自我的精神層面。所以不難看出 B 型血是感性的人，他們具有

強烈的自我意識，並且習慣了我行我素，以自我為中心，而且他們討厭被規矩束縛。常常憑著自己的感覺就去做事，而且經常是不顧後果的。

這樣的人很容易引導，因為他們過於注重感性，所以可以打出感情牌。無論什麼事情，只要扯上感情，B 型血的人們就不會顧及太多東西。你可以挖掘他們喜歡或者討厭的情緒，然後引導他們把這種感情放大，最後他們會按照自己內心的感情去做事。這樣一來，你所希望的就會變成他們自己主動去做的！

**O 型血**：O 型血的人是理智重於感情的人，他們是天生的領導者，堅定、信心十足，這樣的人氣場自然也強大，是那種說一不二的人。所以不要妄想可以改變他們的決定，與其花工夫去研究怎麼改變他們的決定，不如在他們還沒決定之前就實行干預政策。O 型血的人很有正義感，而且也爭強好勝，對事情要求嚴格，他們絕不會做一些與自己利益無關的事情。

O 型血的人看上去很強硬不好引導，但是他們卻是最容易引導的一群人。他們非常注重自己自身的利益，只要你把利益點擺出來，那麼他們必然乖乖按照你的部署行動。當然了，你擺出來的利益最好是最優的利益，不然他們比較以後，很可能不選你的思路而朝著另一個方向的利益點出發。

**AB 型血**：AB 型血的人非常矛盾，他們常常游離於理性和感性之間，一個成功的 AB 型血的人，是一個最善於平衡感性和理性的人。他們表面是理智的，但是本性卻十分感性，擁有很好的社交能力。因為感性和理性的雙重性格讓他們既冷靜又熱情，既恬靜又神經質，對於他們來說，在外，他們是冷靜的謀略家；在內，他們是情感豐富的普通人。

　　對於 AB 型血的人來說，最難的是掌握他們對於感性和理性天平的控制，這個天平不可能絕對平衡，在一件事情上，總會是感性多於理性，或者理性多於感性，無論是哪一種情況，最重要的是能夠抓住多出來的那一點點，然後就能做出相應的引導。

　　引導是對於主導地位的決策的一種干涉行為，但是我們始終要記得我們自己的位置，一定要給主人留足面子，否則引導不成只能是引火自焚。

　　A 型血的人是理智型，做事謹慎，但缺乏創新，所以要以理服人；B 型血的人較感性，有強烈的自我意識，習慣我行我素，所以要善打感情牌；AB 型血的人游離於理性和感性之間，要抓住多出來的一點做出相應引導；O 型血的人是天生的領導者，所以要在做決定之前進行干預政策。

 **4 針對血型，句句生花**

　　說話是每個人每天都要做的事情，看似簡單的事情卻不一定人人都能夠做得好。怎麼說才能讓人願意聽，其實是一件很有講究的事情。口吐蓮花固然能夠讓別人對你刮目相看，但是有策略、說到重點才是說話的最高境界。

　　一個能夠吸引不同血型人目光的人，不僅僅在於他的打扮，還有他說話的藝術。能夠做到因人而異，大家都會願意聽他的意見，

就算有時候他說的不那麼在理，別人也不會介懷。但是有的人為什麼說什麼別人都不願意接受呢？就算他說的是金玉良言，別人還是不願意耐心聽下去。為什麼會產生這麼大的差異呢？只是因為說話的人沒有掌握聽眾的心理，沒有找到最適合他們的說話方式。每一種血型的人都有自己獨特的性格和與人相處的方式，如果這種方式被我們掌握，那麼就等於控制了他們的耳朵，說什麼他們都可以聽到心裏去。

**小** 王就是一個反面教材，他說話從來都不分對什麼人，從來都是說錯話的「最佳典範」。

敏敏是小王的中學同學，是一個非常敏感的 B 型血女孩，敏敏的公婆來看她，為了方便接送公婆，敏敏就向小王借車用一天。小王都答應借給敏敏了，但是卻說：「我借你是因為我們是那麼多年的老同學，要是別人我可不借，才買的新車，可不忍心讓人糟蹋。」敏敏一聽，這不就是暗示他不想借車嗎？於是告訴小王說自己不借車了，老公會去接公婆的。從那以後，敏敏再也沒有主動聯繫過小王。

梁經理是小王所在部門的經理，他是一個說話簡潔明瞭的 O 型血人。一天，小王去跟經理彙報工作情況。小王到了辦公室，就說：「經理，我們部門今年的業績可是不樂觀啊，不過呢，我是非常努力的，那天我看到小張和小李的業績都不是很好，也不知道他們怎麼回事，唉，真是為他們擔心 ⋯⋯」半個小時過去了，小王還是沒有說到他工作的情況，梁經理不得不一再地提醒他說重點，最後經理不得不讓他寫成書面報告。

這樣的事情小王不止遇到過一次兩次，幾乎每次他都能夠把好

事說成壞事，總能夠把別人惹毛。很多人都提醒小王要注意說話的方式，但是小王從來也不放在心上，他覺得他只是把他心裏的話說出來，沒什麼不對。可是，看看他，得罪朋友，升職沒他的份。這些都是因為他不會說話。

說話的藝術是很多人都在研究的，但是只說好聽的話、奉承的話，也不一定得到別人的欣賞和信任。只有說到每個血型的心坎裏，才能讓資訊以最有效的方式傳達出去，並且讓他們接受。

其實說話的目的就是讓別人明白我們的意思，而更高境界就是說話具有說服力，這種說服力，無論是在工作還是與人相處中都是非常重要的。其實身邊常常會有這樣的人，或許說得滔滔不絕，但是卻難以讓別人耐心聽下去。這種人其實只做到了表述自己，而沒有真正做到說服別人。有的人覺得要說服別人很難，每個人都有自己的不同需求，要抓得準確又談何容易。其實我們不難發現，每一種血型的人身上都有著一些相同的特質或者是相同的個性，我們從這方面下手，就不會覺得茫然無措了。

相同血型的人都有一種相同的性格特徵，而要能夠讓自己說出的話具有說服性，那麼就要根據這個性格特徵找到一個切入點，這個切入點可以讓談話更順利。其實不同血型的人喜歡不同的說話方式，有的喜歡溫和一些，有的喜歡強勢一些，最忌諱的就是搭錯線，喜歡白色的你偏給他們黑色，喜歡藍色的你非要給他們紅色。看看各個血型的人喜歡的說話方式。

A 型血：對別人給自己的評價以及環境的變化會過分敏感，這樣難免顯得有些神經質。他們可以從你說話的語氣、神態，甚至是一個眼神來發現你現在對他的態度，任何一個小細節都可能被他們

捕捉到。他們的思想和行為不會超過一定的規範，辦事慎重有規律，能夠忍受痛苦，防衛心理很強。也正是因為他們總是喜歡按照規矩來做事，所以與他們說話的時候也要有一定的規矩，最好不要在談正事的時候開玩笑說笑話，這會讓他們對你說話的可信度有所懷疑。

對於 A 型血的人來說，與他們說話一定要有條理，無論是你提意見還是平時閒聊，都要按照一定的邏輯順序來進行，不然他們是不會願意耐心聽下去的。因為 A 型血的人都有追求完美的傾向，所以你說的話盡量不要讓他們發現什麼漏洞，否則得到的只會是他們的冷笑。與 A 型血的人對話，最好是包裝好自己的情緒，遵守禮儀，開口之前先把內容整理好，這樣才能夠達到最佳的談話狀態。

**B 型血**：他們天生就是一群以感覺為原則的人，只要感覺對了，那麼一切都好說；感情不對，什麼都免談。好奇心旺盛，對任何事都有興趣的 B 型血人，話題相當豐富，可以說談論什麼他們都能夠接上話，所以跟他們聊天是一件很幸福的事情。雖然 B 型血的人活潑好動，是一個十足的社交家，但是他們有強烈的自我肯定，所以特別難以接受批評，對別人的批評，第一反應便是反駁，從來不願意虛心受教。

B 型血的人雖然表面上很容易聊天，卻是很難被說服的一個血型。但同時他們也是沒心眼、富有同情心的人，所以你可以在開始說服他們之前多說一些他們感興趣的事情，至少增強他們對你的好感，說話的方式要盡量有趣、幽默，這樣能夠讓他們的注意力停留在你身上的時間長一些。千萬不要直截了當地批評他們，你可以說：「你這樣做真的非常好，能夠最快達到目的，但是如果可以對

這個小細節稍微改進一下就更完美，你就能夠獲得更多的讚賞，更大的滿足感。」先肯定他們，然後委婉地說出你的建議，再說這樣做給他帶來的好處，這樣能夠讓他們在被別人吹捧的時候不知不覺地接受你的建議。

**O 型血**：個性雖強，但並非難以相處，反而是廣交善結，朋友很多的人。這一血型的人，既有現實的一面，又有浪漫的一面。冷靜、客觀的 O 型血人，是個十足的理論派，加上其積極的行動力，一旦立定目標，便會全力以赴。但由於自我意識過強，一旦與他人價值觀不一致時，便會顯示出其「缺乏溝通性」與「固執」的一面。

所以，對付 O 型血的人最重要的就是情理結合，這樣既能滿足他們現實的一面，又能滿足他們的感情。但是與他們溝通，最看重的就是能夠與他們擁有相同理念和價值觀，這樣的人會讓他們覺得自己可以獲得更深刻的理解和滿足。你說話的時候可以說：「我很贊同你的某個觀念，我曾經覺得這就是整個事情的核心，但是在實行的時候卻不太能夠體現這個觀念，我覺得某些地方可以改善。」這樣的對話，他們會更願意用心聆聽。

**AB 型血**：憎恨表裏不一的人，具有很強的批判精神，什麼事情都可以找出值得評判的一面，具有 AB 型血特質的人，是個開朗活潑、親切而又富同情心的人，因此顯得相當活躍。但其批評精神旺盛，容易說出挖苦的話而傷害到他人。又不易坦誠與人交往，易給人冷漠的印象。

AB 型血的人與人的溝通可能會稍顯冷漠，因為他們是感性和理性的結合，所以他們不會輕易地把感情表達出來，一旦有所隱藏，就會讓人覺得冷漠。但是這個時候你千萬不可以停止與他的溝

通，他們這個時候是在偷偷觀察你，考驗你，一旦通過了考驗，那麼你說的話就會一字一句地走進他們的心裏，自然而然達到了說服的目的。

> 　　與 A 型血的人說話，要注意包裝好自己的情緒，開口前把內容整理好，不要有什麼漏洞；與 B 型血的人說話，要幽默有趣，要委婉提出自己的意見；與 AB 型血的人說話，要懂得一直與之溝通直到最終被認可；與 O 型血的人溝通，要做到情理結合。

##  針對不同血型人喜歡扮演的角色逐一征服

　　每個演員都會有自己最喜歡的角色，而不同血型的人和演員一樣，都會不由自主地扮演起生活中的某一種角色，這就是人們常說的生活中的角色。這種角色和演戲說的那種角色有一定的差別，通常是根據在與人相處中的位置來確定的。

　　每個血型的人身體上都會散發出一種特質，這種特質就是我們通常說的性格，不同血型的人表現出來的性格會有很大的差異，日本的學者認為：血型包括有形物質和無形氣質兩方面，而性格的形成就是依靠這些無形氣質，血型的性格表現就是這類血型的人特定的思維方式、行為舉止。而一類血型的人喜歡扮演的角色也是由這種無形氣質來決定的，有的喜歡做一個領袖，有的喜歡做一個配合

者，有的更擅長做一個浪漫主義者。

瞭解或者要掌控一個人，可以從他的血型來判斷出他喜歡扮演的角色，然後再尋找相應的方式方法來征服他們，這正是瞭解血型角色的意義所在。

林發是一個廣告公司的主管，他在公司做了很多年，最近他萌發了創業的想法，憑他在廣告行業的經驗，他絕對有能力自己創辦一個廣告公司。但是讓他頭疼的是怎樣才能組建一個優秀的團隊。這對於剛開始創業的林發來說是非常重要的。

其實他心中有了幾個人選，但是現在他們都是屬於管理層的人物，不知道要怎麼樣才能讓他們心甘情願地跟著自己創業。不過他很快發現了突破口。林發的朋友張建是一個 AB 型血的演說家，他的說服力常常是以情動人，以理服人。所以讓他來負責業務這一塊是非常有保證的。而且最重要的是，他現在所在的公司一直讓他在設計的部門，雖然他現在也算處於管理層，但是這並不是他的強項，所以做起來自然會覺得不那麼順手。

林發找到張建，把他想要創業並且希望張建加入的想法告訴了他，張建一開始並不願意說什麼，但是林發看得出他已經動心了，於是又說：「你是我要組建的優秀團隊中非常重要的一部分，我組建的這個團隊希望可以讓每個人都找到適合自己的角色，演一齣精彩的戲劇，所以我非常你能夠加入。」

張建心裏雖然不想放棄現在的工作，但是他卻被林發提供的這樣一個平臺深深地吸引了，他確實不喜歡現在的角色，每天對著電腦不停改圖，實在是受夠了！最終張建答應了林發。他們和其他幾位成員一起成立了公司，內外配合得宜，很快公司就走上正軌了。

　　有人可能覺得張建也太容易說話了吧，其實不是張建容易說話，而是林發找到了最佳的切入點。每個人都希望做自己喜歡的角色，但是現實總不會那麼寬容，可以任由你選擇自己願意接受的角色，所以，最重要的還是怎麼抓住不同血型人的心理，只有瞭解他們希望扮演的角色，才能夠投其所好，將其收到自己麾下，為自己所用。

　　各種血型的人對自己都會有一個認知，這種認知可能很明確，可能只是模糊地感覺到喜歡或者是不喜歡。無論是哪一種認知，都是對自己角色的一種選擇。有的人願意做一個聆聽者，那就不要把他放在一個演說家的位置上；有的人天生就有領袖的氣質，就不要逼他成為一個默默無聞的普通人。瞭解各種血型的人喜歡扮演的角色是非常有必要的，這不僅可以讓我們更瞭解一個人，更重要的是可以瞭解自己。

　　A 型血：他們天生就有一種無私奉獻、願意配合別人的特質，而且他們歸屬團體的向心意識非常強，做事一絲不苟，從來不願意做出越軌的事情，在團隊中，他們甚至願意成為一個無名英雄。同時，他們也很在意外界對他們的看法和評價，這就是他們一直鞭策自己追求完美的動力。

　　在他們看來，道德理論和法律規範是保障和平穩定的一個重要的手段，所以如果一旦有人超越了這個界限，他們就會覺得一切都處於一種不安定的變化裏，沒有安全感。所以 A 型血的人更適合的角色是一個組織的管理者，這種管理不是簡單意義上的管理，而是一種對秩序的守護。無論是在家庭中或者是某一個組織，都需要一個規範來保障組織的運行，而 A 型血的人就是這樣的一個守護者，他不會輕易地觸碰這些道德規範的底線，但是他也不會允許別

人觸碰。所以由他們來守護這種秩序是最好不過的。

B 型血：B 型血的人不願意被任何傳統和經驗的東西束縛，而且 B 型血的人具有更好的適應能力，能夠很快地感受到周圍的變化並讓自身隨著這種變化而變化。而且一旦他們認定的東西，就會義無反顧地做下去，而不是瞻前顧後，也從不在乎周圍的人是批評還是讚賞。

他們是一群不安定的人，就像是一個隨時可以背起背包遠行的人，不會顧及別人的感受，最重要的是他們心底的想法。所以 B 型血的人是一個充滿感情的行動家，他們常常會根據自己內心的想法出發，而不是周圍任何人的建議或者意見。敢於行動就是他們最大的特點，他們就像是先鋒，不會顧慮很多，卻不似先鋒那麼聽指令。

O 型血：他們具有英雄一般的氣質，敢於冒險，是敢想敢做的人，他們也是具有堅定信念、頑強意志的人，從來都不願意服輸。有一類 O 型血的人，表面上看都是一些沉默寡言的人，但是他們的沉默並不是停滯不前，而是默默地為自己的理想準備能量。而那些雄辯滔滔的人，也不是一些空談的人，他們始終堅持自己的觀念和思想，絕不會因為一些原因就附庸他人。

O 型血的人，其實是一個實幹家，他們想好了就會去做，而且他們的競爭和自我展示的慾望非常強烈，他們堅守的信念和理想會是他們一直追求的目標。所以，對於任何一個 O 型血的人來說，成為一個有權人是他們的最愛。無論是在企業或者是某個組織裏面，他們需要權利來實現他們的理想。

AB 型血：他們是一群矛盾的人，行動尖銳、忽冷忽熱，常被視為異端。經常很自我，不會主動融入團體。他們有時候沉默寡

言，有時候卻又熱情如火，常常讓人覺得難以捉摸。

　　其實 AB 型血的人在人群中更像是一個思考者，他們需要把很多事情都想清楚想透徹，才願意去做。思考似乎是他們做任何事情之前的一個必經階段，而時間就這樣被浪費了。

> 　　A 型血的人喜歡做無名英雄；B 型血的人是個充滿感情的行動家；AB 型血的人是一個矛盾糾結的思考者；O 型血的人是一個實幹家。

## 6 全能 X 血型領導者

　　必須要說，要成為掌舵人、領導者，必須瞭解自己的強勢和弱勢，揚長避短，才能長久守住江山，做一個全能 X 血型領導者，才能長久服眾，避免被別人拉下臺。首先，解釋一下什麼叫做「全能 X 血型」，這並不是醫學範疇內的某一種血型。大家都知道，在數學上，X 可以代表任何一個數字。在這裏我們的「X 血型」則變成了一種能力的象徵，這種能力必須是自己擅長的，是可以凸顯自己才能的。

　　這個 X 並不是特指某一種能力，每一個人都有著別人沒有的特質，也都有缺失的那一塊。所以，我們要根據自身的缺失來調整，把這個 X 填補起來，才能做一個全能王。

　　有的人會這樣想：反正沒有人是完美的，所以我也不必事事都

對自己有過高的要求。這或許是事實，沒有人能夠真正做到全能，但是看看這個社會，人才越來越多，高手越來越多，你不努力上進，不完善自己，某一天，你可能就被別人取代，那個時候你後悔都來不及了。我們不是要讓自己什麼都會，什麼都能做到，但是必須要讓自己趨向於完美，這樣才能有更多的資本爬得比別人高。

維奇是一家公司的客戶部經理，同時也是一個做事很認真的 A 型血人，不過這種認真也讓他受到了一定的局限，他在這個位置很多年了，從來沒有犯過什麼大錯，成績也是大家有目共睹的。但是一切都沒有什麼改變，他也從未升職。

上個月，公司突然下發了公文，說是今年公司業績不好，一直處於虧本的狀態，為了渡過艱難的時期，只能裁員。這個公文一下發，大家都人心惶惶，誰都不知道自己是不是下一個被裁員的對像。

在這種情況下，每一個人都會更加認真工作，可是只有維奇，還是一副優哉游哉的樣子。他覺得他的成績是好的，在管理上也不存在什麼差錯，所以就算裁了全公司的人，也不可能裁他的。

但是公司的名單下來以後，他的名字卻在裁員名單上。這個時候他像是還沒有醒悟一樣，他覺得這一定是公司的文員把名字打錯了。於是他跑到總經理的辦公室問個究竟。總經理說：「沒錯，你每個月的成績都很好，而且也沒有什麼差錯，但是你是一個經理，你要做的不再是每個月去維護自己的客戶，而是要激勵你的下屬更有效率地做事。但是看看你帶領的部門，他們沒有激情，沒有耐心，沒有熱情。這樣一個經理並不是一個合格的管理者。我們希望你可以有優秀的成績，但是更希望你是一個可以達到管理者這樣一

個高度的經理，公司覺得有更適合的人來接替這個位置。」

　　這個時候維奇才知道自己到底什麼地方有問題。當他是一個客服人員的時候，他每天關注的是他的客戶有什麼樣的需求，維奇達到了一個優秀客服人員的要求。但是當他成為經理的時候，他要關注的重點不再是客戶怎麼樣，而是下屬怎麼樣。可以說，維奇並不具備一個經理應該有的能力。他不去改進的弱勢讓他失去了經理的位置。

　　大家都知道木桶原理：一個水桶想盛滿水，必須每塊木板都一樣平齊且無破損，如果這個桶的木板中有一塊不齊或者某塊木板下面有破洞，這個桶就無法盛滿水。也就是說一個水桶能盛多少水，並不取決於最長的那塊木板，而是取決於最短的那塊木板。當我們只是站在某一個平臺的時候木桶原理或許並不適合我們，但是當我們要成為一個領導者，一個管理人，就要讓自己的各塊木板都一樣長，這樣才能夠裝下更多的水，變成一個無可取代的人。

　　每一個人都希望自己可以站得更高，看得更遠，但是如果你一直不願意填補那個 X 的缺口，很可能你就會因為那個缺口而摔下來。所以，如果你站在了比之前位置更高的高度上，那麼你必須減少自己的一個弱勢，讓自己看起來更具有競爭力。這樣你才能夠在這個高度上站得穩，站得牢。

　　每一種血型的人都有一塊短板，這塊短板或許就是你的致命傷，所以，瞭解自己的弱勢，才能夠更好地修飾自己，鞏固自己的地位。

　　A 型血：他們循規蹈矩，過於恪守本分，所以在很多時候感性不足，理性有餘。容易讓人覺得他們冷冰冰，不近人情，缺少親切

感也是他們難以突破的一個外在感覺。同時，在心裏會比較固執和小氣，對個人形象看得比較重。在情緒上較容易被外界影響，特別是在受了刺激的時候，一方面會有積極的反擊，而另一方面會以消極逃避和意志薄弱的形式去處理！

作為一個領導者，不能不說，嚴肅一些固然可以增加一些威嚴，但是一個沒有親切感的領導者並不容易得到下屬的心，別人願意成為你的下屬有兩個原因：一是酬勞，二是感情。如果你沒有讓下屬滿意的酬勞，那麼就只能靠你的親切感來建立感情，但是如果你連感情都沒有，那麼你最後一定是一個光杆司令。讓自己感性一些，大度一些，情緒再快樂一些，就可能讓一切變得更好。

B 型血：容易見異思遷。B 型血的人更多的是以自己的喜好為依靠，所以想法也非常容易跟著喜好轉變，這對於一個優秀的領導者來說並不是一個好的信號。而且 B 型血的人意志力薄弱，如果一件事讓他們覺得痛苦，那麼他們可能馬上就會放棄。B 型血的人很感性，所以做事的時候缺少了理性的思維，處事欠缺謹慎！有這樣一個感情過於豐富的領導者，下屬們應該不會覺得有安全感。

要讓 B 型血的人成為一個值得人信賴的領導者，最重要的是要培養自己的理性思考能力，在處理和做決斷的時候，一定要讓自己的理智勝過感情。這樣才不會讓下屬們覺得你是一個完全依靠自己喜好來做判斷的人。當然了，你的感性很容易與下屬們建立起深刻的感情，這也是你的一大優勢。

O 型血：他們的人生觀很豁達，很容易就把自己的內心世界表現出來，什麼都放在臉上很容易得罪人，更容易讓自己被情緒所左右。有時候辦事的目的性太強，但是卻不夠細緻，而且目標一旦無法實現，就會把所有的事都停止。O 型血的人不能承受過大的壓

力，一旦壓力過大就會自暴自棄。

這樣的領導者或許可以在沒有意外的情況下帶領大家幹出一些成績，但是一旦出現什麼意外，他們就不能帶給下屬正面的能量。一支軍隊如果連將軍都垂頭喪氣，那麼士兵還有什麼精氣神來戰鬥呢？所以，先管理好情緒，把自己好的精神面貌展現出來，才是解決問題的辦法。

AB 型血：他們是愛恨分明的人，但是這對於一個領導者來說並不是優點，領導者應該圓滑一些，世故一些，如果你總是那麼愛恨分明，那麼你很容易走進圈套中。同時，AB 型血的人性情急躁衝動，一旦急躁，就沒有辦法讓自己冷靜地處理問題，大家都會說衝動是魔鬼，下屬面對你這麼一個衝動型的上司，怎麼能夠安心地打拼呢？

領導者就是要為整個團隊、組織建立一種步調，安撫那些急躁的人，激勵那些緩慢的人，如果你都一副急躁慌亂的樣子，那麼這個團隊還有什麼希望？所以，你應該要讓自己更加成熟，遇事的時候冷靜地面對，壓制急躁的情緒。

全能 X 血型，這個 X 是指自身擁有別人沒有的特質。但每個血型又有自身的弱點，A 型血的人是過於恪守本分，不近人情，固執和小氣；B 型血的人，易見異思遷，缺乏理性思考和欠缺謹慎；AB 型血的人，過於愛恨分明，且急躁衝動；O 型血的人，易被情緒左右，目的性強，易自暴自棄。

# 7 拉攏四大血型的戰術

　　每個人身邊都會有一些人擁護自己，一些人反對自己，這是不可避免的。要讓自己一直處於優勢地位，排除異己是必需的，但是直接肯定不行，煽動起群眾輿論這個武器最好了，讓別人來給他們施壓，而自己就能夠坐享其成，不能不說，這是一個很不錯的辦法。但是對於某些血型的人來說，他們不在乎別人的看法，要利用壓力似乎就變得不太可能了。不過，每一個人都是社會群體中的一員，不可能誰的意見和看法都不在乎。說到底，找到方法最重要。

　　要煽動別人做你心裏想的事情，就要擺脫「為我服務」的這個思想，轉換到對方的位置上去思考，去想像，這樣才能達到煽動的目的。畢竟沒有人是傻子，會不計回報地為你做事，所以為別人留一些利益，為自己留一個退路，才能讓事情事半功倍。

　　說到煽動性，不得不說一說希特勒，他是納粹的首腦，是「二戰」的發動者，他對人類的和平犯了罪，但是對於他的演說才能，對群眾的煽動性來說，他卻是一個天才。有調查說他是一個 O 型血的人，這種血型的人總是能夠發揮出自己的激情和力量，讓世界在他的掌握之下！不過這是他們成功的一部分，更重要的是他們懂得怎麼巧妙地抓住別人的心理。

　　他的演講煽動了整個德國，他曾經驕傲地說：「世間有一種成就，可以使人很快完成並且獲得世人的認識，那就是講話令人喜悅的地方。」不可否認，他確實有這樣的能力。他真正做到了「一人之辯重於九鼎之寶，三寸之舌強於百萬雄師」。他的演說讓整個德

國沸騰，讓整個社會都為之瘋狂。

希特勒盡力去瞭解每一個他所接觸的人，讓他們去感受自由，說出內心最深處的渴望，說出他們最想聽到的話。他的演說並沒有什麼技術性，他就是能夠抓住別人的心理，能夠讓人覺得他就是站在了自己的位置上為自己設想的那個人，同時，他在他的演講中加入了情感，讓任何人都覺得他是一個真誠的人，一個願意把自己真實感受過的東西說出來，而不是只懂得故弄玄虛，誇誇其談的人，他傳達出來的東西都是自己有把握的。波蘭記者阿克塞爾·海斯特回憶：「從他的演講中我們聽到了被壓抑的激情和愛意，表達這一切的是愛的語言，他的叫喊充滿著憎恨和情慾，他的話語充盈著暴力和殘忍。所有的語調和聲音都受神秘的本能支配；它們如同被壓抑太久的邪惡衝動。」

這就是魔咒，是希特勒的煽動魔咒。與其說「二戰」的時候有那麼多的人為希特勒犧牲，不如說他們其實是被希特勒的煽動性所征服。

希特勒是一個演說天才，也是一個非常成功的心理學家。他牢牢抓住了當時德國人民內心深處的渴望，把對一份工作的渴望提升到了對自由和領土的霸佔慾。他的演說不僅僅是一種說服，而是放大器，不斷地放大人的深層渴望。他演講中的煽動性變成了他最厲害的武器。

每一種血型的人都有著對某一事物的渴望，這種渴望可以成為我們煽動別人的一個切入點。要挖掘別人的慾望，並為你所用，最重要的就是準確地挖掘出他們的慾望，並用他們可以接受的方式來讓他們上鉤。

在所有血型中，對慾望有著不可控制的人是 O 型血的人。他們對某些東西的渴望是永遠不會停歇的，而且會非常強烈，恨不能馬上就實現所有的願望，而且他們有強烈的行動力，所以只要堅定了目標，就會為慾望奮鬥到底。

A 型血對於有些東西的渴望也是非常強烈的，但是由於他自身對於傳統的規條、規範的遵循，使得他極力控制自己內心的渴望，不斷地用道德、使命、責任這些東西來克制自己。這樣的人如果某天突破這些束縛，爆發出來的力量會勝過任何一個血型的人。

對於 B 型血的人來說，社會上的人們不斷追求的錢、權、地位，都不是他們想要的東西，內心感情更容易讓他們感動。所有外在的東西都不能夠打動他們，一份情誼反而能夠讓他們感動。

而對於 AB 型血的人來說，他們就像是世外桃源中的那些人一樣，希望擁有一片田野，還有一間屋子，過著逍遙自在的生活。面對社會上各種物質，他們沒什麼感覺，但是現實中他們很難過上他們希望的那種生活。所以簡單生活也變成了他們內心渴望的一種東西。

雖然各個血型的人對慾望的強烈程度不一樣，但是對於任何一個人來說，不管他們「想要」的程度有多少？只要他們有這樣的需求，就可以說服他們。也只有用這樣的利誘，才能讓他們對自己言聽計從。

瞭解了他們的慾望，就能夠對症下藥，利用他們各種慾望來進行煽動，這樣才更有目的性，更具有說服的力量。

採用拉攏戰術的時候，假如是針對 A 型血的人，可以讓他們擺脫道德、使命、責任的束縛；對於 B 型血的人，一份情誼就能夠感動他；而如果是 AB 型血的人，因他們內心更渴望一種簡單的生活，所以要做到簡單對待；O 型血的人，他們對一些東西有著強烈的渴望和行動力。

## 8 笑臉真假辨別你是否是偽焦點

世界上最難猜測的永遠是人心，可能一個人對你微笑著，但是心中卻千百次地咒罵著你。不要覺得你已經是高高在上的焦點人物，就可以不用在乎那些人到底是真忠心還是假情誼。就算你是眾星圍繞的月亮，你也要防範身邊的人對你的設計陷害。所謂站得越高，就可能摔得越重，而往往讓你摔跤的就是對著你微笑的人。

所以，懂得分辨哪些人才是真心對你微笑，哪些人是用面具來敷衍你是非常重要的。這不僅僅關係到你的焦點位置，更重要的是關係到你職場的前途。職場就是戰場，如果你不能夠分辨出誰是敵人，誰是自己人，那麼你做什麼事都會提心吊膽，做什麼事都不能夠做到完全放手，一旦你什麼事都要顧及，那麼你將什麼事都做不好，所以想辦法認清楚笑臉背後誰才是自己一派，誰又是有敵意的一派，才能夠看清局面做出正確的決策。

不要還傻傻地認為所有人都是把厭惡喜好放在臉上的簡單人，

大家需要在這個社會上生存下來，就必須學會偽裝，有的人能夠偽裝得看不出一絲痕跡，這樣的人最可怕，而那些容易被你發現痕跡的人已經給你提了醒，這個時候還不醒悟那你就真是少根筋了。把心情放在臉上的人很容易收服，當然這樣的人不是沒有，而是少之又少，所以，透過偽裝識別出別人笑容背後真正的企圖，才是自己鞏固位置最佳的辦法。

丁丁和小琪都是公司裏的優秀員工，最近，他們部門主管離職了，經理打算從丁丁和小琪兩個人中選一個合適的人來接替主管的位置。丁丁是一個大大咧咧的 B 型血女孩，平時對誰都笑容滿面，和文靜斯文的 A 型血女孩小琪是好朋友。都說職場中沒有朋友，但是丁丁和小琪卻是個例外，兩個人一起逛街，一起工作，感情非常好。

她們聽說了經理想升她們兩人中的一個作為主管，就都約定以後不管誰升了主管都不能影響她們之間的感情，兩人依舊如同好姐妹一般。

可是有一天，小琪卻看到丁丁自己跑到經理辦公室和經理說了很長時間的話，小琪很奇怪，為什麼平時不願意到經理辦公室的丁丁會自己跑到經理辦公室去？於是丁丁出來以後她跑去問丁丁為什麼跑到經理的辦公室去。丁丁笑了笑，說：「還不是我的客戶？一直希望公司能夠再給他一點優惠，他說他進貨進得多，所以希望我找經理商量一下，看看是不是可以再給他一點折扣。可是剛才經理說了，這是最低價，不能再讓了，現在還不知道能不能留住這個客戶呢，唉，頭疼死了。」小琪看丁丁說得有理有據，於是就相信了她，還為她想了辦法怎麼跟客戶說。

幾天以後，主管的人選下來了，丁丁被提升為主管。小琪卻因為上班遲到被降了薪資的等級。後來，小琪才聽同事說，丁丁去告訴經理小琪之前曾經把公司的文件給別的公司的人看，所以經理就隨便找了一個藉口，降了小琪的薪資。

小琪這才知道自己上了這個看似無害的人的當，不僅讓自己失去升職的機會，還堵住了她以後升職的所有可能，永遠打壓了她。

丁丁看似是一個笑容滿面、天真無邪的人，但是她笑容背後的險惡用心才是她真實的面目。

不能不說，B型血的人因為一直都是活潑開朗的性格，所以很多時候我們很難辨別出他們笑容背後的真實目的。很多人都被他們真誠的笑容所欺騙，認為他們都是一些無害的人。不要怪別人偽裝得太好，而是你過於單純。在這個社會中，單純已經不再是一個褒義詞，有時候甚至是嘲笑你沒有腦子。

我們當然不建議大家用這種虛偽的態度生活，但是應該有識別虛偽的本領。害人之心不可有，但是防人之心卻不可無，這是一種自我保護的方式。或許我們已經站在了比別人高的位置上，但是這並不表示你會有比別人更多的特權，也不表示別人必須要對你坦誠相見。相反，因為你已經成為了眾人的焦點，所以會有更多的人偽裝好自己再呈現在你的面前，混淆你的視聽，更甚者會騙取你的信任。因為你處於焦點處，所以有更多的人會戴著微笑的面具來設下一個又一個的陷阱讓你跳進去，我們不得不防。

當然不是說哪個血型的人就一定是戴著面具做人，而是他們的偽裝始終逃不出自身血型的性格局限，我們可以根據他們血型的性格來識破他們笑容背後的真實目的，看看誰才是值得我們信任的朋

友，而誰是一個無間道。

**A 型血**：可以說 A 型血的人並不擅長偽裝，在他們看來，偽裝其實是一種對自己道德底線的衝擊，他們不願意違背原則對著自己不喜歡的人微笑。雖然 A 型血的人有的時候會顯得過於冷漠，那是因為他們在堅持自己的原則，他們的冷漠可能是對自己的行為憤怒，和你沒有什麼關係。不要覺得他們對你冷冰冰的就是你的敵人，或許在他們心中，你已經是最值得信賴的人了。

對於 A 型血的人來說，要識破他們偽裝的微笑，只要看看他們的笑容是不是自然，如果沒有嘴角僵硬的話，他們的微笑就是真實的；但是如果他們的微笑看起來很奇怪，那麼你就要小心了。

**B 型血**：B 型血的人給人的印象一直都是嘻嘻哈哈、樂觀積極的，你想要通過他們的笑容來識別的話，是非常不容易的。所以要識別出 B 型血的笑容真假，就要結合他們做的事情，看看他們做的事是不是合乎情理，他們的行為是不是真誠。

其實 B 型血的人的謊言通過我們的直覺就能識破，所以請相信自己的直覺。但是你識破了也沒有必要拆穿他們，因為無論你怎麼說，他們都一定會否認自己的真實目的，一定會為自己開脫。如果你是一個心軟的焦點人物，很可能就被他們楚楚可憐的樣子征服，再次相信他們。

**O 型血**：對於 O 型血的人來說，因為缺乏溝通，所以他們更願意憑著自己的感覺來決定你是他們的朋友還是敵人，如果你是朋友，他們自然能夠以誠相待，這種真誠是你馬上就能夠感覺出來的。但是如果你是敵人，他們對你的態度就會很極端，要不就對你極度熱情，要不就對你冷若冰霜。如果你正在遭遇極端熱情，那麼請小心，他們可能把你當做了敵人。

　　**AB 型血**：AB 型血的人對人的態度首先是真誠，如果他們對你笑，那麼你可以放百分之八十的心，因為他們不太願意虛偽地對待別人，但是他們如果真的要偽裝友善的態度，你根本無法識別出來，因為對 AB 型血的人來說，他們擁有理智和感性的雙重性格，所以做事的時候就能夠面面俱到，很難讓人發現他們的不足。

　　對於這樣的人，和他們多交流，平時注意觀察他們的言行，或者跟其他人瞭解一下他們對別人的態度是怎麼樣的，這樣或許你可以發現他們偽裝的破綻。

> 　　對於偽裝，A 型血的人是不擅長的，笑容不自然就可以說是他們偽裝的標誌；B 型血的人可以通過直覺來識破；AB 型血的人一般無法識別其真偽，因為其擁有理性和感性的雙重性格；O 型血的人你能夠從他們的表現立馬感覺出來。

# 第 **2** 章

## 學會從不同血型人手中
## 獲得自己想要的東西

# 1 要不要告訴他你想要什麼

對於士兵而言，他們不需要知道這次行動的目的是什麼，只要服從指令就行了。但可惜的是我們不是將軍，沒有權利讓夥伴們無條件地服從我們的指令。有的血型的人很在乎你邀請他當夥伴的目的，有的則不會在乎那麼多。但是要做好一件事，最重要的就是讓對方和自己一條心，有著相同的步調，這樣才能讓事情進行得更加順利。

對於任何一件事情的完成，不是只靠一個人的力量就可以成功，我們需要別人的幫忙，需要他們為這件事付出和自己一樣的心力。但是因為大家的處事方法不一樣，有的人願意義無反顧地和你一起奮鬥，他們不需要知道你這樣做的目的，而有的人則希望他們能夠瞭解事情的全部，包括目的，這樣會給他們帶來很多的安全感。

無論是他們中的哪一種，你需要做的都是瞭解他們心中真正的想法，把目的告訴希望瞭解一切的人，給他們足夠的安全感，而對那些不需要瞭解得過於詳細的人則保持緘默，讓他們安心地做好眼前的事情。千萬不可以把次序搞亂，對你需要坦白的保持緘默，對不需要知道目的的人又說得太多，這樣只會弄得天下大亂。

林是一個多疑的 A 型血的人，但是他又是一個非常有才華的人，他做出來的設計基本可以馬上獲得客戶的認可，很多人都是沖著他的設計來公司談合作的。

段瑞是以前吳林的一位客戶，覺得吳林非常有才華，這次再來

找吳林是希望他能夠跳槽到自己現在的公司去工作。但是因為現在的經理對吳林的才能並不瞭解，所以段瑞必須讓吳林再做一次設計，讓經理認同吳林。可是這個事情還只是一個設想的階段，所以段瑞不想讓吳林知道，這樣的話就算到時候不成事，吳林也不會太失望。

可是吳林不明白為什麼段瑞還要讓自己再做一次設計，難道是以前的不好，還是有什麼大的問題？雖然吳林問了段瑞好幾次，但是他都支支吾吾，吳林覺得一定是段瑞有什麼不可告人的目的，說不定是想拿自己的設計去做什麼不好的事情。吳林把段瑞的目的設想了一百多種可能，而且所有的目的都不利於自己。

最後，吳林決定隨便做一個設計，這樣就算段瑞要拿自己的設計做什麼壞事，也不會影響到自己。幾天以後，吳林給了段瑞一個很平凡很普通的設計。當段瑞毫無懷疑地拿著設計去給經理以後，經理非常不滿意這個設計，經理認為這是任何一個設計師都能夠設計出來的東西，有什麼必要非要花高薪請一個沒有什麼特點的設計師回來呢？

最後段瑞當然沒有成功地讓吳林到自己公司來工作，一次和吳林吃飯的時候，兩個人無意中聊起這件事，吳林才明白了段瑞的目的，最後後悔不已。而段瑞也才明白了自己的好意隱瞞讓吳林誤會，最後失去這個好機會。

人生很多時候就是因為不說明白講清楚，於是留下了太多的遺憾，雖然對於吳林來說以後還有不同的機會，但是誰知道以後會不會還因為這樣的誤會而錯過更大的機會呢？

其實應該改進的不止是吳林，段瑞一樣也需要讓自己更懂得處

理這種問題。一個成功的人應該明白各種不同的人才應該用什麼樣的方法來收服。如果你對合作夥伴沒有足夠的瞭解，那麼你又怎麼能讓對方充分發揮自己的特長和優勢？每一種血型的人身上都有不同的才華，也有著不一樣的與人相處的方式，不要妄圖改變他們的處事風格，因為血型所帶來的影響是天生的，而且置於你身體裏的血液中，所以要改變這種由血型決定的特點是很難的，可以說根本不可能。我們不能改變的，就必須去適應，去學著掌控。

我們知道，一個人做每一件事都是有目的的，那麼你的夥伴是不是也需要明確知道你做事的目的？到底一開始要不要表露出來呢？重點還是要看你的搭檔是什麼血型性格的人，只有抓準了對方的性格，準確掌握他們接受的溝通方式。這樣才能保證你的計畫不會因為溝通不暢而不能夠順利進行。

其實四大血型中，最需要告訴他們你做事目的的是 A 型血和 B 型血性格的人。

**A 型血：**你必須明確告訴他們你做事的目的，不然他們可以發揮他們無盡的想像力，把你想像成一個十惡不赦的壞蛋，你設計了一個無比巨大的陷阱，正準備等他們上鉤。不要怪他們不信任你，只是 A 型血的人天生就多疑，他們很少把自己的個人願望、感情和意見表露出來，但是內心卻有一股強大的爆發力，他們總是會把這種爆發力轉變成為鑽牛角尖的能量，什麼都憑他們自己的想像，所以，你最好還是把你的目的告訴他們，徹底斬斷他們胡思亂想的理由。

**B 型血：**他們是一些極度敏感的人，對外界的一切事物都缺少理性的思考，正是因為這樣，才讓他們培養出了很敏銳的直覺。一旦他們感覺到了不對勁的地方，那就只有壞事的份兒了。雖然相比

較起來，B 型血的人比 A 型血的要容易相處得多，但是由於 B 型血是徹底的感情思考，所以他們不願意自己的感情被欺騙，而你的故意隱瞞就變成了欺騙的最佳證據。跟他們說出你真實的目的也是必需的。

　　而另外兩個血型的人，就可以不把你做事的目的告訴他們。他們關注的重點不在於目的，他們更希望可以在過程中做得更好。

**O 型血**：他們都抱有堅定的信念，這種信念可以成為支持他們做完一件事的動力。所以對於他們來說，實實在在的目的反而比不上一個讓他們激情澎湃的信念。他們相信，你能夠把他們當成夥伴，那麼一定是對自己有足夠的信任，既然是信任的，那又何必問那麼多呢？這就是 O 型血的人，一旦決定就不再收回。

**AB 型血**：他們有兩面，一面開朗積極，一面又沉默冷漠。他們的實踐能力和計畫性都很強，但是他們不太喜歡做領導人物，因為他們覺得這是一件非常勞累的事情。與其去操心各種事情，還不如做一個執行者，知道越少越能夠安心度日，在他們看來，不在其位不謀其政，做好自己的事情就行了，這就是他們奉行的生活哲學。所以，你只要跟 AB 型血的人說清楚目前要做的事情，而不需要把更長遠的目的說得很清楚。

　　對於做事情，最需要你去告訴他們目的的是 A 型血和 B 型血的人，因為他們都相對敏感和多疑，所以你要斬斷他們胡思亂想的理由。O 型血的人只要他們覺得你對他是足夠的信任，就不會多問。而 AB 型血的人，只需要說清楚目前需做的事情。

# 2 讓不同血型的人聽你話的最好理由

你想要這個？當然不能說出來，要讓對方知道，你做這件事是為了讓他能夠得到什麼，這比你直接說你要什麼更能讓他幫你賣力工作。不同血型的人希望在同一件事情中獲得的東西不一樣，有的希望得到財富，有的希望獲得經驗，有的希望有人讚賞。正是因為每一種血型的人希望獲得的東西不一樣，所以才給我們製造了機會，利用這種差異性，我們可以讓一件事情更加有事半功倍的可能。

其實一件事情是不是能夠成功，最重要的是看做事的人能不能夠全身心地投入工作，當然了，一個人投入是不夠的，必須讓做事的每一個人都全力以赴。但是別人為了什麼而奮鬥？他們當然不會為了你的需要而不顧一切地努力，但是如果你告訴他們，從這件事情中他們也可以獲得一些東西的話，那事情就不一樣了。每個血型的人都會為了他們希望獲得的東西而認真努力，最重要的是看你怎麼跟他們說。很多時候你都必須弱化自己的企圖，強化對方能夠獲得的好處，這樣才具有激勵作用。促使大家都朝一個方向努力，讓工作中的努力得到百分之百甚至更多的回報。

張玲是一個很有野心的人，她在貿易公司工作了幾年，一直在建立自己的人脈，完善自己的技術，她在公司是最努力、最不計較薪資多少的人。她的這些努力和不計較可不是因為她大度、淡然，而是為了自己以後的創業而做準備。現在，她有了人脈，有了比同一層次人員更高的水準，於是她準備開始自己創業。

　　要創業，資金一直都是一個大問題。雖然自己這幾年積存了一些錢，但是對於創立自己的公司來說，這些錢是遠遠不夠的。於是她把目標瞄準了她的朋友小劉，小劉手上有一筆資金，但是小劉是一個謹慎的人，他不會輕易地把錢拿出來。不過小劉卻是一個對自己未來很重視的人，不僅重視，而且對於自己的未來有一份很負責的態度。只要有了這種意識，對張玲來說一切都不成問題了。

　　張玲來找小劉，她關於投資的事一個字都沒說，而是跟小劉說起了現在的物價，說現在的錢怎麼貶值，過個幾年，可能一百塊錢只能抵現在的五十塊錢了。小劉聽了這話，可著急了，一直問張玲該怎麼辦，張玲說：「你看，你的錢存在銀行利息那麼少，跟沒存一樣，拿去買股票基金什麼的，股市又不景氣，說不定什麼時候就賠了，風險太大。最好的辦法就是錢生錢，投資做個生意。」小劉聽了點點頭，張玲接著說：「我現在想自己辦一個公司，如果你對我有信心，就把錢投資給我，然後每年分紅。」小劉知道張玲的能力，知道她辦公司那是一定可以成的，這可比炒股風險小多了。小劉跟張玲說需要考慮考慮，但是張玲很有把握他一定會答應。過了幾天，小劉同意投資張玲！

　　當然，張玲並沒有讓小劉失望，她的公司辦得有聲有色，小劉每年都能分到一大筆紅利。兩個人都得到了他們需要的東西。

　　張玲非常聰明，她沒有以一副專門為籌集資金的姿態出現在小劉面前，如果以這樣的姿態出現，那麼你就明明白白地暴露了你的目標，這樣不僅會讓人一開始就用各種抗拒的心態聆聽你的訴求，還會直接否定你的請求。對於任何一個血型的人來說，他們都不會為了別人的美好生活而不懈努力，或者這樣說，我們都是自私的

人，都不會願意只為別人付出，而完全不顧自己的需要。就算是樂於助人的人，他們也都是為了獲得一種滿足感和幫助人之後的快樂，這種快樂也是一種需要。

人與人之間都要互相幫助才能順利地完成一件事，而作為一個可以掌控全局的成功者來說，能否讓每一個願意幫助你的人都得到他們希望或者可以得到的東西，就是一個決定成敗的關鍵之處。不要只顧自己的利益，而忽略了他人的需求。每一種血型的人都可以用自己獨特的方式去幫助你完成一項工作，但是要能夠激發他們全部的鬥志來完成這件事，你就需要設身處地地為他們提供利益。但是應該對每一種血型的人怎樣說呢？這不得不說是一種技巧。

Ａ型血：他們可能對於你的選擇、你做事的方法有很敏感的觸覺，一個小細節都可能成為他們質疑你目的的缺口。而Ａ型血的人富有犧牲精神，英雄主義的因素很濃，他們可以憑藉一腔熱忱為家人、戀人、公司、國家而獻身。所以，跟他們溝通的時候，一定要把你的目的隱藏起來，這樣才能讓他們為了那些宏偉的目標而去奮鬥。

而Ａ型血的人希望自己可以在團隊中有所建樹，所以他們會更願意為了自己在團隊中的聲譽和別人的認可而努力奮鬥。他們努力工作是為了自己的理想和精神追求，可不是為了你的「一己私欲」。

Ｂ型血：而Ｂ型血的人他們更關心未來的發展和自己的感情世界，所以對於Ｂ型血的人來說，你跟他們說你做這個工作將來會有很有前途，以後會得到老闆的重用，他們一定會更加努力地去辦事。當然了，因為他們內心對很多事情都非常敏感，也許他們能夠識破你從這項工作中的獲益，這個時候你不妨大大方方承認，你

確實可以獲益，但是你獲得的東西絕對沒有他的多和偉大。這樣他們才能夠全心全意地相信你，為你辦事。

O 型血：O 型血的人他們有一種喜歡教訓人的特性，尤其在工作中這種表現會特別明顯，這是因為 O 型血的人喜歡主導地位，他們並不是故意讓自己成為一個這樣的人。所以你告訴他們你為他們好的時候，可能會受到責備，因為這樣會讓他們覺得自己處於較低的位置，他們不喜歡被領導，所以，你應該把自己的姿態放低一些，他們會更願意接受這樣的溝通方式，也自然更願意為了你的「企圖」而奮鬥。

AB 型血：AB 型血的人對於權力的慾望很淺，就是說，對於他們來說，享受人生才是最重要的，所以如果你用權力、財富這些很物質的東西來誘惑他們，你一定不會成功，不如用這項工作的趣味性和挑戰性來作為工作的回報，效果會比獎金、升職更讓他動心。

雖然這麼說，每一種血型的人都希望有一種更加契合心靈的東西來滿足自己，但是對於物質的追求也不會放鬆，畢竟不可能讓一個人白白為你幹活而不收任何的酬勞，如果你能夠做到心靈和物質的雙重滿足，他們還不為你拼命工作嗎？

> 想要別人為你所用，那麼就得注重方法。他是 A 型血的人，那麼你就要把自己的目的隱藏起來；他是 B 型血的人，那麼就讓他從中獲益；他是 AB 型血的人，就可以用工作趣味和挑戰性來誘惑他；他是 O 型血的人，你就要放低姿態來與他溝通。

 滿足各血型人，才可以得到更多

　　沒有人會不計得失地幫助你，對不同血型性格的人給予他們不同的東西，才能顯現出你的慷慨，給他們最想要的，滿足他們內心真正的渴望，這比任何饋贈都有用。當然了，我們要學會以滿足他的需求為理由來誘導他為自己辦事，而不是帶著一副求人的姿態，讓他自願做了事情，而你則從中得到你想要的結果。

　　可能在很多人印象中都會覺得，託人辦事的時候必須是一副恭敬卑微的樣子，而那些可以給予你幫助的人，一定是仰著頭、不屑一顧地對待你。不錯，是會有這樣的人，那是因為他們不懂各個血型的人對什麼東西有強烈的需求，當你拿著他們可有可無的東西去尋求他們幫助的時候，他們又怎麼會用平等的姿態來與你溝通呢？這似乎是每種血型人的通病，也是一種劣根性，人們對於來請求自己幫助的人總會有一種優越感，而這種優越感會讓這些人不停思考要不要幫助這些祈求幫助的人。在做了左右權衡以後，他可能會拒絕你的要求。但是如果你提出來的交換條件是他們一直希望擁有的，那麼從一開始你和他的地位就是平等的，你們之間就不再是祈求與被祈求的關係，而是一種平等的談判關係。

　　因為雙方都拿到了同等價值的籌碼，所以你有權利要求對方。因為對方手上的籌碼是自己最渴望得到的，所以在決定要不要幫助對方的時候會更加傾向於答應對方。也正是因為我們掌握了各種血型的人的需求，所以對方在幫助我們的時候才會更加認真和用心。

老張是一個養蜂人，同時他也是一個愛恨分明的 B 型血的人。幾年前，他的蜜蜂飛進老李的桃園裏蜇傷人，老李非要老張賠償，為了這個事情，兩個人的關係越鬧越僵，最後老張在自己蜂場靠近老李家桃園的那一面架起了網，讓那些蜜蜂不能飛到老李家的桃園去。雖然依然有蜜蜂飛到老李的桃園中，但是數量卻是大大減少了。

不過這可不是一件好事，老李桃園的果實越來越差，想了很多辦法都沒用，最後他請專家來看，專家說是授粉不夠好，如果可以有更多的蝴蝶蜜蜂來採蜜，幫助授粉，果實一定會更好的。

而老張家的蜂蜜也不如以前了，以前的蜂蜜有一股淡淡的桃花香，可是現在卻淡然無味了。老李想來想去，不能因為一時的意氣就毀了自己那麼大一片的桃園。於是就主動跑來找老張，希望老張能夠撤去那張網，讓蜜蜂過去採蜜。但是老張還為幾年前的事情耿耿於懷，一直不答應。

最後老李說：「其實你我都知道，把這張網撤去，你的蜂蜜品質會更好，而我的桃會更水靈，這是對我們都好的事情；我知道你也不希望自己的蜂蜜越來越差，你也想有好的蜂蜜拿出去賣，我們這是雙贏的事情，不要再為了那些芝麻綠豆的小事破壞了我們兩家的心血了。」老李的話可是一字一句都說到了老張的心裏，其實他也希望自己的蜂蜜品質越來越好，於是老張和老李約定互相幫助，不僅把網撤了，還把蜜蜂都引到桃園裏面採蜜。

第二年，老李的桃長得又大又紅，而老張的蜂蜜受到了更多人的歡迎，大家都來買老張家的蜂蜜。

老張和老李這麼做幫了別人，更幫了自己。所以說，希望別人

為你工作，幫你成功，最上乘的方法就是滿足對方的需要，讓他們可以心甘情願地為你付出，這樣才能完成雙贏，讓大家都成為最後的贏家。

其實有很多人都懂得這個道理，只是大家不懂得各個血型的人內心真正的需求，所以不敢隨便提出要求。畢竟如果把這種需求弄錯了，不僅不能夠得到對方的幫助，甚至會適得其反。我們在瞭解每一個血型人的需求的時候，除了平時認真細緻地觀察以外，更重要的是對他們進行一下分類，看看哪種血型的人喜歡物質，哪種血型的人更注重精神需求，哪種血型的人是享樂主義。這些細緻的分類可以讓我們在尋求他們幫助的時候擁有更大的籌碼。

四大血型的人都對自己有著一定的要求和希望，如果可以達成他們心願，要他們為你工作就不是一件難事，而且可能效果會比其他的人更好。所以，抓準各個血型的心理是非常重要的，我們來看看哪個血型的人對物質的慾望更強烈一些。

A 型血：他們在四種血型中對物質的慾望是最強烈的，無論是名譽、地位、權利還是財富，他們都會有很強烈的慾望，這點不僅僅表現在物質方面。可以說 A 型血的人雖然在某些方面是保守的，但是對於慾望的控制卻做不到保守。他們總是希望能夠得到更多更好的東西。他們其實也不想這樣，但是卻總是無法控制這種感覺。所以對於 A 型血的人來說，在工作中，用他們渴望的地位、財富等東西來刺激他們為你工作是很值得一試的。而且這些東西就像是萬靈丹，一試就見效。

O 型血：他們對慾望的需求排在了第二位，他們喜歡的東西很多，但是對於特別物質的東西他們反而希望通過自己的努力來獲得，這樣可以讓別人知道自己不是一個只是靠運氣的人。不過別人

的看法，自己對心靈方面的追求卻是他們極度渴望的。所以只要你告訴他們為你做了這件事以後能夠獲得的心理快感，那麼他們一定會為你奮鬥到底的！

B 型血：他們對錢啊、權啊、地位啊之類的東西沒有特別的要求，這些對於他們來說很簡單，有就更好，沒有的話也不在乎，所以他們有時候就表現得很無所謂，在外人看來他們很容易說話，而這正是最不容易說話的地方。因為可有可無，所以你就不容易用這些東西來做餌，讓他們跟著魚餌游動。

AB 型血：他們希望過一種類似世外桃源的生活，沒有過多的鬥爭，沒有爾虞我詐，一切都簡單自然。他們對於物質的要求是最低的，只要能夠溫飽，就是最快樂、最滿足的生活了。

其實要讓各個血型的人來為你做事，不一定要用權、錢，物質是可以滿足一部分血型人的要求，但是遇到物質用不上的時候，就應該要好好地思考一下該用什麼樣的心理戰術來刺激他們，讓他們乖乖認真地為你做事。

> 對於物質的需求，A 型血的人的願望是最強烈的；O 型血的人次之，會希望通過自己的努力獲得；B 型血的人對錢、權、地位沒有特別的要求，不會太在乎；AB 型血的人則嚮往類似世外桃源的生活，對生活的要求就是只求溫飽。

# 4 充分利用各血型人的愛心氾濫

　　一個要強的人是不希望自己獲得別人同情的，但是這並不表示你需要冷漠地對待別人對你的同情。其實有的時候，用博取同情的方式來獲得別人的幫助，說不定會有不一樣的效果。

　　同情心是人類善良的本質，它是一種感情的體現。對弱者的不忍，想要幫助他們的那種情緒就是同情心。這其實是因為人類有思想意識，這種意識能夠讓人在別人受到傷害疼痛時，自己的大腦神經中樞也能接收到受到傷害的神經信號，產生疼痛感。而不同血型的人身上的這種疼痛感有多強烈，就決定了不同血型的人產生的同情心有多少。

　　要從不同血型的人身上獲得你想要的東西，有的時候不如利用一下他們的同情心，這種同情心可以讓他們心甘情願地把你想要的放在你的手中，或許還會問你夠不夠。同情心有時候真的很神奇，它神奇得可以讓一個人從乞丐變成百萬富翁，而利用好了別人的同情心，自然可以讓這種神奇的事情發生在自己身上。有的人可能不願意接受別人的同情，他會覺得這是一種示弱的表現，他強烈的自尊心會讓他覺得如果接受了對方的同情，那自己就會低人一等。其實兩件事根本不能畫上等號。

小謙是一個同情心強烈的 A 型血的女孩，每次看到什麼可憐的小貓小狗就很想帶回家照顧他們。但是她也是在外面租地方住，養小動物的話一定會被房東趕出來的！於是她又不得不收起自己的同情心。

　　今年，公司來了一位新同事凌琳，剛剛大學畢業，什麼都不太會，眼神裏面總是透露出一種膽怯，對什麼事情都唯唯諾諾，常常因為做不好一件事而被罵得狗血淋頭。小謙這個時候又想起了自己剛剛出來工作時候的事情，不自覺對凌琳產生了強烈的同情心，於是什麼事情都會幫助她，工作上有什麼不會的就馬上教她，有的時候甚至還會幫凌琳完成她的工作。久而久之，凌琳就把小謙對自己的這種照顧當成了理所當然的事情，她知道只要自己裝一下可憐，那麼小謙就一定會幫助自己的。

　　可是小謙自己的工作也不少，再加上凌琳的工作，她不得不加班再加班！有的時候她本來想拒絕凌琳的，但是一看到凌琳那種可憐的樣子就妥協了，最後弄得自己疲憊不堪，有時候她也不明白自己的同情心怎麼那麼嚴重，誰又來同情自己呢？

　　有一天，小謙忙得連午飯都沒時間吃，最後沒辦法只好泡一包泡麵，等她端著泡麵回來的時候，正好遇到凌琳和其他同事吃飯回來。其他同事問凌琳：「你之前的那個報告不是還沒交嗎？怎麼有時間吃飯去呢？」凌琳笑了笑，說：「小謙幫我做了啊，她真是傻，每次只要我裝裝可憐，她就一定會答應我！」

　　小謙聽了這個話心裏非常不高興，自己的同情心倒成了別人利用的籌碼了。從那以後，她再也沒有幫凌琳做任何一件事，就算凌琳裝得再可憐，她也拒絕！


　　小謙是一番好意，但是到了凌琳的身上，卻換來了一種依賴，甚至只是一種傻傻的付出。其實不止是 A 型血的人會同情心氾濫，任何一種血型的人都會有同情心，但是幫助別人的時候也要注意自己的同情心是不是用得合適，是不是真的在幫助他們，又或者

是在給別人一個依靠，讓別人無法成長，而自己卻變成了傻瓜！

在現實中，我們總是會遇到各種各樣的困難，我們希望別人可以幫助我們，卻不能讓別人求著我們接受他們的幫助。就像你希望得到別人手中的食物，卻不能要求別人跪下求你把這個食物吃了一樣。想要別人的東西，與其空等別人送貨上門，還不如認真想一想怎麼利用他們的同情心。

他是什麼血型的人？他是否具有同情心？博取同情的方式是否適用於他？或許你思考這些問題會更加實際。

所有血型中，如果以同情心的強弱來劃分等級的話，A 型血和AB 型血的人是最有同情心的，他們更容易受到別人苦難的影響，最後發揮他們的同情心來給予幫助。

A 型血：作為同情心第一名的 A 型血的人來說，同情心是伴隨著他們血液而流動的。對於他們來說，對弱者的同情是天生的。其實從本質上來說，A 型血的人都有一種悲觀的心情，他們總是會把事情想得很糟糕，然後一邊感受這種絕望，一邊讓自己痛苦。正因為這樣，他們瞭解所有的痛苦，所以更能夠感同身受，面對別人表現出來的弱小和悲情自然能夠有更強烈的同情。

所以對於 A 型血的人來說，最重要的是能夠讓他們明白你現在有多痛苦，多難受，然後再適時提出你的要求，他們因為能夠感受你的痛處，自然甘願付出你想要的東西。

AB 型血：而對於同情心排第二的 AB 型血的人來說，雖然看上去他對周圍的人和事都漠不關心，極力迴避問題，減少麻煩，但是他們卻是一群非常有同情心和自我犧牲精神的人。在旁人看來，雖然他們性情急躁，反覆無常，但是面對弱者他們會自動生出一種想要幫助別人的決心。這種同情心來自於 A 型血的一半特質，因為

A 型血的人天生就有很強的同情心，而 AB 型血的人擁有 A 型和 B 型兩種血型的特質，所以他們身上也有同情的基因在流淌。

雖然 AB 型血的人具有和 A 型血的人一樣的同情心，但是不要忘記，他們另一面是 B 型血的那種敏感，也就是說，你要把你的悲慘和你想要的東西變成一種因果關係，就是你如果得不到對方的幫助，那麼你的悲慘將會延續。這樣他們才有足夠的理由和感情來支持和相信你。

B 型血：排第三的是 B 型血的人，他們是一群個性爽朗、開門見山的人，沒什麼心眼，所以總是能夠無私地付出。但是他們做事基本都不會太理性地思考，因為他們認為，能夠留給他們好印象的都是好人，反之則都是壞人，既然是壞人，那麼他們自然也不會把同情心用在這些人身上。

所以要搞定 B 型血的人，最重要的是第一印象，你給了他們好的印象和感覺，自然可以得到更多的照顧。這就要求我們更加注意自己的言行，在他們面前一定不要做出讓人覺得不舒服的舉動。

O 型血：最後一名就落在了 O 型血的頭上，對於 O 型血的人來說，他們具有英雄的氣質，所以也有剛愎自用的心態和頑強的意志力。要感動他們，獲取他們的同情心，是非常難的。因為他們對權利有著很強烈的慾望，所以他們很能夠理解一將功成萬骨枯的道理。要獲得一些東西，自然要犧牲一些東西。

與其費盡心思地去獲得 O 型血的人同情，還不如想想怎麼向這個有英雄氣質的人展示自己的英雄氣概。

想要博取同情獲得幫助，A 型血就要讓他們對你的痛苦能夠感同身受；針對 B 型血，要注意你留給他的第一印象；針對 AB 型血，要讓他們知道你的痛苦得不到解決就會延續；針對 O 型血，很難獲取他們的同情。

# 5 O 型血的人願意讓你借花獻佛

O 型血是非常具有團隊精神的一種血型，也就是說我們可以從這樣的人群中尋找到自己的利益共同體，以幫助他為名來達到自己的目的，利用他的工具幫你辦成事，還讓他欠了你一個人情，何樂而不為？這種模式其實已經被利用於各種各樣的行業中，而且形式多樣，就像是上市公司，他們通過股民的資金募集來發展壯大公司，然後再分給股民紅利。股民卻感謝這個公司讓他們賺了錢，這就叫做借花獻佛。既發展了自己，又贏得了美名。

我們也可以利用這樣的模式來一齣借花獻佛的好戲！O 型血的人對於任何一個有利於他團隊的人都能夠友好相待，他可以和大家一起行動，而不被別人的看法評論所束縛，所以他們可以組建一個很優秀的團隊。而如今要成功做一件事情，最重要的就是有一個良好的團隊，掌握更多更好的資源。如果你是一個人單打獨鬥，實力一定不如那些成熟優秀的團隊，所以，尋找到和你有一樣利益追求的共同體，借助他們的資源來完成大家都希望完成的事情，然後各

有各的收穫，這樣皆大歡喜的局面不是更好嗎？

有的血型喜歡自己一個人獲得成功，但是 O 型血的人，他們更具有王者風範，重視集體的力量，重視人和人之間的關係，所以他們能夠用最短的時間來抓住重點，成就自我。

張倩以前曾經是一名非常能幹的投資經理，但是因為一個判斷失策，讓張倩的聲譽跌到谷底，很多投資公司都不敢再請這個人工作。張倩的事業跌到谷底，有一段時間，她曾經為了賺錢去街邊做小販。

不過張倩雖然不能在投資行業裏面工作，卻有朋友能夠帶來一些消息。這次，張倩聽說李總希望建立一個團隊來管理他旗下的基金，但是這個團隊中始終還差一個有經驗的投資者。張倩覺得這是一個好機會，如果可以進入這個團隊，再次證明自己的實力，那麼以後就會有更多的投資公司來找自己，改變外界對自己的不良傳聞。這次機會是她事業的一個新起點。

於是她通過朋友聯繫到了李總，在與李總見面之前，張倩瞭解了很多關於李總的事情，她知道李總是一個喜歡領導別人的 O 型血的人，尤其那些有能力的人。這對於他來說已經成為了一種挑戰和樂趣，把各種有才能的人收到自己麾下會讓他覺得很快樂。有了這些瞭解以後，與李總的見面就很簡單了，他們約在一家咖啡館見面，張倩一見到李總就開門見山地表明瞭自己的立場，希望能夠進入李總的團隊中。李總也不是一個等閒的人，聽完這些，李總就問張倩：「其實外面關於你的傳聞很多，你加入了我的團隊，你要怎麼樣保證那些傳言不影響我的投資呢？」張倩什麼都沒說，只是把她以前的成績拿出來擺在李總的面前，她說：「投資的成功與不成

功，不在於外界的傳聞是怎麼樣的，而是你有沒有那種獨特的眼光，而這些就是證明我眼光的證據。」

李總終於願意接納張倩，他們達成了協定，張倩得以進入這個團隊中。結果張倩也沒有讓李總失望，她為他賺了很多錢。而外界關於她的那些不利傳聞漸漸被她現在的成績替代了，有越來越多的投資公司把橄欖枝投向了張倩。幾年以後，張倩再次跳槽，那個時候她的薪水已經攀上了另一個高峰。最重要的是，張倩通過李總獲得了更好的聲譽、更有實力的證明。而現在大家都不會再關心她以前怎麼樣，看到的都是她創下的一個又一個奇蹟。

對於張倩來說，她借了李總的「花」，得到了行業內的認同；而對於李總來說，張倩幫助他賺了錢，李總從內心來說是非常認同張倩的。其實，對於張倩來說，得不得到李總的認同都是小事，最重要的是她重新挽回了自己在行業內的聲望。這個才是她的企圖，才是她為李總工作最重要的原因。

世界上的事情很多都是這樣的，各個血型的人為了不同的目標而做相同的事情，這樣既和諧又充滿矛盾的情況比比皆是。不要覺得有什麼不妥，各種血型的人都獲得了自己想要的東西，只要共同做好了這件事，就是成功的。但不是每一種血型的人都願意被你利用，在你借花獻佛的同時，還要懂得看看別人是什麼血型性格。

大家都知道，現在很多資源都是掌握在少數人的手中，所以，要學會利用別人的資源來給自己增值。而四種血型中，O 型血的人最具有領導氣質，也就是說，O 型血的人能夠給你更多的機會和資源來實現你現在的願望。

借花獻佛最重要的還是要借得到花，如果沒有辦法借到花，那

什麼都是白費。而 B 型血的人似乎過於隨性，他們會有各種各樣的花，但是因為他們太過於隨性，所以你會有點懷疑他們是不是真的有能力讓你去借「花」。一種不安全的感覺會讓 B 型血的人沒有那麼多可靠的條件。

　　所以，最容易借到花，也願意讓你借到花的只有 O 型血的人。雖然 O 型血的人是最適合的人選，但是我們還是應該要準備好策略。有一類 O 型血的人，他們講究的是利益共同，最痛恨被欺騙或者被利用，所以對這類的人，不如把你想要「借花獻佛」的想法告訴他，最重要的是你要告訴他，他可以獲得的利益是什麼；而另一類人，他們沒有前一類 O 型血的人那麼現實，所以你就把你的目的隱藏得深一些，在利用他資源的時候盡量做得沒有痕跡，因為誰都不喜歡被人利用。對於 O 型血的人，還要懂得告訴他們你為此付出的心血，他們是一群很尊重工作付出的人，所以，你展示你工作的賣力程度，也會讓他們對你好感大增。

　　而 A 型血的人絕對不會允許你做出這麼不守規矩的事情來，想要拜佛，那麼你得先自己去種花，然後通過正常的途徑進入寺廟，最後才能把花獻上，這就是 A 型血的人的邏輯。不要妄想繞過他們先斬後奏，被他們發現以後你會付出沉重的代價。

　　至於 AB 型血的人，雖然為人態度溫和，能夠和人和睦相處，但是他們最看不起的就是表裏不一的人。當然了，借花獻佛也不是什麼太嚴重的表裏不一的行為，只是在 AB 型血的人看來這就是不真誠，這就是表裏不一！所以還是算了吧，溫和的人生氣起來爆發力也是很驚人的，還是不要隨便招惹。

對於借花獻佛，O 型血的人是最樂於做的，A 型血的人卻是會先讓你種花然後獻花；B 型血的人太過隨性所以安全感不夠；AB 型血的人最不能接受表裏不一的人，所以你一定要看起來比較真誠，相反的話，那就不要招惹他們。

## 6 霸氣外露能夠鎮住哪個血型的人

生活中有很多氣勢強勁的人，在他們面前，很多人會不由自主地跟隨他們的腳步，聽從他們的吩咐。但是有的人就是不吃這一套，你越是霸氣外露，他就越要逆天而行。其實出現這樣的情況只是因為各個人的血型性格不一樣，所以他們可以接受的溝通方式也不一樣。對有的血型的人要擺出一副霸氣的姿態，表現得較為強勢，這樣他反而更願意幫你辦事，因為你的霸氣會讓他們覺得你是一個神一樣的人物，把你當做一個偶像來崇拜，偶像吩咐的事情當然會竭盡全力去做好。但不是對每個血型都管用，有的血型的人奉行一種原則，就是你霸氣我比你更加霸氣，你強硬我比你更加強硬，這個就不能還是用霸氣外露這一招來對付他們。

不能不承認，不可一世的霸氣確實可以讓人臣服，所以，適當地顯示出你的霸氣，會讓你處於更加有利的位置。利用你的霸氣給人壓迫感，這樣才能讓別人更加願意成為你的左右手，甘心為你工作。一個人的霸氣就像是一種氣壓，會不斷地給對方壓力，讓對方

沒有自己的思考餘地，而認真地為你工作。

王輝是公司裏的主管，也是大名鼎鼎的 O 型血「氣勢哥」，不過這種氣勢並不是裝腔作勢，而是發揮了 O 型血的那種正直的英雄主義氣場來營造的。他的下屬們都被他的氣勢所征服，所以一心一意、認真工作。不過，他剛剛到公司的時候，很多人都不服他。這也難怪，王輝不過 30 歲左右，要論年資不如公司裏的老前輩，而且他是直接從總公司空降下來的主管，難免會有很多人不服他。

　　不過，他不是一個繡花枕頭，他的實力都藏在霸氣中。那天，一個女下屬哭著跑到王輝面前，她說她不想再跟進那個姓李的客戶了，希望主管能夠重新找一個男同事去跟進這位客戶。王輝不明所以，就問女下屬怎麼回事。開始的時候女下屬只是哭哭啼啼的不說話，在王輝的一再追問下，才知道原來那個姓李的客戶仗著自己訂的貨量大，於是就要這位女下屬陪他去喝酒，而他借著喝酒對女下屬毛手毛腳。這個女下屬才剛剛大學畢業，忽然遇到這樣的客戶，聽老員工們說，遇到這種事情，公司一般都會忍氣吞聲讓下屬忍了。但是這個小姑娘很害怕這個客戶以後再提出更無理的要求，於是就大著膽子到王輝的面前請求換一個人去接待這位客戶。

　　王輝答應了小姑娘的要求，而且也沒有再派別的人去跟進這個客戶，過了幾天，經理把王輝叫到辦公室裏大罵了一頓，說是那位元李姓客戶投訴他不認真對待客戶，那麼大的訂單就這麼飛了。王輝承認有這樣的事情，他是故意不找下屬去跟進這位客戶的，他這麼做是為了保護員工的利益。經理非常生氣，一直罵王輝不顧公司的利益，但是王輝卻不肯認錯，為了這個還跟經理大吵了一架。

最後經理扣了王輝一個月的薪資作為懲罰。下屬們知道了王輝敢這麼和經理對抗，敢幫他們小員工爭取利益，都非常佩服他的霸氣，於是大家更加賣力地工作。第二個月，王輝這個部門的業績有了非常大的一個突破，成為公司業績第一。

王輝這個月的獎金都超過了薪資，他的霸氣不僅讓下屬們為他死心塌地工作，還讓更多的客戶願意主動來找他談生意，大家都說他是一個正直的人，和他做生意放心！

一個人的霸氣不是嘴上說說，而是需要我們拿出勇氣和膽量來鎮住別人。就像是 O 型血的王輝，他的霸氣不僅僅是鎮住別人，更重要的是用 O 型血的那種領導氣勢收服了人心，讓下屬能夠安心跟著他工作，願意更加積極努力地去為他付出。

我們要建立起來的霸氣不僅僅是說話大聲、不苟言笑，更重要的是能夠用你的霸氣收攏人心，讓別人敬重你，真心真意地為你打拼。但是，不是每一個血型的人都吃你霸氣這一套，你要能把你的霸氣收放自如，對什麼血型的人用多少的霸氣，對什麼血型的人不能使用霸氣，這些都是我們在處理人際關係的時候，必須要認真思考的。

在四大血型中，有的可以用霸氣征服，有的不能過於強勢，有的則更需要用溫和一點的方式。那麼能夠用百分之百霸氣來收服的是哪個血型呢？

AB 型血的人最吃霸氣外露這一套。他們的性格中有兩個小人一直在打架，一個是 A 型血的小人，一個是 B 型血的，兩個不同性格的小人一直在爭論一件事應該怎麼辦，怎麼做到最好。面對一件事的時候，他們腦子裏總是會有兩種聲音在對話，所以有的時候

他們會很猶豫，不知道應該怎麼辦，雖然很多時候兩種方法都沒有錯，都可以把一件事情辦成，但是 AB 型血的人還是會猶豫不決。這個時候出現一個強勢霸氣的人來指定走哪一條路，會讓這些矛盾的 AB 型血的人如釋重負，並且乖乖地按照你的指示去做。

而只能接受百分之五十霸氣的是 A 型和 B 型血的人。他們有各自的想法，不會為了外界的壓力就屈服。

A 型血的人是一群思想有些固執的人，他們總是不願意嘗試新的方式，新的成果，總是穿那幾種款式的衣服，吃那幾樣菜，嘗試新的東西對他們來說簡直是一種災難。這個時候不如你就霸氣地說：「你必須把這個東西吃了，不然明天別來上班！」A 型血的人自然會乖乖聽話，把東西吃了！

而對於 B 型血的人來說，最有意思的是他們和 A 型血的人剛剛好相反，因為太過於活躍，所以他們不會按照規矩辦事，這一點讓他們的上司有些難以控制，本來希望他們這麼做，但是他們非要那麼做，真的很難駕馭。這個時候你就要施展你的霸氣，讓 B 型血的孩子乖乖聽話。

必須注意的是，對於這兩個血型的人來說，你的霸氣要有理可尋，要讓別人覺得你這是為他們好，而不是為了霸氣而霸氣。

四大血型中最不應該用霸氣征服的是 O 型血的人，他們天生有一種英雄氣質，這種氣質會讓他們在面對霸氣的人的時候，自動激發出自己身上的霸氣。兩種霸氣對立著，不難想像出這種局面的結果吧！所以，對待 O 型血的人最好還是用以柔克剛的方式吧，用一種似水的溫和方式來讓 O 型血的人軟下來，一旦他們卸下堅硬的鎧甲，要征服他們，自然也是易如反掌的事情。

對於霸氣外露型，AB 型血是最吃這一套的人；A、B 型血是各能接受百分之五十的人，他們有各自的想法，不會為了外界的壓力而屈服；但是 O 型血是最不應該用霸氣征服的人，因為他們天生就有一種英雄氣質。

 **己所不欲，但是可以施於不同血型的人**

完成一項工作最開心的就是分享成果的時候，但是如果最後分享的結果是你不喜歡的東西，那麼原本大好的心情就會被破壞。所以，當分享成果之際，讓你的搭檔先選，當然，根據他的血型和性格，要用不同的方式來讓他開心地選到你不需要的，你不需要的東西必然要讓他覺得是好東西。

當你們應該享受工作成果的時候，記住不要往前衝，謙虛一些，低調一些，讓同伴們先選，這才能展示出你的美德，你的大度。當然了，我們不是濫竽充數的南郭先生，所以我們有資格享受工作成果，而不是撿別人剩下東西。但是現實生活中有很多人都會礙於面子，而不好意思開口說出自己希望得到的東西，結果最後發現好東西都進了那些敢表達的人手中。也許會氣自己怎麼那麼不爭氣，連自己想要的東西都不敢爭取，最後決定下次一定要勇敢爭取到自己心儀的東西。可是真的到了那個時候，我們還是一樣的不敢表達。

其實大家顧慮的無非是別人的看法，如果你不管不顧地拿走了自己想要的，那麼不知道別人會在背後怎麼說自己。於是就一直安慰自己，與其為了一點蠅頭小利就毀了自己大方、謙和的形象，還不如多一些忍讓。不過世界上真的有這種魚和熊掌兼得的事情，只要你懂得你搭檔的血型性格，再加上你巧妙地運用各種方式，自然能夠讓對方選了你不想要的東西，又保持了你一貫大度、親和的形象。

麗麗和小佳剛剛完成了一個項目，為公司賺了不少錢，公司為了犒勞她們，就提出給他們獎勵的辦法。但是不知道公司是怎麼搞的，兩個人的獎品居然不一樣，而且還隨她們自己挑選。一個獎品包雲南麗江的食宿、機票，一個是二萬塊獎金。雖然說兩個獎勵金額都差不多，但是她們必須二選一，這讓麗麗和小佳非常苦惱。為了這個，她們還特意到經理辦公室詢問到底怎麼回事。經理給出的解釋是：本來打算讓她們兩個人都去麗江旅遊，但是因為報團的時間晚了，現在只有一個名額，而再往後延的話就會耽誤接下來的工作，所以就只能這麼安排。

麗麗對小佳說：「你先選吧，我哪一個都行。」其實說這個話的時候，麗麗心裏想的是去麗江的名額。不過好像小佳和麗麗有默契一樣，小佳選了五千塊錢，而麗麗如願以償地得到了去麗江的機會。

不過事情可不是這麼簡單。原來麗麗早在經理公布獎勵之前就知道了只有一個名額去麗江的事情。而且她知道小佳是那種喜歡跟她唱反調的 B 型血的人，雖然兩個人一起合作完成了工作，但是她明顯能夠感覺到小佳不是那麼喜歡自己。於是她一直在小佳跟前

說自己怎麼怎麼缺錢，想買這個想買那個，可是就是沒錢。麗麗在小佳面前擺出了一副購物狂的樣子，所以在小佳心裏，麗麗就是想要錢。

而小佳為了讓麗麗得不到自己想要的各種東西，於是就果斷選了錢。殊不知，其實麗麗早就計畫去麗江旅行了，而且公司包食宿機票，這可是二萬塊錢所不能解決的。小佳以為自己聰明，而同事們都覺得麗麗很懂事，好說話，可是真正受益的卻是麗麗。她既得到了自己夢寐以求的旅遊機會，又讓同事們都誇獎自己，不得不說，真正聰明的人是麗麗。

職場中就是這樣，不要以為是合作夥伴就可以掏心掏肺。像麗麗這樣懂得使用一些小手段來應付那些總是不懷好意的人，才能夠保護自己，得到自己希望的結果。

我們希望自己可以在崗位上得到最合理的待遇。而且最重要的是，在職場中無論對誰都要為自己留有後路，不要覺得反正我資歷比較深，就可以不顧後果地搶奪工作成果，你應該在職場中扮演一個老好人，但是卻不能成為一個真正的老好人，否則老實的你一定會被欺負。雖然職場中的人們善於偽裝，但是我們卻可以根據他們各自的血型性格來做出推斷，推斷出他們的行為，推斷出下一步他們可能會做的事情。

有的血型的人對於自己想要的東西，會更喜歡用直接的方式去爭取，而有的則希望是別人為你奉上，並且還表現出一副「我真的不想要，是你偏要給我」的樣子。而如果你想要在他們中間做到魚和熊掌兼得的話，就要有目的地出擊，就像是打獵一樣，瞄準獵物，找準時機下手。如果你能夠做到這一點，那麼無論是理性的 A

型血的人，還是感性至上的 B 型血的人，他們都可以成為你很好的打獵夥伴。

A **型血**：其實 A 型血的人因為性格比較保守，不太願意嘗試新的事物，所以他們的思維也是一種比較保守的方式。想要得到的東西會尋求比較傳統的方式。很可能他們就利用一些關係讓上司直接發給他們，又或者先下手把想要的東西拿走。而要讓這些保守的 A 型血的人選我們不想要的東西，就應該灌輸他們一種思想：這些東西不是傳統意義上的獎品，有危險！但是如果他們和上司關係比較好，直接跟上司說出了自己想要的東西，那麼你就認了吧。

B **型血**：B 型血的人比較好處理，他們經常都是憑著自己的感情來處理事情，所以如果他們喜歡你，那麼你就可以裝可憐博取他們的同情，你可以一直說：「我最想要的就是那個豆漿機，有了豆漿機，我就每天給我媽媽做無糖豆漿。她有糖尿病，不能吃有糖的豆漿，而且醫生說了，每天都喝一杯豆漿對她的病情有好處……」說完還要有可憐兮兮的表情，當然了，最後還是要請對方先選。但是如果是不喜歡你的 B 型血的人，他們不喜歡你，自然會意氣用事，希望你過得不好，只有這樣他們才會開心。所以你不妨將計就計，時不時地透露你「想要」的東西，不過你透露出來的一定不能是你真心喜歡的。

O **型血**：O 型血的人很有意思，他們身上總是會有一種很有氣勢、很大度的大將之風。就是說，他們對弱者有一種不可名狀的感情，看到別人楚楚可憐的樣子就會爆發出強者的保護慾，想要成全對方。所以，你就盡量裝可憐吧，把你眼中所有可憐的樣子都表現出來，他們一定受不了的。

AB **型血**：AB 型血的人不太好對付，因為他們似乎有一種軟

硬不吃的決心。在他們身上，可以看出來他們對於事情的合理性有著莫名的固執。一件事如果相對於他們的生活來說是不合理的，那麼他們一定不會選。所以，在選擇之前，你最好能夠打聽好他們現在的生活到底是不是需要某種東西，也許你可以從生活的合理和成本這件事上來尋找突破口。比如告訴他們：「這種公司的旅遊一定會帶你們去很多要求購物的地方，強制要求你買東西，實在太不划算了，還是有錢以後自己去更好。」他們也許會馬上放棄。

> A 型血的人因其保守，所以他們會先下手為強；B 型血的人會用感情來處理事情，所以可以裝可憐博取同情；AB 型血的人吃軟不吃硬，且比較固執，所以你的理由要足夠合理；O 型血的人因其有氣勢，所以你可以裝可憐使其爆發出強者的保護慾。

 **最後表態，往往能夠大豐收**

有的人會有一種恐慌，總覺得什麼都不要落到最後，不然得到的可能是最差的，你最後一個說話也許大家會覺得你是馬後炮，總之，「最後」就是什麼都不好。但是看看身邊的人，在會議上第一個發言的人是不是能夠馬上得到上司的認可？舉手表決的時候，是不是要等最後一個人舉手了才算數？所以，不要再說什麼最後不好的話。

每一種血型的性格中都有著衝動的因數，但是有的血型的人懂得克制和忍耐，有的卻放任自己的衝動。最後表態其實是一種沉著的表現，這種沉著以大局為重，也是在對局勢作出一個判斷。當然這並不是說我們要做牆頭草，而是說我們應該有自己的想法，在縱觀了局勢之後用力挽狂瀾的氣勢獲得你想要獲得的東西，這一點 O 型血的人最能夠做到。

其實最後表態是一種策略，為自己贏得時間，贏得思考的餘地，這麼短的一段時間可以讓很多事情都清晰地展現在你的面前，包括每一個人的意向、領導人物的選擇傾向、自己意見的優勢，這些東西都決定著你說出來的話能不能夠為你爭取到最大的利益。

蕭強是一個很小心謹慎的 AB 型血的人，他總是喜歡用分析的眼光來看待別人，最後通過分析來得到與別人最好的相處模式。

他才到公司沒多久，卻能得到經理的喜歡，雖然他並沒有什麼特別的功績，沒有什麼特別的能力，但是經理就是很喜歡他，為什麼這樣，這還要從一次會議說起。

蕭強那個時候剛剛到公司，在開會的時候經理提出了兩套策畫方案來，一套是用很多活動來刺激銷量，一種是用很緩和的方式讓別人喜歡上產品。在徵求大家意見的時候，大家都覺得用活動這種方式可以最快獲得銷量的提升，這樣各人的銷量就有一定的提升，隨之而來的獎金就會高很多，所以大家都喜歡這種方式。

其實蕭強沒有什麼特別的意見，但是他知道，所有人說的都不算數，最後還是要等經理表態！自己要在這個會議裏面嶄露頭角，最好要能夠說中經理的心思，這樣才能夠讓經理喜歡自己。其實他

看經理聽大家意見的時候，表情一直都不是很好，所以他知道，經理一定更希望用第二套方案，於是蕭強等大家都說完了才說：「其實我覺得第二套方案比較好，因為它比較長遠，雖然說第一套方案能夠在短期內得到很高的銷量，但是對於長遠的發展來說是不好的，可能會揠苗助長。」

經理聽了以後，嘴角往上揚了揚，蕭強這個時候心裏得意極了，他知道自己在經理的心中有了一定的地位，以後的工作更好做了！

當我們沒有辦法控制全局的時候，我們應該做的就是先摸清楚大家想的是什麼。四大血型中各自有各自的心思，他們用各自的方式把自己的心思隱藏起來，而你要做的就是等他們都說出了自己的意圖以後，尋找到最佳的方式來獲得領導人的認同，最後給予你原本期望得到的東西。這是一個抽絲剝繭的過程，比的就是耐心。

但是也不是讓你永遠都做最後一個說話的人，而是當你擁有絕對的控制權和話語權的時候，你可以第一個出聲和表態，給其他人一些壓力，讓對方礙於你舉足輕重的地位而附和你的決定。如果你在有利於自己的時候還是交出話語權，那麼絕對的優勢就會大打折扣了。

其實每一種血型的人都可以通過對大局的掌握來審時度勢，通過自己所處的位置來決定到底是第一個說話，還是最後再表態。不過唯一有差別的是，不同血型的人對於自身處境和位置的判斷不一樣。但是，什麼才是不同血型人的最佳表態時機呢？

A 型血：他們總是用一種故步自封的想法來看待每一個人，因為他們具有踏實穩重的性格，所以他們更喜歡那些實在的人。於是

他們會把這種想法套用在別人身上，以為自己喜歡的，別人也會喜歡；自己討厭的，別人也會討厭。所以對於一些比較新奇和出格的態度，他都不會接受，可是說不定上司和大多數人都已經支持這種想法了。多觀察一下眾人的表情，看看他們是不是已經被那個新奇的想法所吸引了。

B 型血：他們內心有著強烈的自我肯定意識，也就是說，他們可能對自己的態度和想法有極度高的自信心。所以對於大局的判斷會有一些失誤，似乎他們的腦子會自動過濾別人對自己的質疑，於是他們沉浸在自己的世界中不能自拔。B 型血的人在表態的時候最好先跳出自己的思想和感情中，把自己放在一個局外人的位置上看看整個局勢到底是什麼樣子的，這樣得出的結論會更加客觀。

O 型血：傾向於理想主義者的 O 型血人，他們不喜歡被別人的觀點所左右，即使別人說得很對，O 型血的人還是會堅持自己的觀念和態度。這算是一種對自己的極度自信，也是 O 型血人性格中固執的一面。O 型血的人本來就很難跟著局勢走，那麼就不用費心力去觀察局勢，只要認真地思考別人想法裏的漏洞，並且用這些漏洞來擊敗對方，為自己的觀念建立更多的堅固依據。思考怎麼樣才能說服不同的聲音或者直接第一個發言和表態，給別人壓迫，讓他們同意你的觀念和態度。

AB 型血：他們對周圍的環境和社會變化有著極度的敏感和分析能力，他們總是做好充分的瞭解和調查，客觀地看待外界的事物和人。所以他們的觀念和態度一般都會比較中肯和客觀，這樣不是沒好處，而是能夠做到左右逢源。所以無論是最後一個說還是第一個說，結果你都可以獲益，因為你說的都是事實，都是可以支撐不

同觀念的依據。

> 　　對於表態時機，Ａ型血的人可以在觀察眾人的表情之後再發表自己的意見；Ｂ型血的人，最好是先讓自己抽離出來看看整個局勢的樣子再決定；ＡＢ型血的人因觀點較中肯和客觀，可以隨時；Ｏ型血的人要在認真思考別人想法的漏洞之後。

## ⑨ 厚道可以與各血型的人建立細水長流的關係

　　現在的社會有太多的一次性商品或者服務，大家習慣了這種一次性的方式，也慢慢接受了一次性的理念。於是這種一次性的理念不僅進入了醫療、衛生、飲食行業，甚至還進入了人與人之間的關係裏。人們沒有耐心建立一種細水長流的關係，而是急功近利地掠奪，最突出的表現就是需要你的時候恨不能天天在你跟前，不需要你的時候見面都裝作不認識。做人應該厚道一些，千萬不要過河拆橋，因為下一次你也許還會需要他，給他們點甜頭，表示一下你誠摯的感謝和友好，下一次還讓他為你辦事。

　　人與人之間最奇妙的地方，就是你不知道下一秒會需要誰的幫助，而誰又會需要你的幫助。因為存在這些不確定性，所以每一個人都應該認真對待，尤其是那些曾經幫助過你的人。有的人對能夠幫助自己的人總是殷勤百倍，照顧得無微不至，而對於他們覺得沒有利用價值的人就異常冷漠。誰都不能保證一個人永遠風光，也不

能保證一個人會永遠落魄。再說，幫助你的人不一定是家財萬貫的人，或許是街邊的乞丐，或者是普通的老百姓，如果你只願意對你認為能夠幫助你的人微笑，那麼除非你有對未來的預見能力，否則你的笑可能沒有任何的意義。

小靜在離家有二個小時車程的城市上班，雖然只有二個小時的車程，但是由於小靜工作實在是太忙了，幾乎沒有時間回家，所以小靜都只能夠通過電話跟家裏聯絡。她其實是一個很保守、不太開朗的 A 型血的人，她雖然在公司工作了一段時間，但是和同事之間的關係只停留在見面打招呼的程度，她總是覺得如果一來就和誰特別聊得來，就真是太假了，所以她堅持細水長流的友情。

這天半夜，小靜突然被電話鈴吵醒了，打電話來的是小靜的媽媽，媽媽說爸爸出車禍進醫院了，讓小靜馬上回家一趟。小靜一聽媽媽這麼說，嚇得都慌了，她馬上收拾東西出門了。剛出宿舍就遇到了正準備回家的劉剛，劉剛是公司裏的貨運司機，劉剛聽小靜大半夜要自己往家裏趕，於是就讓小靜等等，他跑去借了一輛車，要開車送小靜回去。小靜雖然很慌張，但還是有一定的警戒心的，她不知道這個平時和自己沒什麼交集的劉剛是不是有什麼企圖，但是自己大半夜的去找車回家也確實不安全，沒辦法她就只好答應讓劉剛送她回家。

一路上小靜警惕地防備著劉剛，好不容易到了小靜父親住院的醫院，小靜慌忙地和劉剛道別後，跑著去看父親，劉剛自己又開車趕回了公司。小靜的父親經過搶救沒什麼大礙了，一個上午小靜跑出跑進，又是拿藥又是繳費的，等她有時間坐下來的時候才想起自

己沒有跟經理請假。於是馬上打電話給經理，誰知經理已經知道這件事，原來是劉剛趕回公司以後幫小靜請的假。

小靜的父親好轉以後小靜就回公司上班了，想到劉剛這麼幫自己，於是就帶了禮物送給劉剛。漸漸和劉剛一家也熟悉起來，經常一起吃飯。

沒過多久，小靜的部門推薦升職，經理居然推薦了小靜。小靜百思不得其解，自己平時和經理沒什麼接觸，再怎麼算也不可能推薦自己。直到有一天經理告訴小靜，劉剛是他姐夫，姐姐和姐夫都誇小靜是一個好人，做事細心周到，感恩圖報。正好經理的得意助手辭職，於是經理就想提拔小靜，讓小靜成為自己的左右手。

誰都不知道誰是自己下一個貴人，所以我們更應該奉行厚道的做人原則，對於那些幫助過我們的人，我們應該與他們建立更加長遠的友誼，而別的人我們也不應該用勢利的態度對待他們。要想讓自己能夠得到更多的貴人相助，就要學會與身邊的人保持一種細水長流的關係。

四大血型的人其實都有自己的一套與人相處的方式。可能有的熱情如火，有的君子之交淡如水。而我們這裏說的細水長流的感情，不是僅僅停留在見面打個招呼的程度上，細水長流需要的是我們把互相之間的感情維護得很堅固，就像是流水一樣不會間斷。這樣的感情才有足夠的養料來生存下去，也能夠在你需要幫助的時候挺身而出，為你解圍。

各個血型之間的相處其實都有一種非常簡單的法則。比如 A 型血的人，他們有很強大的控制自己情緒的本事，但是他們卻很難掌控交際的氣氛，常常會給人一種壓迫感。可能因為這樣的壓迫感，

會讓別人在接觸了你第一次之後就很難再有第二次的接觸。

A 型血：A 型血的人與 AB 型血和 O 型血的人比較談得來，不過因為 A 型血的人難以掌控整個交際的氛圍，所以 A 型血的人通常比較容易被 AB 型血的人掌控交往的局面，而和 O 型血的人相處，A 型血的人則有更多的主導權，他們善於使用心理戰術，如果給 O 型血的人施壓，輸的那個一定是 O 型血的人。所以相比較下來，A 型血的人比較能夠和 AB 型血和 O 型血的人建立起細水長流的感情。

AB 型血：AB 型血的人給人一種模棱兩可的感覺，而且 AB 型血的人一直都奉行和平的原則，所以他們比較喜歡 O 型血的人，他們覺得 O 型血的人是有水準的朋友。而 AB 型血的人則不太喜歡 B 型血的人，他們總是覺得 B 型血的人太過於散漫，心裏是有些看不上對方。

B 型血：他們和任何一種血型的人都容易相處，也都不容易相處，為什麼這麼說呢？其實 B 型血的人一般來說氣場都很強，其他血型的人不是徹底被征服就是不買賬。所以對於 B 型血的人來說，只要他用點心思，就能夠得到所有人的歡心，也能夠建立起更加長久的友誼。

O 型血：能夠做到這一點的不止是 B 型血的人，還有 O 型血的人。O 型血的人非常注重人際關係，他們會很用心地來維繫一段段感情，過河拆橋這個詞語在他們的詞典裏是不存在的。在他們的心中，只有不斷地維繫、鞏固朋友之間的關係，而不會為了任何奇

怪的原因隨便放棄一段感情。

> A 型血的人有很強大的控制自己情緒的本事，但是很難掌控交際的氣氛，常常會給人一種壓迫感；B 型血的人可以和任何血型的人相處，但是他們需要花點心思；AB 型血的人因為其奉行和平原則，所以會比較偏愛 O 型血的人；O 型血的人因其非常注重人際關係而會用心維繫每一段感情。

第 **3** 章

# 如何吸引
# 不同血型人的眼球

# 9 如何給四大血型留下良好的第一印象

外表是第一張名片！每一個人都會給別人一個第一印象，這個第一印象決定了你是不是受到別人的歡迎。第一印象其實在很大程度上決定了你們會不會有繼續相處和交往下去的可能。

一個人要想吸引四大血型的人的眼球，首先要讓自己的外表有特點，當然了，如果你外表的特點足夠有吸引力，卻是很嚇人的那種吸引力，那這也不算是給人良好的第一印象。其實最主要的是知道這四大血型的人都喜歡什麼樣的人，這樣才能做好充分的準備。但是印象這種事情是很主觀的，大家對不同人的印象都是不一樣的，但是可以肯定的一點是，一個外表乾淨、整齊的人是一定不會惹人討厭的。

我們對任何一個人的看法都是從第一印象開始的，大家在見了第一面之後就會互相評價對方的衣著、言談，甚至是某些小特點，這些都會成為我們注意的地方。如果一個人衣著不夠得體，那麼我們對他的印象就是這個人過於隨便；而如果一個人有一些不好的口頭禪，大家就會自然而然地遠離他。每一個第一印象都會決定著下一次的見面，所以要想讓別人對你有興趣，那麼就應該多注意一下自己給別人的第一印象。

齊琳從來都是一個大方的 B 型血女孩子，因為很多時候她並不會特別注意自己衣著方面的問題。在她看來第一印象不過是別人推辭的藉口，所以她無論跟誰第一次見面都蠻不在乎，總是不修邊幅。她的朋友都知道她是一個好姑娘，但是因為她總是這樣，

所以很多原本對她有興趣的男孩子在見了她一面之後都退縮了。所以到齊琳到 28 歲了，還是沒有男朋友。

　　母親實在是擔心到不行，於是就發動了身邊的親朋好友給齊琳介紹男朋友。經過齊琳的媽媽再三的篩選，終於選出了三位事業有成的男士與齊琳相親。齊琳雖然非常不喜歡相親這種形式，但是始終拗不過母親，最後還是答應母親去相親。

　　跟第一位男士見面之前，母親特意帶齊琳去買了一條裙子和一雙高跟鞋，讓齊琳相親的那天穿去。齊琳從來都是穿運動鞋牛仔褲的，突然讓她穿裙子、高跟鞋，她差點沒被高跟鞋拐到腳。兩人剛見面的時候，這位男士就被齊琳吸引住了，她看上去是那麼的落落大方。可是堅持不到兩分鐘，齊琳就原形畢露了，她拿著筷子就開始「指點江山」了，一邊說話一邊拿著筷子指來指去。最後這位男士說：「齊琳非常好，只是我可能不太適合她。」

　　與第二位男士見面的時候，齊琳的媽媽可能是接受到了之前的經驗，千叮嚀萬囑咐的，要齊琳一定要斯文一些文雅一些。於是齊琳在見面的時候都不敢說話，就怕自己一開口就暴露了。可是這樣的表現也沒有得到那位男士的認同，他說：「我希望有一個比較開朗活潑的女朋友，齊琳是一個文靜的女孩，我想我不太適合她吧！」於是又吹了！

　　齊琳的媽媽實在不報什麼希望了，於是沒有對齊琳的第三次相親見面多加干涉。這次齊琳穿了簡單的牛仔 T 恤，兩人見面的時候也表現得比較自然，這位男士對齊琳非常滿意，覺得這是一個真實的女孩。而齊琳對這位男士的第一印象也不錯，乾淨簡單！兩人的第一次見面並沒有什麼突飛猛進的進展，但是因為兩個人對對方的印象都不錯，於是他們有了第二次第三約會，沒過多久，兩個人

正式談起了戀愛。

　　兩個人無論如何發展，都要經過第一印象這個階段，然後才能夠一步一步發展，但是如果第一步就走不順利，那麼就很難有下一步的發展，就像齊琳和前面兩位相親的男士，因為第一印象並不好，所以也就很難發展成為情侶。不過根據各個血型的人對人的不同要求，所以他們所能夠接受的第一印象也不一樣。

　　因為印象的主觀，所以我們不能保證第一次見面就一定能給別人留下好的印象。但是如果你知道別人喜歡什麼樣的人，那麼你就能夠朝那個方向靠近，讓第一印象的成功率提高很多。

　　對於四大血型的人來說，他們都有自己的一套評判標準，下面我們就來一一介紹。

　　A 型血：他們在表面上看來對很多人都冷冷淡淡的，因為面對第一次見面的人，他們常常抱有警惕的心理，他們不願意在不知道別人是什麼態度之前就表明自己的態度和感情，如果被拒絕了，那可是一件非常沒有面子的事情。所以跟他們第一次見面，最重要的就是表現出你的親切感，在服裝的選擇上不要太過於有距離感。太性感、太職業、太正式都不太好，儘量把自己打扮得親切自然一些。而且在見面之前，最好打聽好對方喜歡什麼東西，對什麼有興趣，然後在見面聊天的時候多製造一些共同話題。這樣你留給 A 型血的人的印象可以達到一百分。

　　B 型血：他們特別不喜歡被規矩束縛著，所以你在打扮上千萬不可以過於正式和莊重，這樣的打扮會讓 B 型血的人想要逃跑。和 B 型血的人在一起，最重要的就是跟隨他們的思路，而且不要從言談中透露出你守舊和遵守規矩的意思，這樣的人在 B 型血看

來是非常可怕的人，他們很怕和這樣的人在一起以後會抹殺了自己的創造力！

**O 型血**：喜歡展示自己，他們總是要在人群中做一些引人注意的事情才會覺得安心。如果第一次見面的時候他們做了什麼很特別的事情，你不用覺得驚訝，因為他們就是喜歡讓全世界的人的目光都聚集在他們身上。你要給他們一個好的印象，就要做出一個聽眾和觀賞者的樣子來。跟隨他們的步伐，然後一起享受他們創造出來的特殊事件。

**AB 型血**：他們總是會理性地看待別人，所以你在與 AB 型血的人見面的時候，一定要精心挑選衣服，讓他覺得你重視這個約會，重視這次見面。在很多小細節上，AB 型血的人都會很糾結，所以你應該特別要注意這些小細節。

第一印象非常的重要，所以無論是去見誰，你都應該在鏡子面前審視一下自己的衣著，聊天的時候注意自己的言行。雖然說四大血型對第一印象有不一樣的看法，但是衣著整潔、言語禮貌是會受所有人喜歡的。

---

想要留下好印象，對於 A 型血的人，你可以打扮得自然些，聊天時多製造些共同話題；對於 B 型血的人，穿著不要太正式和莊重，言談中不要透漏出你的守舊；對於 AB 型血的人，要精心挑選，多注意小細節；對於 O 型血的人，要做一個聽眾和觀賞者，跟隨他們的步伐。

## 2 不同血型的人笑容背後的真正企圖

　　笑是人類最美麗的表情，無論是什麼人，只要你對他笑一笑，就算是對你恨之入骨的仇人也會願意留你一個活命的機會。一個人要表示對別人的友好，最有力的表情就是微笑，一個可以準確把握微笑的人，能夠輕易地得到所有人的喜歡和注意。

　　都說笑容是表示友好的開始，但是笑也分很多種方式，對不同血型的人要善用不同的笑容，才能博得對方的好感，讓對方對你沒有敵意。很多人都覺得四大血型的人應該都是一樣的，只要有人對他們微笑，就能夠征服他們。其實並沒有那麼簡單，雖然說大家都對別人的笑容沒有什麼抵抗力，但是笑容裏的微小差別卻會影響不同血型的人待人的親厚程度。

　　有的血型的人喜歡自由自在的笑容，有的喜歡含蓄一些的笑容……無論是哪一種笑容，只有對著正確的人笑才能獲得相應的效果，否則也只是給自己找麻煩，讓自己處於一種不知所措的尷尬中。而且不同血型的人對於一個人什麼時候應該笑，什麼時候不應該笑是有非常嚴格的標準的，如果該嚴肅的地方不嚴肅，那麼你的笑也是沒有意義的。

　　毛毛是一個特別愛笑的 O 型血女孩，而且最厲害的是她不僅愛笑，還特別會逗別人笑，但是她有一個特別不好的習慣，笑起來就什麼都不顧，也不管場合對不對，人合不合適。這讓家人很多時候都覺得挺尷尬的。

　　一天，毛毛和媽媽來參加一個親戚的葬禮，這個親戚年紀挺大

的，大家都說這是一個喜喪。老人去的時候可安詳了，臉色一點都
不像一個去逝的人，大家參加完追悼會以後，就聚在一個休息室等
著主人家把其他的事情辦理完了以後到墓地上鞠躬。大家都聚在一
起聊天說話，可是這個時候毛毛卻突然大聲跟大家說：「大家不要
那麼安靜嘛，我們來說個笑話，活躍一下氣氛！」大家看著這個奇
怪的女孩，什麼都不說。毛毛看大家都不說話，以為大家害羞，於
是就主動講了一個笑話，毛毛說：「飛機上，一隻鸚鵡對空姐說：
『給爺來杯水。』豬也學鸚鵡對空姐說：『給爺來杯水。』空姐大
怒，將鸚鵡和豬都扔下了飛機。這時鸚鵡對豬說：『傻了吧，爺會
飛。』」說完以後她就自己哈哈大笑起來，但是身邊的人不但沒有
笑，反而露出奇怪的表情。大家都盯著門口的位置，毛毛的媽媽馬
上去拉住毛毛，原來葬禮的主人正站在門口看著毛毛。主人家的臉
色鐵青，雖然什麼都沒有說，但是可以明顯地感受到對方的怒氣！

　　毛毛的媽媽看情勢不對，馬上就跟主人家告辭了，拉著毛毛就
走了，路上毛毛還是不明白怎麼了，毛毛的媽媽生氣地說：「我們
是來參加葬禮又不是婚禮，你講什麼笑話啊？」毛毛委屈死了，
說：「大家不都說這是喜喪嗎？而且我看大家都不笑，就想說個笑
話逗大家笑一笑。」毛毛的媽媽氣死了，什麼話都不說就走了。

　　毛毛常常這樣好心卻辦壞了事，她總是分不清該在什麼場合
笑，該在什麼場合嚴肅。因此，很多親戚朋友都漸漸地不太跟毛毛
他們家來往了。

　　其實我們說要對別人笑一笑，但是如果你選擇不好物件和時
機，對著嚴肅的 AB 型血的人笑，對著嘻嘻哈哈的 O 型血的人嚴
肅，這不僅起不了緩和氣氛、拉攏關係的作用，甚至還可能讓別人

討厭你。

　　大家常常說對著陌生的人，微笑是最能夠抓住別人眼球的表情。微笑也是一個人展示自己友好的最佳形式，但是很多時候四大血型的人希望的並不是這種莫名其妙的微笑，他們對很多事情有很多不一樣的看法。所以對不同血型的人，我們要能夠抓住他們最喜歡的笑容，這樣才吸引住他們的眼球。

　　**O 型血**：四大血型中最喜歡笑的人是 O 型血的人，而且他們常常是那種哈哈大笑的樣子，爽朗的笑容是他們的標誌，但是他們卻不喜歡總是笑的人。O 型血的人喜歡笑，尤其對於能夠逗別人笑更有成就感。要想吸引他們的眼球，最有效的方法就是在他們講笑話的時候笑得更加投入和享受，因為這樣會給 O 型血的人極大的滿足感，你適時的配合會讓他們更喜歡你。

　　**B 型血**：B 型血的人是僅次於 O 型血的愛笑血型人，B 型血的人特別喜歡熱鬧，而且特別願意對喜歡的人和氛圍展露自己的笑容，他們覺得自己的笑容能夠讓身邊的氣氛更歡樂。所以，要讓 B 型血的人喜歡你，最好的方法就是在他們笑的時候也笑，在氣氛有點不一樣的時候你就笑一笑來讓氣氛更好。因為他們喜歡一個可以用笑容感染身邊氣氛的人。當然如果你的笑容有強烈的感染力就更好了，因為你的感染力不僅僅會讓 B 型血的人注意到你，更重要的是你的笑容可以讓他們見識到還有人能夠比他們快樂。但是 B 型血對於某些不該笑的場合沒有準確地把握，該嚴肅的場合他們做不到嚴肅對待，所以你一定也要注意自己這方面的毛病。

　　**A 型血**：A 型血的人其實不那麼愛笑，在不得不笑的場合，他們才會勉強笑一笑。但是 A 型血的人並不排斥喜歡笑的人，只不過你的笑容不要太誇張，他們不太喜歡那種爽朗的大笑，他們更喜

歡禮貌性的微笑。所以你儘量不要讓自己笑得前仰後翻，最重要的是笑得有規矩，而且在準確的場合微笑，但是一定不可以在不適合的場合有一點點笑的趨勢。如果你場合選擇得不對，那麼 A 型血的人一定會討厭你！

AB 型血：四大血型中，AB 型的人特別不喜歡笑，他們是嚴肅派的最佳代表，他們臉上永遠是一副平靜、淡然的樣子，你不可能從他們臉上看出他們的情緒。每個人都喜歡別人對自己微笑，但是 AB 型血的人卻獨特極了，與其對著他們傻笑，還不如為他們做點實際的事情。

其實四大血型的人都喜歡會笑的人，雖然他們對自己喜歡的笑容標準不太一樣，但是誰都不喜歡那些總是哭喪著臉的人，所以在你不明白別人到底是什麼樣的態度的時候，最保險的就是微笑，但是記住不要隨便哈哈大笑！

O 型血的人最愛笑，其次是 B 型血的人，但是要注意分清楚場合；A 型血的人不那麼喜歡笑，但是並不排斥，喜歡禮貌性的微笑；AB 型血的人特別不喜歡笑，總是顯得很平靜、淡然。

## **3** 如何對不同血型的人表示好感

很多時候，我們會覺得跟某一個人不太熟悉的時候，兩人相處起來會有距離感，總覺得對方對自己不太友好，而因為這種距離感讓你不敢靠近對方，漸漸的這就成為你們發展感情的一個障礙。四大血型的人有不一樣的待人方式，但是無論是哪一種待人的方式，你都應該首先表現出友好，讓別人覺得你對他欣賞或者有好感。不管是哪一種血型的人，當別人對自己表示好感的時候，他們都不會拒絕，而且還會改善你們之間有些生疏的關係。

人與人之間的關係其實很奇妙，有的人覺得別人長得很兇狠，所以怎麼都不敢主動跟對方說話，或許他不知道，這個長得很兇狠的人其實是一個溫柔的人。我們常常會因為一些主觀的印象而失去很多與別人接觸的機會。如果我們可以放下所謂的「感覺」，對任何人都能夠主動示好，這樣的人不是會更讓別人喜歡嗎？

我們這個社會已經習慣了展示自己的冷漠，把你對別人的好感和喜愛都當做包子餡一樣嚴嚴實實地包在麵團裡面，別人看不到你的態度！而面對別人的示好，我們總是會抱著諸多的猜測。其實如果可以在示好的方式上有所修改，就能夠減少別人的顧慮，讓他們接受你的示好。

喬在別人看來是一個很冷漠的 A 型血的人，別人都說他不是一個容易接近的人，所以大家都與馬喬保持一個安全距離。有的人甚至說，跟馬喬示好就像是把心扔進大海一樣，甚至連一個漣漪都很難看到！

　　馬喬真的那麼難以接近嗎？其實只是因為大家沒有找到合適的方法。看看剛來公司上班的大山，他上班沒幾天就得到了馬喬的認可。大山以前是在一個設計學校上學，但是當時他並不喜歡這個專業，所以也不怎麼認真地學習，直到快畢業的時候，自己隨便做的一個設計得了獎，這才激發了他對設計的熱情。

　　到公司上班之前，他就打聽了一下公司設計師的情況，知道了馬喬是公司設計師裏面很厲害的人物，但是因為他為人過於冷漠，所以讓人難以接近。於是為了得到這位優秀設計師的青睞，大山到處打聽馬喬的性格特點。終於讓他發現，雖然馬喬很冷漠，但是對於設計上的專業知識是非常在意的，如果有人指出他設計上的某些不足，他就會很佩服這個人。

　　大山上班的第一天，就找來很多馬喬的東西研究。第二天馬喬從大山旁邊過，看到大山在看自己的作品，於是就停下來看了看，大山馬上抓住機會，跟馬喬說：「你好，我叫大山，昨天剛剛到公司上班，聽說你是這裏的設計師，以後如果我有什麼不足請給我一些指點。」馬喬什麼都沒說，只是冷冷地看著大山。大山馬上知道自己這一套馬喬是不會吃的，於是決定鋌而走險，跟馬喬說：「我今天看到一個設計，我覺得如果改進一下會更好。」「你覺得什麼地方需要改？怎麼改？」馬喬終於開口了，這可是一個好的開始！於是大山就開始侃侃而談，說出了自己的想法。這個過程中，馬喬始終一句話都不說，面無表情地盯著那個設計圖。大山說完以後，馬喬只是把設計圖拿走了！

　　第二天，馬喬主動讓大山到自己的辦公室去，他跟大山說：「昨天你說的那個設計是我的作品，一直以來我都覺得不是那麼滿意，但是始終找不到改進的辦法。謝謝你昨天給我的建議，你看

看，這個是根據你建議改好的新圖。」大山心中不禁狂喜，他知道馬喬接受自己了，而且還很得意地在心裏想：我早知道是你的作品，不然我怎麼能讓你注意我，還跟我說那麼多話呢！

從那以後，馬喬在公司裏面關係最好的人就是大山，大家都覺得大山真是厲害，連馬喬那麼冷的人都能夠接近！

其實馬喬並不是真的很冷酷，只是因為他總是把注意力放在工作上，所以對於別人對自己的示好有些反應遲鈍而已，但是如果能夠從工作的角度切入，那麼馬喬就能夠很快地接受別人對他的好意！

大家會覺得跟別人示好是一件很有風險的事情，如果自己的好意被別人接受那當然是最好的；但是如果別人不接受自己的好意，那麼自己首先就失了面子，其次因為別人拒絕了你的好意，你的地位好像會低人一等，如果其他人不知道還好，知道了以後會惹來更多的議論，那自己以後怎麼做人呢？其實有這樣的擔心是正常的，但是我們應該這樣想，每一件事都是有風險的，如果因為害怕風險就不去做，那麼我們能做的事情就沒有幾件了。我們可以這樣想，如果你不主動展示你的好意，那麼可能你就失去了一個與別人結交的機會，可能就會錯過一個好朋友！

雖說我們應該主動出擊，但是也要做足準備，把風險降到最低。而降低風險最好的辦法就是充分瞭解各個血型的人都喜歡什麼樣的示好方式，這樣會讓我們更有目的性。

A 型血：他們是非常慢熱的血型，就算他對你有什麼特別的好感，他們也不會主動展示，而對於你先發起的進攻，他們也會冷漠地對待，因為他們始終覺得要對你有一個長期的考驗，如果你通過

了考驗，那麼你就是他們一輩子的朋友；但是如果你中途放棄了，他們就會覺得你根本沒有誠意，這樣一來他對你的印象會往下跌！所以要讓 A 型血的人接受別人的好意，最好的辦法就是持之以恆地示好，直到他肯對你的示好有所回應為止。其實不要看 A 型血的人冷冰冰的，但他們卻是很容易被感動的那一群人。所以堅持下來，不要被 A 型血冷冰冰的樣子嚇倒。

B 型血：與 B 型血的人示好，最好的辦法就是展示出無限的自信來。其實 B 型血的人會特別在意別人的看法，所以對於他們做的事情，你要表現出充分的理解，這樣他們才會願意展開心扉，接受你的好意。B 型血的人特別喜歡別人對自己的理解和認同，所以對 D 型血的人來說，不要用那些不著邊際的話來恭維他們，一句樸實的「我懂的！」就能夠感動他們了。

O 型血：對於 O 型血的人來說，與其說你主動向他示好，還不如說他給不給你這個機會來向他示好。O 型血的人是非常自負的，堅持自己的立場是他們非常重視的一件事！如果你不是他們喜歡的類型，那麼就算你如何的示好，都會失敗。不要看他們平時一副對誰都和藹可親的樣子，其實他們對於真正的朋友和無所謂的人區分得十分清楚，在示好之前最好先試探一下看看自己是不是他們喜歡的類型再展示你的好意，不然這可能是一份不可能有收穫的付出。

AB 型血：他們雖然有著 A 型血的冷漠，卻還是需要別人的保護。所以如果你能夠在大家都誤解他或者都反對他的時候給予他一些鼓勵和支持，那麼他就會被你征服！對於 AB 型血的人來說，如果有一個人能夠像母親一樣保護他們，給他們無私的支持，那麼這個人就是全世界最好的人。剛開始的時候我們可能做不出多麼無私

的事情，但是適當地給予他們一些鼓勵是沒有問題的。

> 想要向人示好，如果他是 A 型血的人，要學會持之以恆以至其有回應；如果是 B 型血的人，就要向他們展示你的自信，還要表示你對他的理解和認同；對於 AB 型血的人，你要給予鼓勵和無私支持；如果是 O 型血的人，要試探一下自己是否是他們喜歡的類型。

##  針對不同血型的人的傾聽策略

聽別人說，看起來是一件非常簡單的事情，卻不是每一個人都能夠做好。要瞭解一個人或者是讓一個人喜歡你，光是你滔滔不絕地說是不可能達成的，瞭解他才是你最終的目的。傾聽是非常關鍵的，讓他有足夠的時間來對你訴說他自己，表達他自己，這樣你得到的資訊才是最真實和最有用的。對於不同血型的人，要有不同的傾聽以及附和技巧，才可以更進一步瞭解他。

要瞭解一個人，與其「說」不如「聽」。說是你在用你自己的思維和想法來塑造他的形象，而聽則能夠以更加客觀的方式瞭解這個人，明白他真實的樣子。我們總是喜歡別人按照我們希望的樣子來生活，但是誰都不是別人生命的主人，我們只能瞭解對方，而無法塑造對方。所以不要寄希望於你的話語，指望你把你的嘴變成刻刀，把別人雕刻出你希望的樣子，你要學會傾聽，只有你以平等的

姿態去聽，才能夠真正去瞭解一個人，體會一個人。

但是要聽一個人說話卻不是一件簡單的事情，可能你想聽，而別人卻不願意說。所以要做一個好的傾聽者，首先要學會引導對方說出自己的真實想法，如果只是等著別人主動說出來，那你獲得的資訊會少了很多。因為各個血型的人有著不一樣的思維方式，有的血型的人喜歡表達自己，滔滔不絕地說出自己的感受，而有的則不願意多說自己，把自己暴露出來，所以我們應該用不一樣的聆聽和引導方式來讓別人說出自己。

**對**于文娟來說，如果有一天不讓別人來跟她說話，那是比死還難受的一件事。她真的是一個很喜歡說話的 B 型血的女孩，她想法很多，說的也很多，總是喜歡把自己喜歡和討厭的東西都告訴別人，這似乎是 B 型血的人共同的特點。不過她覺得這是一件很快樂的事情，但是很多時候她卻找不到人來聽她說話！

文娟喜歡說話，但是很少說別人希望得到的資訊，她總是自顧自地說自己的想法和感受，不顧別人的臉色，這讓大家都很無奈。

有一次，文娟遇到一個很喜歡的男生，但是在和文娟約會過一次以後，那個男生就對文娟冷冷淡淡的，文娟雖然約了那個男生很多次，但是男生都用各種理由拒絕了。文娟傷心極了，窩在被子裏哭泣。文娟的好朋友云云知道文娟難過的原因，於是就跟文娟說：「我有一個好辦法，可以改善你和那個男生的關係，但是你必須完全聽我的。」文娟聽到可以改善和那個男生的關係，所以就很爽快地答應了。云云說：「我可以幫你把那個男生約出來，但是接下來你和他相處，必須做到三點。第一，除非是那個男生問你，否則你說關於你自己的事情不可以超過五句話；第二，你要多問問那個男

生喜歡什麼;第三,你要做到多聽少說!怎麼樣,你可以做到嗎?」文娟點點頭。

云云終於說服那個男生出來跟文娟吃一頓飯,文娟也很聽話,完全按照云云說的那三點來做。她發現這次那個男生話比上次約會的時候多了,而且對自己的態度也好了很多。文娟覺得云云真是一個活神仙。回去以後,那個男生主動發短信來給文娟,說是希望下次能夠邀請文娟一起去看電影,文娟高興壞了,一直纏著云云告訴她為什麼那個男士的態度會轉變得那麼快!

云云想了想說:「其實你什麼都好,開朗、樂觀、溫柔,唯一不好的一點就是完全不給別人說話的機會,自顧自地說著別人並不感興趣的事情。所以那個男生才會害怕和你約會,而這次約會,你變成了一個聆聽者,而且會引導那個男生說話,所以那個男生覺得你有所改變,發現了你身上的優點,所以態度才會有所轉變。」這個時候文娟才知道自己到底是什麼地方出了問題。

無論是男人還是女人,都無法接受一個總是滔滔不絕談論自己的人。而像文娟這樣的人,看上去雖然活潑、開朗,卻沒有辦法深入瞭解一個人。因為他們完全不給別人說話的機會,這樣或者是有氣勢,但是在與人相處的過程中卻是非常不利的。

就像我們去買東西的時候,如果那個售貨員一直在旁邊喋喋不休地給你推薦各種商品,從內心來說,你會特別煩,促成你買東西的幾率會大大降低。但是如果你遇到一個優秀的售貨員,他們不會喋喋不休,而是會給你說話的機會,並且不斷地引導你說出你的想法,最後給你推薦一個符合你希望的商品。不要覺得這個售貨員那麼神奇,能夠知道你想要的東西,其實在談話間你已經把你想要的

告訴他們了。你說得越多，別人得到的資訊就越多，他們就越能夠明白你到底希望得到什麼東西，他們是最優秀的聆聽者。

各個血型的人或多或少都會對別人有一種防備的心理，這種防備心理會讓他們減少開口的次數，所以單單做一個聽眾並不是最佳選擇，要學會引導他們說出你想聽的話。

A 型血：他們對於別人來說就像是一塊大石頭，有著堅硬的外殼和很難撬開的嘴。那是因為 A 型血的人自制能力太強了，所以他們對於外界的很多誘惑有足夠的抵抗力，為了保護自己不受到傷害，他們會把自己的願望、感情、意見都隱藏起來，他們覺得這樣能夠保護自己。所以要想讓 A 型血的人主動說出自己內心的想法似乎是一件不可能的事情，但是只要我們懂得他們的顧慮，就能夠讓他們主動說出自己的想法。

其實 A 型血的人是因為缺乏安全感才會對什麼都守口如瓶，所以只要你能夠給他們傳達一種信號，證明你是可靠的、值得信賴的人，他們有了安全感，自然會把心中的想法說出來。

B 型血：相對於其他血型的人，B 型血的人會更加願意說出自己的想法，這種習慣可以說是他們與生俱來的。但是有時候他們太專注於自身而忽略別人真正需要的資訊，常常自顧自說話的就是他們。

要撬開 B 型血人的口是很容易的，但是要控制他們說話的方向就需要花一些工夫。不要直接表達你對現在這個話題沒興趣，你可以把話題從 A 引到 B 上面去，比如他在說自己家庭的事，而你卻想知道他老闆的情況，你就可以這樣說：「你家人見過你老闆嗎？他們覺得你老闆是不是一個好老闆？」這樣他們就很容易跟著你的話題走了。

O 型血：O 型血的人也很容易讓他們開口，但是由於他們太敏感了，所以他們能夠第一時間分辨出你的意圖，一旦發現你有什麼不好的企圖，他們會馬上停止話題。O 型血的人是非常聰明的，所以不要妄圖設個陷阱讓他們跳，弄不好掉進陷阱的會是你自己。有的時候，你不妨直接提問，把你想知道的都說出來，並且表明你的目的和企圖，這樣 O 型血的人會更願意提供更多的消息給你。

AB 型血：AB 型血的人說話經常給人口是心非的感覺，其實不是因為他們有什麼心機，而是他們的想法隨時在變。所以可能他們現在說的和下一秒的想法會有很大的差距。而要讓 AB 型血的人說出自己的想法有時候會得到一陣沉默，不是因為他們不願意說，而是他們自己也不知道自己想要什麼。所以你應該對他們多一些鼓勵，讓他們對自己現在的想法有信心，並且勇敢地說出來。多多鼓勵他們，給他多一些支持，會讓這些一直糾結、掙扎的人有依靠的感覺。

---

　　想要做一個傾聽者，如果他是 A 型血的人，就要給他傳遞一種信號，告訴他你的可靠；假如是 B 型血，你就要學會控制他們說話的方向；假如是 AB 型血的，你可以多些鼓勵讓他們說出來；假如是 O 型血的人，那麼你就可以直接開門見山。

## 5 談什麼？血型性格提示你

聊天是拉近人與人之間距離的最佳方式，因為通過聊天我們可以瞭解對方，增進彼此的感情。所以聊天對於人和人之間的交往有很重要的作用。但是我們應該跟別人聊些什麼他們才會願意與我們進行下一次的聊天呢？其實不同血型的人有不同性格，通過性格可以預測他們的喜好偏向什麼方面，以此作為談話的開始，讓他感覺你是同類，從而願意來靠近你。

人以群分，物以類聚，人們總是喜歡跟相似的人相處。或許人與人之間有一種同性相吸的力量，所以人家都更願意跟有共同話題的人在一起。各個血型的人都有自己喜歡的談話方向，如果你可以準確把握好這個方向，那麼你說的話會更有吸引力。聊天需要的是雙方都有高昂的興趣，這樣的談話會有更多的生機和樂趣。雖然我們平時可以聊的話題很多，但是要真的能夠抓住一個有意思的內容卻需要費一些心思。因為我們必須先瞭解對方對什麼類型的事情有興趣，才能夠做出相應的準備來開始這個話題。

但值得注意的是，無論是多麼要好的人，如果你發現你說的話對於他來說提不起興趣，那麼最好馬上終止。聊什麼話題似乎是你的選擇，但是能不能順利進行卻是雙方的事情，千萬不要自顧自地說個不停，而別人卻聽得哈欠連連。

小鳳是一個特別開朗的 O 型血的人，她在公司的人緣特別好，無論老少，都特別喜歡她。其實她在公司就是一個普通的員工，沒有什麼特別的家世，也沒有什麼不一樣的能力。不過因為她

總是能夠跟不同類型的人聊得很開心，所以經理出去應酬的時候總是帶著她。

其實小鳳和大家聊天的話題都很普通很生活化，但是小鳳就是能夠得到別人的認同和喜愛。小鳳說：「其實我沒有什麼特別的聊天技巧，只不過我知道每個人喜歡的話題是什麼，於是我就可以朝這個方向著手，於是大家和我就會越聊越開心。像前臺的張小姐，因為她很漂亮，所以她對於保養這一方面會特別有心得，因此我會跟她說一些關於美容的話題，慢慢的她也會主動找我聊天了，以前她基本是不怎麼理我的。而李大姐，她有一個女兒，對於有孩子的人來說，孩子就是他們的全部，所以你找一些跟孩子有關的話題來和她們聊天是一定沒有錯的。至於主任，他最關心的當然是他的工作，所以我會在他心情不好的時候給他提個醒。就是這麼簡單！」

小鳳最成功的就是能夠抓住每個人喜歡的話題來聊天，最後讓大家都喜歡她，愛上和她聊天的感覺。有的人抓住了聊天的機會，卻沒有辦法把握說話的內容，這是因為你不知道應該說什麼，雖然在慌忙之中抓住了聊天的機會，卻因為說了一些別人不感興趣的話題而讓你們這次的聊天跟白開水一樣無趣，白白浪費了你為自己製造的機會。

當然了，我們不可能對每個人的喜好都瞭若指掌，但是我們可以根據他們各自的血型來對他們喜歡的話題做一個大致的分類，讓自己不至於像無頭蒼蠅一樣。準備好了說話的內容，才能讓別人感受到你的真誠和有趣。如果你跟一個從來不看足球的人聊世界盃、聊球星，這個人一定再也不想和你多說一句話。雖然我們不能夠擁有如同孫悟空一樣的火眼金睛，但是我們可以通過對不同血型性格

的瞭解來為我們的談話作一個指路明燈。

O 型血：O 型血的人分為兩種極端，一類是能言善辯，對什麼事情都很有熱情，能夠從各種話題中找到樂趣，這樣的人自然是比較容易找到有意思的話題；第二類是表面上沉默寡言，但是他們心中對於自己喜歡的話題可是一點也不含糊。因為 O 型血的人有浪漫和英雄的特質，所以他們會更願意談論關於理想、成功之類的話題。這樣的話題可以讓他們發揮自己對於成功的獨特的見解。所以如果你實在不知道和 O 型血的人談論什麼話題的話，你可以說說你自己的理想，對成功的理解，這樣可以有更多延伸的話題。

A 型血：A 型血的人非常重視外界對自己提出的這個話題的反應，他們不喜歡因為自己的某些語言而給別人帶來一些麻煩，所以你選的話題最好不要涉及別人的隱私和是非。無論是你有意還是無意地提起，都會讓 A 型血的人討厭你，不願意和你說話。所以跟 A 型血的人聊天，多關注一下人生價值這類的話題會更好一些，他們需要精神支柱來給自己增加信心。

B 型血：與 B 型血的人聊天，常常會驚訝於他們跳躍的思維，因為這種跳躍性，所以很多 B 型血的人都會顯得很有趣。也因為 B 型血的人沒有保守意識，所以你可以說一些新奇的話題來引起他們的注意力，他們對於新鮮有趣的事物會有更多的興趣。而且他們不是喜歡緬懷過去的人，所以多跟他們聊聊對未來的想法，會讓這些感性的 B 型血人對你更有好感。

AB 型血：其實 AB 型血的人是最難捉摸的，因為他們永遠是一副很淡然的樣子，好像對什麼事情都不關心，對什麼都沒有熱情，所以很難從他們的表情和語言分析出來他們到底喜歡什麼樣的話題。不過也正是因為這樣，他們的性格中有很大一部分是恬靜和

平淡的，所以跟他們聊聊栽花種草，養寵物的樂趣都是不錯的選擇。這些話題可以讓他們擺脫現實的煩悶和壓力，讓他們猶如身在世外桃源一般。

無論是哪個血型，最重要的是能夠對對方的喜好有一個準確的瞭解。而且應該因人而異，千萬不要用一個話題走遍天下，畢竟蘿蔔青菜各有所愛。

和 Ａ 型血的人聊天，不要涉及隱私和是非，多關注一下人生價值這類的話題；和 Ｂ 型血的人聊天，可以多聊聊對未來的看法；和 Ａ Ｂ 型血的人聊天，可以聊聊栽花種草、養寵物的樂趣；和 Ｏ 型血的人聊天，可以說說自己的理想，對成功的看法等等。

 **各血型人的「拷問」大法**

古時候對於獲得口供有各種各樣的辦法，嚴刑逼供是一種獲得資訊最快的方式。但是現在已經不能夠使用這一套了，我們只能通過在語言上的一些方法和技巧來對他們進行一個拷問。在簡短的談話中瞭解對方，包括血型、愛好等等，用談話博得好感，刺探軍情，方便下一步的發展。

我們現在處於一個資訊爆炸的時代，每天都有成千上萬的資訊湧進我們的腦子裏，如果我們想要在這個世界上成功地生存，就必

須學會在別人口中探聽到最真實的資訊。而這種資訊的真實性不是
由別人告訴你的，應該是你從整個「拷問」的過程裏判斷出來的。
而你的拷問技巧也決定著你能不能夠獲得最真實可靠的資訊，有時
候一個不謹慎的問題就讓對方識破你的企圖，反而將計就計，給你
一些假的、不可靠的資訊來整治你，那你就得不償失了。各個血型
的人對於提問方式都會有一些偏好，有的血型人喜歡別人客氣一
些，有禮貌一些，而有的血型的人則會更接受強勢一些的方式。而
在「拷問」的過程中是要給他們一顆糖衣炮彈還是大刑伺候，這就
需要你隨機應變了。

**對**於小胡來說，升職加薪是他在公司工作五年唯一的動力，可
是五年了，他一直都還是一個小職員。其實他不是不勤奮，
不是沒有業績，也不是不得上司的歡心，可是升職就是輪不到他！

　　這次又有一個升職的機會，小胡心想這次一定不能再出問題，
於是就事先找總經理的秘書打聽情報。可是李秘書是一個很固執的
B 型血的人，無論小胡怎麼問，李秘書都說不知道，弄得小胡真的
覺得李秘書什麼都不知道。

　　可是有一天小胡突然聽到同事閒聊的時候說以前能順利升職的
人都找李秘書指點迷津，而且最後都升職成功。於是小胡採取了感
情攻勢，他把李秘書約出來吃飯，但是隻字不提關於升職的事情，
只是一個勁兒地說自己的女朋友怎麼罵他沒出息，怎麼嫌棄他薪水
低，甚至還威脅說要分手。小胡說得聲淚俱下，他說自己多愛他的
女朋友，可是自己如果給不了女朋友幸福的生活，那還不如放手讓
女朋友去尋找自己的幸福。

　　李秘書也是一個很感性的女人，對於這樣一個深情的男人，她

被感動了。於是就跟小胡說：「其實你本來是可以升職的，但是你每次做出業績的時候都不會感謝一下總經理，這讓總經理有一些顧忌，怕你升職以後會越來越目中無人，我說到這裏你應該知道要怎麼做了吧？」

小胡聽了以後頓時醒悟，原來問題出在這裏啊！於是對李秘書千恩萬謝，說自己一定會好好對女朋友的。其實小胡早在幾個月前就和女朋友分手了，原因是兩個人性格不和，常常吵架。

有了李秘書的指點，小胡在三個月之後成功升職加薪！

其實拷問別人並不是要你惡語相向，也不是要你跪地哀求，找對方法最重要！要從別人口中探知消息是一個不容易的事情，但卻不能說我們就束手無策。

利用談話的技巧，引導他們說出我們想要知道的事情，又或者給他們多一些鼓勵，把你希望知道的東西說出來。不要覺得從別人口中獲得的消息必須用正經的方式，有時候一些小小的引導會讓他們自動把答案說出來，而通常你正經問他們的時候得到的答案卻不一定真實。所以我們應該根據不同血型人的性格特點，來制定一套準確的「拷問」大法。

A **型血**：對於 A 型血的人，我們要能到用道理引導。因為 A 型血的人對於離經叛道的事情和方式有嚴重的抵觸心理，他們性格中有保守的一面，所以我們必須以理服人！從道德、規章制度的角度來分析這個事情的利弊，把他們是否說出答案誇大成影響整個事情發展的關鍵之處。用責任這個壓力來促使他們快速做出決定，這樣他們才會減少理性思考的時間。

B **型血**：要讓 B 型血的人對我們說出實話，可以利用他的感

情和同情心。他們是非常感性的人，但他們同時也是自私的一群
人，他們總是以自己的感覺為先，所以在面對我們需要的答案上，
他會更多地思考自己會不會因為說出這個答案而受到什麼損失，又
或者可以得到什麼好處。在他們左右搖擺的時候，拿出一些好處來
徹底把他們推向說出一切的這一邊，幫助他們快速做出決定。

O 型血：其實 O 型血的人是最難搞定的人，他們的信念特別
堅定，也就是說一旦他們認定不能說的事情，任憑你用什麼樣的方
法來追問，他們都不會說出來的。當然了，這種信念必須有足夠的
自我認同感，只有他們覺得這個是對的，他們才會堅持。但是如果
他們發現自己堅守的東西並不是那麼正確，他們馬上就會改變自己
的做法，但是在口頭上他們是一定不會承認自己的錯誤，他們會通
過別的方式來給你傳遞資訊。

AB 型血：AB 型血的人可以說看起來總是無欲無求的，但是
這樣的人也給我們出了難題，雖然說他們是平靜不喜歡爭奪的，但
是也說明了他們是軟硬不吃的那一類人。不過因為他們總是希望能
夠世界和平，所以他們會很害怕那種激烈的談話和爭吵。我們可以
利用這一點，把他們逼到死角，用很激烈強勢的語氣來打破他們內
心的防線，讓他們可以徹底地被征服，最後乖乖說出你想知道的話
來。

當然了，我們想要知道一件事情，不能一開始就用很激烈的方
式，凡事都要為自己留一點後路，這樣才能保持長久的關係。所以
能夠在不知不覺中就套到對方的話是最好的方式。

對於「拷問」，如果是 A 型血的人，我們需要用道理引導，用責任這個壓力促使他們做出決定；B 型血的人，則需要利用他們的感情和同情心；AB 型血的人則可以用強烈強勢的語氣打破他們的心理防線；O 型血的人只需要讓他們發現自己堅守的東西是錯誤的就好。

## 7 如何讓不同血型的人說得欲罷不能

　　大家可能會有這樣的情況，剛開始跟別人聊天的時候是津津有味的，總有說不完的話，但是越到後來就會越覺得沒有話說了，於是談話就在無話可說中結束。這不能不說是一大敗筆，要讓不同血型的人都能夠在與你的談話中覺得意猶未盡，這樣才能促成下一次的見面。所以結束談話的時候不能平淡無奇，要讓對方有想再見到你，再與你深入瞭解的想法和欲望，才能為之後的相處埋下伏筆。

　　就像是一道非常好吃的美食，如果一次就吃得很飽，那麼就沒有了下次再品嚐的強烈欲望。所以說如果你能夠做到張弛有度，讓自己只吃到八分飽，那麼你就對這道菜無限遐想，自然就會把這份期許留到下一次再進行。其實跟人聊天也是這個道理，如果你一次把所有有意思的話題都說完了，那麼別人對於再見面這個事情就會少了很多渴望，也許會再與你相見，但是可能已經過了很久，兩人的感情淡了，於是你不得不重新培養這份感情。還不如時刻讓他覺

得與你的見面意猶未盡，總是牽腸掛肚，忍不住幾天就要來找你聊聊天。這樣的聊天才能夠在最短的時間內建立起深厚的情誼。

不要覺得只有那些滔滔不絕的人才會有欲罷不能的感覺，很多時候，如果你在結束的時候留下一個興趣點，自然能夠預約下一次的談話。所以，對於我們來說，要麼抓住「八分飽」的時機，要麼像懸疑小說一樣留下懸念，讓人始終覺得無法停止。

瑪麗在大學的圖書館認識了傑克，當時傑克在看一本關於心理學的書，表情認真嚴肅，瑪麗一見到他就被徹底地迷住了，原本瑪麗是要馬上就上前與傑克交談認識的，但是瑪麗一想：現在我對他一點都不瞭解，就算上去跟他說話也只是簡單的介紹自己，沒有任何的吸引力，不行，我必須耐心一點！於是她四處打聽傑克，傑克是一個很老實的 A 型血的人，在他的世界裏，認真學習自己的專業是最重要的一件事，而且他對關於自己專業的知識都非常有興趣。

瑪麗知道傑克是學心理學的，於是瑪麗也找了幾本心理學的書來看，她想通過心理學這個契機來讓傑克加深對自己的認識。

看了一會以後，瑪麗走到傑克的身邊，她輕聲對傑克說：「對不起，打擾一下，我可以請教你幾個關於心理學的問題嗎？」傑克抬起頭說：「當然沒有問題！」於是瑪麗就問傑克：「我不太明白，個體心理學的創立是不是和阿德勒的童年有聯繫？」傑克聽了以後，微微一笑，然後就開始給瑪麗仔細地解釋起來，從阿德勒的童年到個體心理學的特點，說得既自信又認真。說完以後瑪麗問傑克：「是不是常常會有人向你請教問題？」傑克說：「是的，很多人都向我請教關於心理學的問題。」

　　瑪麗笑了笑，對傑克說：「你聽說過愛情顏色心理學這個理論嗎？」傑克聽到這麼奇怪的一個名字，頓時有點蒙了，只是搖搖頭。然後瑪麗拿起身邊的紙和筆，寫下自己的名字，聯繫方式，放在傑克的面前就走了。傑克著急地想叫住瑪麗，但是瑪麗頭也不回地走了。

　　晚上，傑克果然給瑪麗打電話，問瑪麗關於那個「愛情顏色心理學」是什麼，瑪麗哈哈大笑起來，她心想：那是我編出來的，可不能隨便告訴你，不然你會乖乖地給我打電話嗎？

　　瑪麗果然是一個非常聰明的女孩，她知道傑克這樣一個優秀的男生，自然會受到很多女孩子的追求，如果只是簡單地介紹自己，傑克馬上就會把自己忘記，更不用說還有下一次的約會。於是瑪麗給傑克留下一個問題，成功引起了傑克的好奇心，於是促成了下一次的約會。


　　為什麼有那麼多人喜歡看懸疑小說，是因為懸疑小說總是能夠激發人們強烈的好奇心，不斷地誘使我們接著看下去。其實我們對重要人物的約見也可以這樣做，一來是可以保持你們之間的長久聯繫，二來是你可以讓對方主動提出與你的下一次見面，不至於會讓自己在這個約會中顯得過於殷勤。

　　四大血型的人都對自己有興趣的部分有著強烈的好奇心，任何一種他們沒有聽說過或者不清楚的事情都會引起他們的好奇。能夠在談話中讓人欲罷不能的人才是最有魅力的人，我們可以根據不同血型人的好奇心強弱來制定出相應的懸疑點，控制好下一次的見面。

　　B **型血**：在四種血型中，最有好奇心的是 B 型血的人，他們

從來都不受傳統和規矩的束縛和影響，只要是能讓他們覺得新鮮的東西都會讓他們好奇不已。他們是真正按照自己心中的聲音生活的人，只要是自己心中的聲音就一定會聽從。如果你可以成功激起他們的好奇心，無論多麼艱難他們都會製造機會與你見第二次面！而且 B 型血的人行動都是具有衝動性和急躁性的，當你調動起他們的好奇心以後又結束了談話，那麼不用多久他們就會馬上與你進行第二次的見面。

A **型血**：他們沒有那麼強烈的好奇心，而且 A 型血的人做事喜歡按照步驟一步一步來，如果中間錯過或者跳過了某些環節，他們就會非常緊張與慌亂。而為了修正步驟，他們一定會主動來找你。不過這樣做有 個風險，就是很可能他們來找你不是為了與你見面，而是要痛 你一頓，責怪你為什麼要打亂步驟。這個時候你就一定要認真地解釋給他們聽，讓他們明白你打亂步驟是為了更好更快地完成任務。

AB **型血**：他們可以說是最難被激發好奇心的，而且就算你真的成功激發了他們的好奇心，你也很難從他們的臉上看到任何跡象，他們對於自己情緒的掩飾實在是做得太好了，你甚至都不知道自己是不是應該等他來找你。如果不能從好奇心這點下手，那麼我們就堅持「八分飽」的原則，在他們開始熱絡起來，說得不停口的時候馬上喊停，藉故說自己有事，如果不介意的話就留下聯繫方式，再約下次見面。這樣做必須有幾個要點需要注意，首先，你應該稍微地提一下下次見面要談的內容，而且必須是要能夠引起他興趣的話題；其次，你要主動聯繫他們，AB 型血的人對很多事情都看得很淡，也許時間久了談話的熱情就減退了，所以只有我們主動一些了。

　　O 型血：他們很難用好奇這一點來支配。但是 O 型血的人特別喜歡教育別人，其實這是他們的英雄氣質所影響，他們希望別人可以和自己一起進步。所以你大可以讓自己肆無忌憚地享受他的教育，並且表現出你受益良多的樣子，然後在結束談話的時候告訴 O 型血的人，你非常喜歡他的某個觀點和想法，希望下次可以有更多的機會向他請教。最好能夠把你下次想要請教的問題提一下，讓他們知道你說的不是客套話，而是真的需要他們的幫助。

　　不得不說，這種意猶未盡的感覺是最美好的，所以要想和某人建立一種很長久的、有依賴性的關係，就要善於利用好奇心和「八分飽」原理，只有這樣才能讓下一次見面的主導權落在你的手中。

> 　　對於好奇心和「八分飽」原理，A 型血是最不受用的，因為他們做事喜歡一步步來；而 B 型血是最有好奇心的，因為其有衝動性和躁動性；AB 型血的人因其掩飾性很好所以無法分辨；O 型血的人很難用好奇這一點來支配他們的行動。

# 8　附和還是控制？看他的血型

　　在談話中常常會有兩種人，一種人是強勢的進攻者，這種人其實不一定是滔滔不絕的人，反而可能是那些一言九鼎、不容置疑的人。他們在說話的時候常常給人壓迫感，或許他們不說太多的話，但是每一句都鏗鏘有力，絕對不容許別人有一絲一毫的質疑。而另

一種人則更多以一種弱勢的形象出現，他們很容易受到別人影響，自己並沒有什麼主見，所以對於他們來說，有時候強勢一些會更好。要獲得一個人的好感，應該根據不同血型性格來決定談話中我們應該以強勢的身份來引導對方，還是用弱勢的身份來配合對方，最終博得對方好感。

每個血型的人都有自己獨特的性格，有的人豁達一些，有的人強勢一些，這些性格特點最終就會決定這個血型的人在談話中到底是強勢還是平易近人。或許每一種血型的人表現強勢和弱勢的形式不一樣，但是血型作為流淌在他們身體每一個部位的重要組成，是會深刻地影響這個人的談話方式。

也許你會覺得說話步步緊逼，而且掌握了話語權，所以就一定是一個強勢的人。其實這樣的人是最好說話，最容易受到別人影響的，別人給他們意見他們反而會對這樣的人有好的印象。而那些總是什麼話都不說的血型人，其實心裏已經有了非常肯定的答案，不管你說再多，他們都不會接受，而且還會因為你的喋喋不休而厭惡你。

阿勇和涵涵簡直是公司裏面兩個神奇的人。先說涵涵，她可是一個非常有個性的 B 型血的人，不管見到誰都是一副「你們必須聽我的話」的樣子。對涵涵來說，不管那個人是什麼態度，上來就給別人一個半小時的談話，而且在談話的過程中，別人基本沒有插話的可能，而且她語速很快，常常可以在別人還沒有反應過來的情況下就開始長篇大論。而阿勇呢，是一個非常不善言辭的 AB 型血的人，他總是會謙虛認真地聽別人把話說完，在這個過程中他不會發表自己的意見，他會一直微笑著聽著你把話說完。

但是如果你分別跟這兩個人提意見，能夠受你影響的卻是涵涵。因為涵涵雖然一直控制著主導權，看似很強勢，但是她的內心卻是一個很願意接受別人意見的人，而她總是喜歡說個不停的原因是她內心根本不知道自己應該怎麼辦。而阿勇就不同了，別看他總是一副認真聽你說話的樣子，其實他內心的堡壘非常堅固，他內心有自己的一套想法，一旦堅定下來，誰都別想要他改變。

所以公司裏的人都把涵涵叫做火神，而把阿勇叫做冰神。而最奇怪的是，這兩個人在公司裏面卻是最佳搭檔，涵涵一直說啊說，阿勇就乖乖地聽涵涵說，而阿勇的決定很容易就能夠獲得涵涵的贊同，兩個人可以很順利地把事情辦好，所以經理常常把最艱難的工作交給他們兩個去做。有一次經理讓他們做出一個策劃案來給一位元客戶看，全公司的人都知道，這個客戶非常難纏，是個很會挑刺的人。所以阿勇就跟涵涵說，無論怎麼樣，我們做出來的這個策劃案最多只能讓客戶改三處，不然我們就處於不利地位，他要涵涵用這種語言攻勢，不停地說，不停地給客戶刺激，讓他跟著涵涵的思路走。

涵涵按照阿勇說的去做，上來就給客戶說了一大堆的專有名詞，讓客戶徹底地蒙了，然後一直推薦自己案子的好處，客戶被她弄得暈暈乎乎的，一直稱讚他們案子做得好，基本沒有什麼太大的問題。於是一個難搞的客戶就這麼被他們搞定了。

其實阿勇讓涵涵這麼說，最主要的目的是給對方一種強勢的感覺，逼迫對方，給他們壓力，然後跟著他們的思路去思考，於是一切就都變得很容易了。

不能不說，每種血型的人都有自己比較獨特的接受方式。當然

也不是說每一種血型的人都是千篇一律的，而是深藏在他們骨子裏的東西會決定他們到底更喜歡你在談話中強勢一些呢，還是平和一些。

不管是在哪一種血型中，都會有兩類人，一類非常的強勢，而另一類則會相對的弱勢一些。雖然都是相同的血型，但是他們在談話的控制上卻有著不一樣的處事風格。我們先來說說強勢風格的人們。

B 型血：他們這類型的人常常有一種不可一世的領導才能，這種才能會在談話中顯示出來，可能他們話不多，但是可以三言兩語就把局勢扭轉過來，所以他們溝通時的傳播性和說理的說服力都是非常強的。

A 型血：A 型血人中的強勢人群不喜歡解釋自己這麼做的原因，也就是說，對強勢 A 型血的人來說，能獲得別人的理解固然是好的，但是如果別人不理解自己，那麼他也不會做過多的解釋。所以很多時候你滔滔不絕地勸說強勢的 A 型血人的時候，他們的心早就不知道飛到哪裡去了！

O 型血：強勢 O 型血的人通常是那種可以積極向上的人，他們願意跟你交流，也可以通過交流讓你認同他們，贊同他們的想法。而且強勢 O 型血的人非常喜歡說服別人，並且把說服別人的感覺作為一種成績來追求。

對於這些強勢的血型人群，我們最好就是做一個能夠附和他們的聆聽者，這樣他們才會對你有好的印象，才能夠讓對方覺得你其實可以為他們所用。對於強勢的人，我們要多多地順從和附和，但這也不是說我們就應該完全失去自我地跟隨，多發現他們身上的亮點，嘗試發現他們的好處並採納才是我們應該走的道路。

　　而血型中還存在著一群比較弱勢的人群，他們或許給人的感覺是與世無爭，任何事情都能夠通過妥協的方式達到最滿意的結局。

　　B 型血：弱勢的 B 型血的人其實總是會有一種矛盾，想要自我解放，但是卻又無法掙脫，所以在他們的世界中會在很多事情上不由自主的妥協，而且他們常常會害羞、難為情，所以他們不會主動控制局面，因為他們始終覺得自己能力不夠，所以他們會不由自主地跟隨那些強勢的人。

　　A 型血：A 型血中比較弱勢的人其實不是真的弱，而是他們故意放縱自己對平淡生活的追求。在他們看來，弱一點沒什麼不好，至少不會引起什麼不必要的麻煩，也不用承擔什麼責任，生活只要平平淡淡就好。也因為弱勢 A 型血的人會時常出現優柔寡斷的情況，所以連他們自己都會覺得自己不適合做一個強者。

　　O 型血：雖然說 O 型血的人中也有弱勢的一群，但可以說他們在整個弱勢人群中會更加強勢一些。不要看他們總是沉默寡言，但是內心卻在算計著自己的利益，所以大家都會覺得 O 型血的人深藏不露。就算是在談話中沉默寡言的他們，也會在不知不覺中讓你感受到壓力。

　　其實我們在跟弱勢的人聊天的時候，可以用一種肯定和有信心的態度來給他們安慰和指引，因為他們不希望自己成為那個做決策的人，所以你可以適當地幫他們做一些決定。

　　說到弱勢，我們不能不說說 AB 型血的人，或許其他血型的人都會有一種分類，或強或弱。但是 AB 型血的人就像是皮筋一樣，可以拉升也可以縮短，他們對於很多事情的看法和意見是很難表露出來的。而且因為他們性格上的矛盾性，所以讓他們會有一種左右搖擺的感覺，給人牆頭草的感覺，其實他們並不是隨風而擺，只是

不知道自己到底想怎麼樣。

> 強勢的 A 型血的人不喜歡解釋他們做事情的原因；強勢的
> B 型血的人溝通時的說服力和傳播性非常強；強勢的 O 型血
> 則喜歡說服別人的感覺。弱勢的 A 型血較優柔寡斷；弱勢的 B
> 型血的人會妥協，會跟隨強勢的人；弱勢的 O 型血的人其實
> 比較強勢，在沉默中給人以壓力。AB 是屬於最弱勢的，做事
> 比較搖擺，會不清楚自己到底是怎麼想的。

第**4**章

# 讓不同血型的人都愛你

**1** **瞭解血型，拉近距離**

　　每個血型的人都會有這樣的感覺，你和一個人雖然認識了很久，但是你們之間的感情始終還是停留在見面點個頭的程度上，雖然你很想拉近你們之間的距離，卻總是力不從心。明明你是想上去和他說些拉近距離的話，最後竟然變成沒有感情的客套。其實每一種血型的人都有一種可以促進感情的方式，有的血型喜歡你和他站在同一陣線上，這種血型的人拉近距離最快的方法就是同仇敵愾，必要時候統一戰線，一致對付某個目標。而有的血型的人則更喜歡大家有相同的愛好，在一起的時候就不用總是說一些言不由衷的客套話，而是可以討論共同喜歡的事情。

　　無論是哪一種方式，我們最終的目的都是拉近距離，如果你希望每個血型的人都喜歡你、愛護你，就要從拉近距離開始。如果你們僅僅是泛泛之交，那麼他們喜歡你的機會就大大減少了。所以只有拉近距離，你才有機會讓他們瞭解你、認同你，最後變成欣賞你，堅定地要與你成為永遠的好朋友。

　　試問誰不想成為受所有人都喜愛的那個人呢？但是如果你不願意主動跟別人拉近距離，只是等著別人來靠近你，那麼誰又能夠保證你有這個能力來吸引別人呢？所以我們應該用符合每個血型性格的方式來拉近距離，讓他們感受到你的真誠和心意。

　　丹丹和小夢都在同一家公司上班，丹丹是那種非常有領導才能的 O 型血女孩，她現在雖然只是一個小小的職員，但是經理非常器重她。而小夢則是一個默默無聞的人，因為她是一個很沉默

的 AB 型血，所以人們總是覺得小夢過於高深，什麼都一副無所謂的清高模樣。而正是因為小夢的喜怒不形於色，於是就招來了張潔的怨恨。張潔總是覺得小夢和她說話的時候冷冷淡淡的，一副看不起她的樣子。於是在工作中老是有事沒事地找小夢的麻煩，而小夢在公司本來人緣就不太好，所以沒有一個同事為小夢出頭的。

這一次張潔故意整小夢，說小夢把應該她做的事情漏掉，差點造成公司的巨大損失。但是事實卻是張潔根本沒有通知小夢要做這件事。小夢被經理叫到辦公室臭罵了一頓，小夢委屈極了，回家大哭了一場，可是小夢覺得自己不能再這樣任人欺負下去了，她必須反擊。

小夢知道丹丹其實也不喜歡張潔，好幾次張潔在背後說丹丹壞話的時候都被丹丹聽見了，只不過丹丹能夠對著這個討厭的人依舊保持笑臉。所以小夢決定找丹丹跟他統一陣線。

小夢開始經常跟丹丹一起出去吃午飯，然後就跟丹丹說張潔的惡行。但是她只是表現出自己不太喜歡張潔的意思，卻從來不會把對張潔的反擊展現出來。很多次以後，丹丹終於對小夢推心置腹，因為她們都有共同的敵人張潔。而公司的人都看得出來，小夢和丹丹的關係明顯好了很多，也因為這樣，張潔也不敢再欺負小夢。而因為小夢在他們中間做了無間道，所以張潔也很少再跟別人說丹丹的壞話了。兩個人拉近了關係，還抑制了張潔對她們的敵意。

於是小夢和丹丹的關係更加好了，兩個人總是形影不離。

對於小夢來說，與丹丹拉近距離可以幫助自己不再受欺負，而丹丹也像是多了一雙耳朵，讓張潔不再肆無忌憚地說丹丹的壞話。拉近距離以後的這種雙贏局面成為她們維持關係的一個動力。其實

每個血型的人與人之間可能沒有共同的話題，沒有共同的愛好，甚至兩個的人脾氣秉性都沒有互相吸引的地方。但是他們卻找到了可以拉近距離的方法——同仇敵愾！因為有了共同的敵人，所以大家會在對方身上找到一種歸屬感，進而使自己和對方的關係有了很大的改進。

不同血型的人之間會有很大的差異，如果可以找到相同點或者是共同的話題，那麼自然能夠讓彼此更加親近。但是如果沒有那些相同點，而有你們都不喜歡的人，也能建立起朋友的聯繫。所以對不同血型的人來說，如果可以找到大家都喜歡的東西自然是最好的，但是如果實在是找不到相同的愛好，那麼就找大家都討厭的東西，這也可以成為溝通的橋樑。

要拉近距離，最好的辦法就是你們有共同的話題，如果你們在一起的時候只是大眼瞪小眼，或者說著一些枯燥乏味的話題，那麼就算你們見面一百次一千次，也不可能拉近關係。所以要拉近不同血型的人與你的關係，就要尋找或者是建立起你們之間的共同愛好。

AB 型血：最容易尋找到共同愛好的血型是 AB 型血的人，他們的興趣非常廣泛，有著自己獨特的想法和行動力。或許你有很獨特的興趣，但是也一樣可以和 AB 型血的人找到共鳴。值得注意的是，AB 型血的人喜歡的東西很多，但是有嚴重的喜新厭舊的傾向。他們很容易對一件事提起興趣，但是更容易感覺到厭煩，所以你一定要搶在他們厭煩這個共同話題之前就建立起良好的關係，並且還要能夠跟隨他們的興趣愛好的變化而變化。

O 型血：O 型血的人也有很多的興趣愛好，而且他們喜歡和很多人一起玩，因為在他們看來，自己一個人遠遠比不上和一群人更

有意思。而你要和 O 型血人的拉近關係，不僅要跟他們有相同的愛好，還要能夠跟一群人玩在一起。值得注意的是，同仇敵愾這一招對於 O 型血的人非常有用，他們覺得團隊就是要有相同的愛好和志趣，如果能夠連討厭的人都相同的話，那就更完美了。

**A 型血**：而對於 A 型血的人來說，他們受到很多條條框框的約束，要他們跟你同一陣線，他們會覺得這是在拉幫結派，對於和諧發展是極為不利的！所以放棄同一陣線的這個想法吧，不如在 A 型血的愛好上多下工夫。A 型血的人對於能夠展示自己藝術氣息的東西非常喜歡，比如繪畫、設計，甚至是很淑女的插花他們都非常有興趣。因為在這些方面，可以展示他們獨特的審美眼光和對藝術的理解。

**B 型血**：而 B 型血的人卻更喜歡那些能夠一個人進行的活動，比如跑步、游泳、做飯等等，在做這些事情的時候，他們可以安心地躲在那個世界中，盡情地享受一個人的樂趣。如果你希望通過這些興趣愛好拉近你和 B 型血人之間的距離，就一定不要干涉他們自己享受的這個習慣，你可以在事後給他討論研究，但是一定不要在他沒有邀請你的時候主動加入他們的玩樂中，這會讓他們心裏極度厭煩你。

不管和哪個血型的人相處和交往，只要能夠建立共同的樂趣和話題，你就是成功的！

---

想要和 A 型血的人拉近關係，就要多在他們的愛好上下工夫；想要和 B 型血的人拉近關係，就不要過多地干涉他們享受自己的興趣愛好；如果是 AB 型血的人，要學會隨他們的興趣愛好的變化而變化；O 型血的人，最好是做到「同仇敵愾」。

## ② 馬屁要拍在屁股上

　　世界上沒有一個人是不喜歡聽好話的，所以無論你和那個血型的人交往，如果能夠稱讚他們，讓他們覺得自己就是這麼厲害，那麼你就成功了一大半。或許有的人會覺得拍馬屁是那些虛偽的人做的事情，他們很不屑這樣做，不過如果你不懂得說一些好聽、動人的話，很可能你就失去了一個成功的機會。

　　而且我們說的拍馬屁不是讓你對別人的缺點大加讚賞，而是擁有一雙發現美的眼睛，發現不同血型的人身上的優點，並且加以肯定和讚賞。這是對別人的一種肯定，每個人身上都會有亮點，也就是說，我們要稱讚的就是他們身上的亮點。不同的人所在意的東西是不一樣的，如果我們可以瞭解並適時進行一些稱讚，他會覺得你們就是同道中人，不免有相見恨晚的感覺，自然會在很多事情上對你多加關照了。

　　以前我們被說成是會拍馬屁的人就會特別生氣，因為這並不是一個褒義詞，更多的是諷刺一個人的虛偽，嘴上說著一些恭維和奉承的話，卻不是真心地想要稱讚別人。這是因為你始終還是脫離不了那個低級的層次，只是生硬地在恭維別人。要想讓其他血型的人一聽就知道你是發自內心的，就應該先鼓勵自己看到一件事或者一個人的時候多發現他們身上的閃光點和美麗，只有這樣，你才能夠對不同血型的人說出不同卻是真心實意的讚美之詞。

家都說文理就是一個 O 型血中最強的馬屁精，看他對上司說話的時候那種恭維的樣子，簡直太噁心了！不過大家不能不

承認，他說出來的恭維之詞聽起來比起別人要真心得多，只不過下面的人總是見不得別人和領導走得太近，於是就把文理跟上司說的每一句話都當做是拍馬屁的證據！

文理其實就是一個很寬厚的人，無論是領導還是同事之間，他都很喜歡讚美別人，看到女同事今天穿了一條新裙子，就會馬上開口稱讚；看到老師傅寫了一手好字，也會不住地感歎！大家其實都會忘記文理的這些特點，總是覺得文理只有對上司才這麼恭維。

公司調來一位新的經理，經理剛來沒幾天，文理就能夠和經理有說有笑，而且經理常常會叫文理到他的辦公室裏聊天什麼的。同事們看著文理在新經理的面前這麼得寵，心裏難免嫉妒，於是就傳出了很多關於文理不堪入耳的謠言。這些話說得非常難聽，而且大概的意思就是文理就是一個低級的馬屁精，為了討得上司的歡心，就整天圍著新來的經理轉來轉去。

這些話最終傳到了新來經理的耳朵裏，新來的經理非常生氣，於是把大家召集起來開會，問大家：「你們是不是有什麼意見要向我反映？」大家看經理的臉色不太好，於是都不敢說話，這個時候經理說話了：「我知道你們在背後說什麼，說文理來拍我的馬屁，不錯，文理是稱讚過我，說我的打球技術好。但這個話是我還沒有到這裏來當經理的時候他就說過的，我們其實之前打球的時候就認識了。大家可能不知道，總公司的人把我調到這裏就是希望我可以整頓一下這個部門，把那些不上進的員工裁掉，而且總公司還給了硬性的名額，這是文理都不知道的事情。我因為剛到這個部門，對你們的情況不熟悉，所以就讓文理給我介紹一下大家的情況，但是文理對我說的都是你們身上的優點，說你們有的人特別有耐心，有的人很有想法。但是我沒有想到你們會在背後這麼說文理！你們為

什麼不做一下自我檢討，為什麼文理可以看到你們身上的優點，為什麼文理的回頭客最多！不要整天就是想一些沒有意思的事情，多跟別人學學，發現別人身上的優點比只盯著別人身上的缺點要好多了。」

經理說完以後就走了，所有員工都很羞愧。

不錯，很多人都會覺得一個人如果總是說一些好聽的、恭維的話，那麼這個人就是一個隻懂得拍馬屁的人！但是我們應該從另一個方面來看，拍馬屁其實是對別人的另一種欣賞，如果你沒有這雙慧眼，就算向你展示了所有血型人的優點，你也很難說出一句讚美的話來。

就算是最壞的人身上都有別人無法否認的優點。其實拍馬屁最重要的是你要懂得用最合適的力度找准位置來拍。各個血型的人身上有不一樣的特點，而這些特點會決定大家喜歡聽什麼樣的話。如果你能夠掌握好拍馬屁的技巧，就有助於形成良好的交際氛圍，讓這些享受你拍馬屁的人心甘情願地助你一臂之力。

其實對於不同血型的人來說，喜歡的方面會大有不同，這種喜好會體現在說話、做事、舉動等等方面。如果你用同樣的一套說辭來誇獎不同的人，也許會有適得其反的效果。拍好馬屁最重要的就是要看准對方是什麼樣的人。

**AB 型血**：如果對方是 AB 型血的人，那麼可能你說的讚美的話效果會差很多。因為 AB 型血的人做任何事或者對任何東西的評判標準都是是否合理。如果你貿然去拍 AB 型血的人馬屁，他們的第一直覺就是你有什麼不良企圖。一旦有了這種印象，那麼接下來無論你說再好聽的話，他們都會默默地在心中過濾一遍，如果覺得

你說的有一點點誇大和虛構的成分，那麼對不起，你的馬屁就拍在馬蹄上了。那麼對 AB 型血的人是不是就沒有辦法了呢？其實沒有那麼難，因為他們太過於冷靜、客觀了，所以我們大可以把他們做出的成績一五一十地說出來，但是切忌不可以過分誇大，然後你再表明你自己就是他的崇拜者這就夠了，千萬不要過多地添油加醋！

**A 型血**：其實不喜歡別人拍馬屁的人除了 AB 型血的人，還有 A 型血的人，他們也很難接受別人對自己的讚美。這倒不是說 A 型血的人過於清高，而是他們對身邊的人不太相信。在他們看來，你這麼莫名其妙地給自己戴高帽子，你就一定是一個不可靠的人，對於陌生人，A 型血的人幾乎百分之八十的都會用冷漠的態度對待。要讓 A 型血的人願意接受你的高帽子，最好的辦法就是讓他信任你，先信任了再去稱讚他，這樣他們就減少了防備心理，你的稱讚自然能夠順順利利地進入他們的心窩去了。

**O 型血**：O 型血的人對於拍馬屁有著不一樣的思考方式。在他們看來，只有瞭解自己的人才有資格說出讚美自己的話，如果第一次見面就說一大堆奉承的話，那這些人必然不是真心的，O 型血的人自然不會接受。相反，如果是與 O 型血的人相處時間比較久的人，無論他們說的真不真心，O 型血的人都能夠做到照單全收。

**B 型血**：而在四大血型中，最吃拍馬屁這一招的人是 B 型血的人，他們不像 O 型血的人還要看拍馬屁的是陌生人還是熟人，也不像 AB 型血的人只接受信任的人的稱讚。只要是好聽的話，你就可以直截了當毫無顧忌地說出來給 B 型血的人聽，他們才不管那麼多呢，只要讓他們聽得很舒服就行了。

想要拍馬屁，AB 型血的人就要老老實實地說出來，切忌過分誇大；A 型血的最好讓他先信任你再稱讚他；O 型血的人必須是建立在熟悉的基礎上才受用；而 B 型血的人則是對讓他們舒服的話都會接受。

## ③ 如何對不同血型的人製造「一見如故」的親切感

人們總是希望結識的朋友都能產生一見如故的親切感，這樣的人無論是何種血型，都能夠成為朋友。而要讓原本陌生的兩個人一見如故，看上去是很難，但是如果你能夠摸准他的脾氣和喜好，那麼就一定可以成功地建立親切感。所以對不同血型要投其所好，說些與他意見一致的話，很輕易就能一見如故，拉近彼此距離，以後他就是你的人了。

人與人相處其實很講究緣分，但是每個人都把緣分說得神秘莫測，玄乎其玄，好像緣分是我們永遠插不上手的一個東西，其實緣分並不一定都是老天安排的，或許有的人第一次見面就覺得很合眼緣，也有很多人是在之後的相處中感情越來越好。所以說，我們要儘量培養這種親切感，也許「一見」不行，但是我們可以「二見」、「三見」啊！其實要製造親切感最好的辦法就是配合別人的興趣和經歷，仔細聆聽別人的那些故事，然後我們再根據這些人的意見，說一些能夠得到他們認同的話。其實人與人之間的緣分就是

一種認同和熟悉的感覺，只要你摸準了他們的路線，你自然可以讓每一個血型的人都愛上你，把你當多年的老朋友一樣。

不要總是覺得高高在上的冷漠感才是保護自己的措施，如果你總是那麼難以接觸，那以後誰還敢靠近你，誰還願意跟你說心裏話？而你自然也找不到一個可以說知心話的人，這是對自己的一種折磨和虐待。讓自己多一些親切感，多一些快樂和朋友。

菁菁是一個喜歡簡單和自然的 AB 型血的人，她和現在大多數的女孩子一樣，大學畢業以後就在別的城市工作，每天就是兩點一線的生活，沒有時間認識朋友，沒有時間談戀愛，於是自己的婚事就成為了父母掛念的一件心事。這次過年的時候，父母要求菁菁一定回家！原來菁菁的父母為菁菁安排了一場相親，菁菁回到家以後才知道自己被安排相親了，真是氣得不行。她用 AB 型血那種獨特的思維思考，她覺得如果兩個人要通過相親來認識對方，是一件很痛苦的事，什麼事情都安排好了，沒有一點精彩。

但是她要反對已經來不及了，於是菁菁就開始消極對待，相親的那一天，菁菁就穿了一個簡單的牛仔褲和襯衫。菁菁其實並不是針對那位先生，只是因為父母背著自己安排了這一次相親，激發了她的逆反心理，所以她根本對這次相親不抱希望。

菁菁和媽媽走進餐廳以後，見到了那位來相親的先生，這位先生穿西裝打領帶，沒有什麼特別的。那位先生看到菁菁，先是一愣，後來就熱情地請菁菁和菁菁的媽媽坐下來。菁菁的媽媽和那位男士的母親坐了一會兒就走了，把時間留給了他們兩個。這位男士姓楊，叫楊文。菁菁對於這個與自己相親的男士並沒有什麼好感，於是就一直心不在焉的。楊文說：「我知道你不想來相親！」菁菁

沒有想到這個楊文居然會這麼直接地說出來，於是只能說：「其實我不是因為覺得你不好，而是我爸媽根本都沒有跟我提過這個事情，臨時才告訴我讓我來跟你吃飯，我真是氣死了。」楊文說：「其實我也是被我媽騙來的，下班的時候媽媽說要到這裏吃飯，你們走進來我才明白是怎麼回事。」菁菁一聽，馬上來了精神，跟楊文說：「我最不喜歡她們這麼瞞著我們了，你說有什麼事不能明明白白地說清楚嗎？把我們就這麼擱在這，多尷尬啊。」剛才還心不在焉的菁菁現在卻停不下來，楊文看著菁菁，一直微笑著聽菁菁抱怨著父母瞞著自己的行為。

幾個月以後，菁菁和楊文談起了戀愛，這天，菁菁到楊文公司等他下班一起去吃飯。看到楊文穿著一個非常休閒的衣服下來了。菁菁就問：「我記得你和我第一次見面的時候說你上班的時候穿西裝打領帶的。」楊文這個時候偷偷笑了，說：「其實我早就喜歡你了，只不過你一直不在家裏，於是我就請人給我們兩個安排相親。那天我們見面的時候我確實精心打扮了一下，但是看到你穿得那麼簡單，怕你覺得我過於正式，於是就這麼說。而且我希望給你一種親切的感情，所以就說我也是被媽媽騙過來的。不過還好我這麼做，不然怎麼能追到你呢？」

菁菁聽這楊文這麼說，心裏甜絲絲的。

楊文其實非常聰明，他知道菁菁一開始對自己是有距離感的，所以就認同她對相親的態度，增強了菁菁對自己的親切感。我們不能不說，每一種血型的人開始對人都會有距離感，但是如果你能夠消除這種距離感，就能夠增強親切感，成為好朋友！

要增強自己的親切感，最重要的是要建立起與不同血型人的聯

繫，只有這樣才能讓大家都對你有好感。我們應該真誠地對待他人，這樣我們才知道不同血型性格的人是一種什麼樣的狀態，以及他們喜歡什麼樣的人，在意什麼樣的話題。要獲得四種血型人的親切感，最重要的就是了解各個血型的人會喜歡什麼類型的人和什麼類型的事情。

Ａ型血：Ａ型血的人屬於踏實穩健這一類型的人，他們的思維方式呈現一種規律式的狀態。任何事情都不能改變他們按規矩辦事的習慣，所以如果你要給他們親切感，也要按照一定的規矩來進行。首先不可以讓自己在打扮上過於誇張，或許這樣能夠吸引Ａ型血的注意力，但是卻不可能讓他們覺得有親切感。而且Ａ型血的人可能在生活中沒有什麼創意，所以他們喜歡的東西也歸於平淡。他們的喜好比較容易猜到，一切按照規矩的人和事他們都不會討厭。而且跟Ａ型血的人相處，最忌諱的就是與他的道德理想相悖，這樣會讓Ａ型血的人發自內心的厭惡你。

Ｂ型血：Ｂ型血的人有很強的洞察力，可以通過一個眼神就做出評價，知道這個人到底是不是真心實意的，如果你對他們實在是沒有那麼真切的感情，那麼就在家裏多對著鏡子練習練習，儘量表現出你的真心實意。如果讓他們看出破綻，那麼他們才不管你是誰，都不會給你留一點面子的。

Ｏ型血：Ｏ型血的人具有開拓精神，敢於冒險，有理想有雄心，有堅定的信念，而且他們有頑強的毅力，堅強的意志。面對這樣的人，你的親切感必須展現在你對這些事情的領悟力上，如果你也對成功有著強烈的渴求，對很多新奇的事情有著強烈的欲望，那麼你就會是Ｏ型血喜歡的那種類型的人。瞭解他們的人會知道，他們有的人雖然比較沉默寡言，但是內心對成功的渴求是非常強烈

　　的。所以如果你可以從這方面下手，就一定可以做到投其所好。

　　**AB 型血**：AB 型血的人就像是田園中的一陣風，他們喜歡自然簡單的人。如果你故意裝得很清新，故意用一種彆扭的親切感去靠近他們，他們會受不了。而且你不要試圖去發現、探究 AB 型的人的內心世界，因為他們不願意自己被看穿。

---

　　想要和 A 型血的人產生親切感，就不要和他們的道德理想相悖；而 B 型血的人，就一定要展現你的真切的感情；對 AB 型血的人，要做到簡單自然；對於 O 型血的人，要對成功有強烈的渴求。

---

 ## 講義氣最對哪個血型的人的味

　　在四大血型中，B 型血的人是最重「義」字的。但是很多人都不太明白什麼叫作義氣，都覺得義氣就是為朋友兩肋插刀，而且不管你的朋友是不是值得你去幫助，是不是會在利用完你以後就一走了之。其實真正的義氣是說：當值得你付出的朋友利益或者是精神受到了侵害，你應該為你的朋友挺身而出，甚至有的時候可以為了幫助朋友而犧牲自己的利益，這麼做的目的只是為了幫助朋友走出困境，真正的義氣是毫無雜質的友誼，是最純淨美好的感情！對不同血型的人用不同的方式來展示你的義氣，但是記住必須是義氣，可別弄錯對像，讓有的人覺得你是一個笨蛋。

　　朋友在任何一種血型的人中都是非常重要的一個部分，因為在每一個人的血液裏都有需要朋友的渴望，但是不同的血型人對朋友的需要不太一樣，有的特別需要朋友，所以他們也會特別講義氣，就像 B 型血的人。而有的對朋友的需求度少一些，所以他們表現出來的就是更多的理性思考，更傾向於自己的利益。雖然現在很多現實讓人漸漸變得不再講義氣，但是這種特性是從一代一代的血液中流傳下來的，想避也避不掉。就像是一種隱性的東西躲在你的身體裏，可能現在你覺得這種東西已經消失了，但是殊不知什麼時候你血液中的那種義氣的力量就會自己跑出來。

　　小林以前有一個非常要好的朋友叫張晉，他們從小一起長大，一起上學，一起考入同一所大學，一起進同一家公司上班，不知道的人都說他們兩個就是兄弟。其實小林是一個非常重感情的 B 型血的人，有好多次小林都開玩笑說：「我是 B 型血的人，是一個非常講義氣的血型，估計上輩子我就是宋江！」張晉聽了哈哈大笑。

　　小林和張晉兩個人同時進公司，表現都不錯，最近總經理說想從他們兩個之中提拔一個人來做創意部的經理，不過因為兩個人都是新人，雖然表現都不錯，但是要做經理還是需要經過一個考核。於是經理就把最近接的一個案子交給兩個人分別去做，最後誰的最好就選誰做經理。小林倒是不在乎誰做經理，因為他覺得如果自己做了經理，那當然是最好的，但是如果是張晉做了經理也一樣，自己最好的兄弟當了經理，以後的日子不是也一樣好過嗎？

　　但是張晉可不是這麼想的，張晉一直想要當經理，這次有這麼好的機會怎麼能放過呢？於是他必須要好好做這個設計，一定要比

小林做得好。

　　兩個人都花費所有的精力在這個設計上，他們不眠不休，做了兩天，這天晚上他們的設計已經到最後的階段了，兩個人都加緊努力！晚上張晉做得很累了，於是就打算到廚房沖杯咖啡喝，路過小林的房間的時候，看到他的電腦開著，但是人卻不見了。張晉正打算離開的時候卻看到了小林設計的圖！張晉非常震驚，這樣的創意大膽、新奇，而且設計出來的東西非常有靈性、細緻，張晉覺得自己的設計遠不如小林的。

　　第二天，張晉先出門到公司去了，然後沒一會兒，小林接到了張晉的電話，跟小林說：「我媽媽突然說不舒服，你能不能去看看她，從你那裏去公司比較近，我擔心她有什麼事。」小林本來是打算今天過去交設計圖的，但是一想，設計圖可以晚點交，但是老人的病可不能拖，於是就答應了張晉。

　　小林去看了張晉的媽媽以後，回到公司打算告訴張晉他媽媽沒什麼事，讓他不要擔心。然後就拿著設計圖到總經理的房間給總經理看，但是總經理一看到他的圖就拉下了臉，質問他怎麼可以抄襲張晉的創意！小林這下恍然醒悟，原來張晉讓自己去幫忙看張晉的媽媽是拖延自己到公司的時間，然後張晉拿著他偷來的設計圖先給總經理看，這樣一來自己就變成了抄襲的那個人！小林最後離開了公司，到了另一個新的公司，不過從那以後，他再也不會對誰講義氣了，因為他始終覺得從小一起長大的人都能夠這樣害你，何況是別人呢？

　　其實因為小林是極重感情的 B 型血的人，所以他總是對誰都要堅持「義氣」二字！只不過現實中有太多的人有不可告人的私

心，你付出的真心和義氣不一定能夠換回別人的真心和義氣來。自己白白付出了真心，最後卻變成了一個可笑的傻子，失去了朋友，失去了尊嚴，甚至還把自己願意相信人世間感情的真心也丟失了。

我們誰都不希望自己做一個被別人利用了的傻朋友，我們希望自己的真心能夠換來別人的真心，但是現實中有太多這樣的例子和經歷，時刻提醒我們要小心、要謹慎，不要隨便付出真心。於是我們就總是試探性地往前，想要付出又怕失望，想要封閉自己，又覺得活得太累。其實我們應該遵從自己內心的願望，不要束縛住自己的真心，痛快地付出。我們要選擇的不是付不付出真心，而是要選擇講義氣的對像。對那些懂得講義氣的人講義氣，對那些虛偽的人保留你的義氣！只要我們瞭解每一種血型性格裏面的朋友需求度，就能夠做到識人有度，看清楚了他們的性格脾氣，最後成功選擇一個真正講義氣的好朋友。

B型血：四大血型中，最講義氣的自然是B型血的人，他們在對待朋友這件事上很開放，能夠和各型各色的人來往。他們從來不要求別人適應自己，而是更加積極地瞭解別人的想法，然後客觀地分析，用開闊的胸襟去與朋友相處。對於B型血的人來說，如果你足夠真誠，就算你做錯了什麼，他們也會理解你。所以對於B型血的人我們可以放心地跟他們講義氣，因為他們也會和你講義氣。

O型血：O型血的人也是一個很講義氣的人，他們總是樂觀、勇敢地和朋友相交，只要是朋友有難的話，就一定會赴湯蹈火地去幫助他們，也正是因為這樣，所以O型血的人有很好的人際關係，而且他們是一些不怕吃虧的人，他們覺得人與人相處怎麼可能不吃虧呢？但是有一點是我們跟O型血的人講義氣的時候要特別注意的，他們或許前一秒會喜歡你，後一秒可能就懷疑你了。如果

他們懷疑你，不用對他們自私、現實的態度感到驚訝了。他們在懷疑你以後就會處處為自己打算，對你提高警惕，無論你說一句話還是做一件事，他們都會下意識地先懷疑你。

我們在跟 O 型血的人講義氣的時候，先要弄清楚他們是不是真的對你很信任，如果他對你有一絲絲的懷疑，那麼最好收起你的義氣，不要做無用功了。

A 型血：他們總是努力和周圍的朋友保持一種和睦協調的關係，對所有人的情緒都會很留心，而且 A 型血的人很有犧牲精神，他們可以為了家人、戀人、事業的利益而犧牲自己的利益，不過請看清楚，這裏沒有說他會為了朋友的利益而犧牲自己的利益。在他們的觀念裏，他覺得只有親人和宏偉的事業才值得犧牲自己的利益，所以和他做朋友的你還是不要想太多了。

AB 型血：其實最冷漠的應該是 AB 型血的人，他們因為太過於冷靜，所以對於周圍的人和事會用一種很客觀冷靜的方式來思考，而且他們很在意別人對自己的感情，於是在他們看來，有一個庇佑自己的人會比有一個朋友來得更加好。所以 AB 型血的人會更喜歡有能力保護自己的人，也許是一直有這種希望被保護的心理，所以他們覺得別人為自己付出是應該的，而自己為別人付出是完全不在他們思考的範圍之內的。

A 型血的人對於朋友來說相對會比較謹慎；B 型血的人是最講義氣的，所以你可以放心地和他們講義氣；AB 型血的人比較冷漠，更喜歡能保護他們的人，但是往往會覺得別人對他的付出是應該的；O 型血的人也很講義氣，但是首先要做到讓他對你很信任。

# ③ 哪個血型的人最適合當「老大」

　　跟每一種不同血型的人拉近距離為的是要將其收為己用，所以時刻表現出你的大哥風範，讓不同血型性格的人都能佩服你，不然做個小弟你就成別人使喚的了。學聰明點，擺出一些氣場來，鎮壓住身邊的這些能夠為你做事的小弟們！

　　每一個成功的人身邊都會有一些肯努力工作的員工，在外人看來，這是一種屈服的表現，可是只有員工自己知道，有這位老大帶領著我們往前，給我們指導著方向，事情才能夠順利地完成。這也是一個「大哥」最主要的用途，也許很多時候這位老大並沒有那麼有才能，並沒有那麼威嚴，甚至有時候會犯錯，但是無論如何只要保持了大哥的氣質，給別人一些信心，自然可以維持你在他們心中的那種不可侵犯的形象。

　　有的血型人喜歡被別人領導，因為這樣有方向，有安全感，而且自己沒有那麼大的壓力，很多責任只有領導有這個義務去承擔。而有的血型人則喜歡領導別人，給別人安全感。再強大的人心中都有一種需要被保護的性格，現實中的各種苦難總是把這種需要被保護的性格掩藏起來了，讓我們自以為自己很強大，可是一旦到了絕望的時候，這種需要被保護的性格就被召喚出來了，所以當別人需要你充當老大的時候，你就應該站出來做出一個老大的樣子，然後讓他們信服你、敬重你。在大家需要被保護的時候你站出來了，以後的日子他們就會無限敬重和服從你了！

在那個晚上，楊澤和幾個工友一起下井去工作，突然眼前一黑，等大家反應過來以後，就被困在了礦井裏。這個時候有人大喊道：「塌方了，我們被困在這裏了！」

大家好像不太相信塌方這種事會發生在自己身上，都愣住了，一分鐘過後，傳來了大家的哭泣聲，有的人在慌亂地四處找出口，有的人痛哭自己家中還有父母兒女需要養活。大家似乎一下子落入了死亡的陰影中，每個人都在哭泣、哀歎自己怎麼那麼倒楣，自己還不想死！

周圍只有大家的哭泣聲，哀歎聲。這個時候楊澤站了出來，他開始發揮自己 O 型血的那種領導氣勢，雖然他並不是一個工頭，但是這個時候他身體裏那種 O 型血的英雄氣概和感覺都被激發出來，他鎮定地對大家說：「大家不要這樣，外面的人現在一定在想辦法救我們呢，千萬不要放棄啊。」這個時候有人說：「我們都被困在這裏了，不被餓死也會被渴死，還有什麼希望啊！」楊澤突然高聲喊了起來：「難道因為希望渺茫我們就要放棄嗎？那還不如你現在就一頭撞死，給那些想活的人留一些空氣！」大家忽然被楊澤的氣勢唬住了，誰都沒有再哭鬧。楊澤說：「只要我們多爭取一些時間，上面的人一定都在想辦法救我們，我們能多活一天，就多一分希望！」

大家似乎被楊澤說動了，可是沒有人知道現在他們應該怎麼做。楊澤說：「我們現在把大家身上的東西都拿出來，然後看看我們有什麼辦法。」大家身上有點小零食，有幾個饅頭，還有鑰匙，鐵鏟什麼的，最可貴的是居然還有一瓶礦泉水！於是楊澤開始分配：「現在大家要保存體力，能不吃東西就不吃，這個水很珍貴，所以我們要特別珍惜。因為不知道上面的人要多久才能救出我們，

所以我們這些東西不到萬不得已的時候就不能吃。」

大家就這麼互相監督著，盡量忍耐著。時間過了好久，大家都不知道自己是不是能夠堅持下來，很多人都已經體力不足了，於是楊澤給每個人分發了食物和一點水，大家沒事的時候都儘量不走動，這也是楊澤規定的，因為這樣可以減少體力消耗。

五天過去了，他們終於聽到了上面的人的聲音，上面的人也給他們輸送了一些水和吃的。幾天以後他們都被安全地救上來了！

大家都非常感謝楊澤，因為他們知道要不是當時楊澤帶領大家，大家一定撐不到最後。

楊澤在大家都絕望的時候充當了一次老大，並且用大哥的氣場為大家帶來了一線生機。在那種困境之下，沒有人會不絕望，但是如果在這麼一種糟糕的情況下有一個老大站出來，擺出一副保護自己的氣勢，大家就都不會絕望！

每一種血型的性格中不全都是剛毅堅強的，在不同血型的特質中，都會有懦弱和無力的感情，這是人之常情，沒有一個人從心到身都是鋼鐵做的，只不過有的血型人軟弱一些，有的陽剛一些。但是無論是多麼強烈或者多麼軟弱，在絕望的面前都會暴露出來。

其實人生絕望的時候畢竟是少數，更多的是平淡的生活，而在各種不同的血型性格中，我們可以在哪個血型性格的人中做一個可以征服別人的老大呢？

**AB 型血**：AB 型血的人表面看上去無比冷漠，根本看不出他們的心理變化，所以他們總是給別人一種高深莫測的感覺，大家自然就認為他們是一群鋼鐵俠，不會有軟弱的時候，其實他們是最希望得到保護的人。如果有人願意在他們面前展示出老大的姿態，他

們會非常歡迎。很多時候他們就像是小嬰兒一樣，總是希望可以獲得全世界人的愛和保護。

B 型血：B 型血的人總是擺出一副自我的樣子，常常以自己為中心，會特別顧及自己的想法和感受，試問這樣的人怎麼可能讓自己處於弱勢呢？但是有的時候，他們也需要別人為自己做個主，這樣會讓他們覺得有了方向和指導，但是這種老大的樣子一定不可以變成對他自己內心感情的攻擊，因為這樣的他們會覺得受傷，而不願意再接受你的領導了。

A 型血：A 型血的人因為本身就是一個矛盾體，有的時候他們很希望得到老大的照顧和領導，但是有的時候卻又不願意別人給自己做主。所以要做他們的老大是一件挺不容易的事，最好你可以成為一個時刻變化著的人，一會兒是胸有成竹的老大，一會兒又能給 A 型血的人更多的自由和空間。而對其把握的度是非常重要的，你最好可以憑藉對他們的直覺來實現轉化的速度和品質。

O 型血：在所有的血型中，最受不了別人的老大氣質的就是 O 型血的人，所謂一山容不下二虎，O 型血本身就是一個非常有領導氣質和能力的人，他們怎麼能夠接受另一個領導者的領導呢？他們需要的是一個聆聽者和師爺型的人物，這樣可以輔助他們成為一個成功的領導者！

要成為別人的老大最重要的是能夠為他人著想，用自己的真本事來征服別人，給別人更多的機會來服從你。這才是一個真正老大的最佳示範。

最適合當「老大」的就是 O 型血的人，因為他們是很有領導氣質和能力的人；而 AB 型血的人卻是最需要被保護的；B 型血的人需要別人為他們做個「主」；A 型血的人是一個矛盾體，既需要領導，又不希望被控制。

## 6 見不得你「完美」的血型

人的劣根性中最可怕的一面是嫉妒！有人每當看到別人比自己強的時候，心裏就非常不是滋味，於是會產生一種厭惡、怨恨、猜忌、虛榮的感情。這是每一個血型性格裏面都會有的，有這種情緒的人見不得別人比自己好，見不得別人比自己開心，最好是自己辦不到的事情別人也辦不到，自己辦得好的事情別人就弄得一團糟，只要保持這樣的狀態，他們就覺得心裏很舒服，一切都完美了。

大家都說女人是善妒的，好像嫉妒變成了女人的代名詞，可是嫉妒也能按照血型來分類，有的血型想法比較豁達，於是什麼都可以放下，什麼都不是那麼在乎，於是他們不容易產生嫉妒的情緒，而有的血型的人，想問題的時候容易走入一種極端，於是他們就更容易對比自己優秀的人產生嫉妒的心理。在這種血型的支配下，無論是男還是女，他們都會比其他血型的人更加容易嫉妒。如果你不小心招惹了容易嫉妒的他們，嚴重的會讓自己變成他們的槍靶子，成為他們射擊的對象。

人都是有嫉妒心的，在他面前展現你的缺點，比展現你的完美更讓他感到高興。當然了，要展示對，千萬別展示出他會鄙視的一面。如果你肯讓自己看起來不那麼的完美，也有一些小瑕疵，那麼他們會更願意跟你接觸，收起他們的嫉妒心理。

劉小姐是一個嫉妒心很強的 O 型血的人，因為她在一年前和老公離婚了，所以一直都是自己一個人住。而小櫻是劉小姐家樓上的鄰居，剛開始的時候劉小姐對小櫻特別的友好親切，小櫻也很喜歡這個時尚獨立的劉小姐。可是劉小姐見過小櫻和老公幾次就明顯冷淡了很多，原來劉小姐看到小櫻和她的丈夫那麼甜蜜，而自己卻被丈夫拋棄，於是就嫉妒小櫻那麼幸福，每天看著小櫻和她老公甜甜蜜蜜地過小日子，劉小姐真是恨得牙癢癢，為什麼像小櫻這樣的人能夠得到幸福，而自己卻要獨守空房？

這天下班的時候，劉小姐故意晚一點回家，因為她知道小櫻的丈夫會在這個時候回來。果然劉小姐很「偶然」地遇到了小櫻的丈夫。她看到小櫻的丈夫以後就把他叫住，一副欲言又止的樣子，小櫻的丈夫說：「劉小姐找我有什麼事，你直說吧。」這個時候劉小姐說：「其實我知道這是你們夫妻之間的事情，但是我又覺得我不說不太好。」小櫻的丈夫越發好奇了，再三地請劉小姐說，劉小姐這個時候終於說：「我昨天提前下班回來，看到一個男人很親密地和你太太告別，兩人還擁抱了。」小櫻的丈夫臉色一陣綠一陣白的，劉小姐知道自己說的話起作用了，但是她還故意說：「哎呀，回家一定不要吵架，有什麼話好好問，也許那個男人是她哥哥呢……」說完以後就走了。

小櫻的老公回家以後就質問小櫻，問小櫻為什麼要背著自己和

別的男人擁抱！但是任憑小櫻再怎麼解釋，她老公也不信，兩人為了這個事情大吵了一架，好幾天都不說話。

劉小姐這個時候覺得開心極了，看著小櫻這幾天都形單影隻，她知道小櫻和她老公一定是吵架了，而且劉小姐還惡毒地希望最好小櫻的老公和她離婚。其實那天劉小姐的確看到小櫻和一個人擁抱，但是那個人不是男人，而是一個女人！

人和人之間總是會有各種各樣的猜忌和陷害，而很多陷害和猜忌都是因為別人對自己莫名其妙的嫉妒。小櫻就因為自己的幸福生活而遭到別人的嫉妒，最後無端地被人陷害，弄得夫妻不合！

很多人都不再像小時候那樣單純，可以為你的幸福而高興，為你的成就而自豪。所以，很多時候我們應該要學會隱藏自己的幸福和能力，在不確定對方是否對你真心的時候多顯示一下自己的缺點，凡事不要過於強求，更不要讓別人對自己產生不必要的妒忌心。其實每個血型的人都希望自己可以表現得完美無缺，但是他們只看到了那些表現完美的人受到的讚譽，卻看不到在背後有多少妒忌的眼睛在盯著他們。

無論多麼優秀的血型性格，他們身上都有很多缺點，沒有一種血型的性格是完美無缺的。如果我們硬要表現完美，只會招來別人對自己的妒忌和怨恨，甚至會讓人覺得自己不可一世、裝聖人。沒有人會是聖人，而真正的聖人都有一定的距離感，太完美的人會讓人害怕，所以只有不完美的血型性格才是真正完美的性格。

那麼四種血型性格的人都有什麼樣的缺點？而怎麼表現出來既能消除別人的嫉妒心又不惹人討厭呢？

**A 型血**：A 型血的人在做出一個決定時，總是極端謹慎，恐怕

這個決定會引起別人攻擊與反感，對於這一點他們總是非常注意，對於事情不求有功但求無過，不願冒險，是一個容易妥協的人。因為過於謹慎，所以他們表現出來的反而是猶豫。有的時候如果你總是猶豫，那麼就不要說話，不要做決定，讓別人去決定，不過這種決定最好是無關緊要的，對於很多關係到自己的重要決定，你一定要認真並且果斷地做出判斷！Ａ型的人很敏感，有很強的直覺，在自己喜歡或敬重的人面前，會表現得不自然，心情顯得不穩定而毫無信心。

無論如何，一旦你有絲毫的猶豫，你就乖乖把決定權交給別人，不要因為自己的猶豫而讓別人討厭。

**Ｂ型血**：Ｂ型血的缺點是過於樂觀，不喜自我反省，做事時不計前因後果，而且也不在乎別人對自己的看法。所以他們的言行舉止是衝動的、突發而不會反省的，他們只重視自己的感受，並且不會過多的糾結於事情的結果。又因為Ｂ型血對什麼都有興趣，但是這種興趣卻又非常容易轉移。所以他們總是給人喜新厭舊的印象。

如果你是一個特別討厭喜新厭舊的人，那麼我們一定不要讓別人看到自己的這種性格，就算你再不喜歡這個事或者人，也不要表現得太明顯，而且對任何事情都應該保持一種君子心態。這樣可以避免別人討厭你了。

**Ｏ型血**：Ｏ型血的人常會在瞬間改變對某個人的觀念和態度，這種改變的動力以是否會帶來更多的利益為準則。Ｏ型的人在現實社會裏，會表現出他的適應力和依賴性。對於利害關係，向來非常敏感，所以他絕不會有任何有違利益的想法。

沒有人會喜歡這樣的人，但這個是Ｏ型血性格存在的一大問

題，不容易改變。不過我們卻可以加入更多的感情在裏面，這樣會減少別人對你功利的印象。

**AB 型血**：AB 型血的人在遇到挫折或失敗時，就會推卸責任，將失敗的原因歸於別人。他們從來不願意在很多人面前承認自己的失敗。因為在他們看來，只有自己是成功的，自己是厲害的，所以他們身上會有嚴重的優越感，這種優越感也是很招人討厭的。

其實這種時候你最好是可以收斂自己的優越感，主動多承擔一些責任，這樣會讓人更加願意接觸你、喜歡你！

> 　　對於血型的缺點，A 型血的人是極端謹慎，容易妥協；B 型血的人是太過於樂觀，不喜反省，比較衝動，太注重自己的感受；AB 型血的人則會在遇到挫折和失敗的時候推卸責任；O 型血的人則是對利害關係比較敏感，不會有違背利益的想法。

# 哪個血型的人最怕「人情債」

現在我們不願意借給別人東西，因為現在借出東西的人不會高高在上，反而變成一直拜託別人的人。而只有借一種東西才能成為擁有絕對主權的人，那就是人情！世界上借什麼東西都好還，只有人情債是最難還的。很多時候我們都不喜歡自己欠別人的人情，一旦欠了別人的人情，就要想辦法去還，心裏總覺得不安心。但是大

家卻都喜歡別人欠自己人情！一旦別人欠你人情了，主動權就轉移到了你的手上，你就會有話語權了，所以主動去幫大家解決問題，讓他們欠你人情了，才會為你所用，你提出要求以後，必然會得到他們的幫助。

每一種血型性格的人都有各自的短處和劣勢，就算是再厲害、再完美的血型性格都會有他們力量達不到的地方，總是會有這樣或那樣的死角需要他們去尋求別人的幫助。這個時候不要怕麻煩，拿出自己的魄力來給他們幫助，欠下了人情債就一定要還，就算是對方現在不還，但是只要你手上有這張「欠條」，那麼你可以隨時把這筆債討回來。我們是一個社會團體，每個人都有需要別人幫助的地方，各個血型性格的人都是一個半圓，只有靠別人的幫助才能畫出完整的一個圓。有的時候礙於面子，很多人都不會願意主動跟別人開口，但是如果你能夠主動伸出援手，這樣做既保全了別人的面子，又給自己帶來一筆求之不得的「人情債」。

小 B 正在為自己女兒上幼稚園的事情煩惱，因為自己是外來人員，所以公立的幼稚園沒辦法進去，但是私立的幼稚園小 B 又不放心送女兒去。而且自己又是一個很要面子的 A 型血的人，總是放不下身段去求人辦事，所以女兒就一直在家，但是每次只要經過幼稚園，女兒就會嚷著要去幼稚園上學。

CC 知道小 B 一直想把女兒送到幼稚園，於是就找了自己在幼稚園工作的同學，把小 B 的情況告訴了同學，希望同學可以幫個忙。CC 的同學回去問了院長以後，說是可以接收小 B 的女兒，而且那個公立幼稚園環境和品質都不錯，很多人都想把孩子送到這個幼稚園裏。

　　當 CC 把這個消息告訴小 B 的時候，小 B 非常高興，非常感謝 CC。而且小 B 知道自己欠了 CC 一個人情，在需要的時候就要還給 CC 這個人情。

　　沒過多久 CC 就因為一些原因而辭職了，找了好久都沒有找到合適的工作，這個時候小 B 就讓 CC 到自己的公司上班，而且因為 CC 有自己的優勢和長處，所以小 B 為她爭取到更多更好的酬勞。CC 知道這是小 B 為了還自己的人情，所以 CC 覺得自己之前幫助小 B 是值得的。

　　或許 CC 沒有想到小 B 會幫自己這麼大的忙，也沒有想到自己賣小 B 的人情會產生那麼大的作用。

　　人情是一種很奇妙的東西，我們投入人情就像是買一份保險，如果自己沒有遭受到意外那當然是一件好事，但是如果你需要別人幫助的時候，這份人情就起了作用，能夠得到別人的幫助，這不是一件很值得投入的事情嗎？如果我們早就知道自己以後什麼時候需要別人的幫助，就不會有人生的諸多麻煩了。所以為了規避自己可能受到的各種災難，我們就應該種下更多的人情債，利用這種人情之間的關係，幫助我們渡過難關。

　　要種下各種不同的人情債，就要看看各種血型性格的人都欠缺什麼，需要什麼，這樣才能做到雪中送炭，真正做到給別人最佳幫助！

　　**A 型血**：感情豐沛的 A 型常常會為自己的事情而悲傷、懊悔，甚至只是看漫畫、連續劇，都會為劇情感動哭泣，這種容易流淚的個性讓周圍的人很苦惱，甚至不明就裏的人會認為是周圍的人欺負了他們。不過他們不認為自己這個樣子會讓別人感覺到苦惱，所以

如果我們可以適當給予他們一些提醒，或者是主動解釋一下 A 型血的人哭泣的原因，幫助他們獲得別人的諒解。A 型血有的時候過於迂腐，不會變通，我們能夠做的就是為他們多做一些圓滑的事情。

**B 型血**：B 型血的人對於自己有著極大的自信，想叫他們不引人注意是辦不到的，他們非常喜歡成為眾人的焦點，而且享受成為眾人焦點時的快樂。但這並不是一個會讓人喜歡的習慣，太過於招搖的人總是會招來各種麻煩。如果能夠在他們招來的各種麻煩中幫他們解決一兩件，對他們來說是非常有益的，而且他們也知道自己的這種缺點，可就是難以改正。如果你能為他們祛除他們身後的麻煩，他們自然會對你給的這個人情珍視異常！

**O 型血**：在 O 型血的人群中，出現過很多有名的歷史人物，無論是偉人還是思想家、實業家，他們都比常人要有更多的優點。但是他們性格中的爭強好勝、不肯認輸讓他們更加剛愎自用。也正是因為這樣，他們容易一條路走到黑，因為過於執著，所以常常看不清前面的道路。如果這個時候你能夠給他們指出一條明路，讓他們改變自己的路線，重新走出一條成功之道，你就能成為他們的恩人。

**AB 型血**：AB 型血的人在很多時候給人的印象都是冷漠不可接近的，但是瞭解他們的人就會知道他們只不過是不習慣展露自己的情緒。可是這樣始終會讓人覺得難以親近，自然也會影響他們的人際交往。在這個社會中，人際交往是一個非常大的問題，但是如果你可以在人際交往這個部分給他們多一些的幫助，自然可以促成他們的成功，成為他們人情的債主。

想要讓人知道你的人情，A型血的人，你要適當地給予提醒，教他們做些圓滑的事情；B型血的人，你要袪除他們身後的麻煩；AB型血的人，要在交際這一部分給予他們多些幫助；O型血的人，在他們太過執著的時候你可以給他們指出一條明路重新走出成功之道。

## 8 哪個血型的人最容易被小秘密拉攏

各種血型的人都有窺視別人的心理。窺視著別人的秘密，會給人帶來一種安全感，因為覺得自己知道得越多，可以掌握的資源就越多。窺視別人的秘密當然可以幫助自己獲得更多的資訊，但是這其中有一定的風險，因為一旦被別人發現，就會損害自己的形象。所以只能偶爾洩露點自己的小秘密，這樣可以讓別人他覺得自己在你心中很重要，又不會被冠上「三八」的頭銜。

拉攏一個人其實不一定要金銀財寶，不一定要阿諛奉承，這樣的拉攏方式是比較大眾的，可能任何人都會這樣做，並沒有什麼特別之處。但是如果你懂得投其所好，把一些可以讓各個血型的人動心的小秘密告訴他們，讓他們明白你對他們的信任和重視。這些小秘密會給我們的人際關係帶來更多的樂趣。很多時候我們可以認識別人，卻沒有辦法讓關係變得更加親密；而拿一些小秘密出來分享，卻能夠增強朋友之間的關係。

當然了，就算是分享小秘密也不需要萬事都那麼實誠，人心隔肚皮，也許我們的這個小計謀會變成別人手中的一個籌碼，一條小辮子，給自己帶來無窮無盡的麻煩。而且我們要說小秘密，首先要認真地看清楚對方是個怎樣的人，考慮好自己能和他說到怎樣的地步。說得過多會讓自己處於不利的位置，說得太少又無法起到拉攏的作用，所以掌握好這個尺度很重要。

敏敏是一個很有心思的人，而且她擁有 O 型血的特質，非常有領導才能，所以她到公司才兩年就被提升為經理。大家都想盡辦法拉攏這個女孩子，但是無論請她吃飯，還是送她禮物，她都總是淡淡的，不喜不怒的，對別人的態度一點都沒有改變。

用敏敏的話說，自己已經是經理了，很多事情都必須避嫌，如果不是必要，就不應該和哪個員工過於親近。其實是大家那麼刻意地接近她，讓她覺得很沒有安全感，這樣的人還不如不去接近呢，誰都不知道這些人心裏有什麼目的，自己好不容易成為了經理，可不能因為這些人不知所以的目的而有所損失。

但是公司裏的一個小姑娘文洛卻是一個很厲害的 B 型血的人，她和敏敏住的地方很近，所以有的時候兩個人會一起共同搭車回家。有一天，文洛跟敏敏說起了談戀愛的事情，文洛說：「敏敏啊，我告訴你一個秘密，你一定不要跟別人說。」敏敏點點頭，文洛說：「其實我們公司的小李在追我，但是我聽說他有女朋友了！都不知道他到底是不是真的喜歡我。」敏敏聽了微微一笑，心裏想：這個小女孩真是單純，這麼容易就把自己感情上的小秘密說出來，不過可以看出來，她確實是挺信任我的！

從那以後，敏敏就對文洛特別信任，因為她覺得這個小女孩沒

有什麼目的，所以相處起來很有安全感。但是文洛並不是一個沒有什麼目的的小女孩，她和敏敏關係親密了以後，得到了更多的資訊，所以很多時候都能夠比別人做得好，做得快，成績也更加突出。

　　文洛運用了最高境界的拉攏技術，把 O 型血這種成功的人也拉攏過來，不能不說她實在是很高明。

　　拉攏一個人其實就是投其所好，但是現在的人用習慣了那些溜鬚拍馬、送禮的套路，因為用的人實在太多了，所以很難分辨出你到底是真心還是假意，我們應該運用一些特別的方法，讓自己可以突圍而出。

　　各種血型性格都有著不一樣的需求，有的喜歡八卦別人的事情，有的人則更關心自己，對別人的事情根本沒有興趣，所以用小秘密來拉攏他們也要講究方式方法。

　　B 型血：B 型血的人是以自我為中心的人，所以非常重視自己的內心，也就是說如果一個人說的話是他們完全不感興趣的，那麼他們一定不會耐著性子聽你說完，他們會找各種理由來讓你閉嘴。所以對於 B 型血的人採取小秘密攻勢，就要保證這個小秘密是有趣，而且最好是和他們有關係的，這樣的秘密在他們看來才是最有吸引力的，而對透露秘密的你，也才會有更加強烈的安全感。但是你說這個小秘密的時候一定要有所精簡，因為如果你說的內容涉及了具體的某個人，B 型血的人對你的信任就會降低很多。

　　O 型血：O 型血的人非常善於交際，而且對於別人的秘密也有興趣，但是這種興趣卻依然被他們敏銳的感覺戰敗。你可以在說秘密的時候帶上一些單純，讓他們覺得你是無害的，掩藏好你拉攏他

們的目的，最好是讓他們感覺不出你的目的。而且最難能可貴的就是一旦 O 型血的人分清了敵友，就會對作為朋友的你肝膽相照。所以，儘量展示你的真誠和簡單，讓他們和你做朋友。

AB 型血：AB 型血的人因為太過於理智而讓人有冷漠的印象，但是無論怎麼理智，也會對別人的秘密有興趣，並且可以感覺到事情的細微變化，然後做出合理的分析。所以在 AB 型血的人面前最好不要撒謊或者是編造故事，因為他們能夠從一個不合理的細節上識破你。也不要隨便編一個秘密來唬弄他們，他們可是有火眼金睛的，最好把你的小秘密嚴謹了再嚴謹，就算這是一個真實的秘密，也要經過修飾，這樣才能完全取得他們的信任。

A 型血：A 型血的人用一種涇渭分明的思想來看待事物，也就是說你和他說的秘密可能只會成為他的耳邊風，一點點都不會進入他們的腦子裏。但是他們也是比較穩健踏實的人，所以他們不喜歡你靠揭露別人小秘密的方式來討好他。對於 A 型血的人來說，你最好用一種樂觀、正面的態度來說那些小秘密給他們聽，語氣中沒有一絲的怨恨和企圖，反而展現出你的羨慕和欽佩。

> 如何用小秘密拉攏人，對於 B 型血的人，要保證秘密有趣，且最好和他們有關；對於 O 型血的人，要展示你的真誠和簡單；對於 AB 型血的人，要對你所說的秘密進行修飾，讓它很嚴謹；對於 A 型血的人，他們不喜歡這種方式，所以你要用樂觀、正面的態度去說。

##  各血型人不可侵犯的禁區

　　每一種血型的人在與人交往的時候都會有一些禁區是不允許別人踏入的。也就是說，對於有的問題，管得好了他服你；管得不好他怨你，很多人不注意這一點，常常做一些出力不討好的事情。而且在與人交往的過程中的一大忌諱就是踩入禁區，一旦你這麼不管不顧地跑進去，那麼不管你之前多麼有交際能力，多麼討人歡心，最後的結果都是惹人厭惡。

　　不同血型的人對於同一件事來說有不一樣的意義，也許有的人可以跟他們談論這個話題，但是有的人卻一句也不能提。人是一種很奇怪的生物，有的時候可以以理服人，用道理可以大大地提高他們對於問題的認識高度和覺悟，但是有時候是任何道理都說不通，完全憑藉自己的感覺來做出評判。而不同血型性格中的禁區其實就是指他們毫無根據的感情上的雷區。如果你妄圖踩進去，那麼不好意思，必然會成為死得最慘烈的那個人。

　　其實大家都會有一些隱私或者不能觸碰的東西隱藏在自己的心裏，這其實不是什麼不可理解的行為，每個人都會有這樣的部分，這是一種人生的經歷，我們應該理解和尊重！

大家都喜歡在工作之餘聊天，因為公司裏的人其實都是一些真性情的人，他們總是有話直說，不會拐彎抹角，所以大家聊天的時候都會直接表明自己的態度和喜好。雖然大家的意見不一定

能夠統一，但是這就是這個公司同事都喜歡的相處模式，漸漸地成了一種公司的風氣和文化。

其實這種風氣是非常好的，因為大家都可以暢所欲言，而不用擔心自己被辦公室政治修理！姚秋是這個公司裏面感情最強烈的 AB 型血的人，她和一般的 AB 型血的人不一樣，她總是把所有的情緒都擺在臉上，因為這樣活得不累。

最近新來的員工娟子在和大家熟悉了以後就加入了他們的聊天中，這天大家聊的東西是最近客戶通過的一個設計圖。大家分為兩派，一派覺得這個設計圖非常的有創意，一派則覺得這個設計圖也就一般，雖然有創意，但是和主題不太符合。娟子聽到大家在談論這個，於是也發表自己的意見，她說：「我覺得這個真是不怎麼樣，也不知道客戶怎麼就通過了，顏色搭配起來很俗氣，而且太淺薄了，根本沒有什麼深度。」反對的這一派都覺得她說得非常好，但是不知道這個時候誰說了一句：「但是經理對自己這次的設計還挺滿意的，真的不懂！」

娟子一聽到這是經理自己設計的，臉色都變了，於是馬上改口風說：「其實也沒那麼差了，好歹是經理設計的，可能有別的深意，只是我們沒有發現罷了。」一聽這種話大家就都知道了，娟子就是一個牆頭草。姚秋可是受不了這樣的人，於是就對娟子說：「我覺得你以後還是不要加入我們的談話吧，左右搖擺的人在我們這裏是沒有話語權的。」

從那以後，公司的同事對娟子總是會有一種敵意，他們平時的聊天是一定不會有娟子的加入！

娟子要奉承經理是無可厚非的，但是她卻不小心踩進了同事們

的禁區裏面，最後惹得同事們都不喜歡自己，孤立自己。如果她可以理解清楚同事們對很多事情的看法和態度，也許不會這麼容易就被宣判死刑了。

其實要說禁區，各型血性格中都有絕對不能進入的地方，這種地方可能你進去了就出不來了！所以對於每一個想與人和平相處、建立一個比較和諧的關係網的人來說，最好對這些部分瞭解清楚一些。你可以與人關係平淡，但是一定不可以把他們惹怒了，不求有功，但是也不能有過。一旦有過就很難改正了！

**AB 型血**：AB 型血的人討厭被人看穿。他們用一扇厚厚的門把自己和外界隔開，希望自己的心事永遠地埋藏在心底。如果你自作聰明地表示你已經猜中了 AB 型血的人的心事，他們會在心裏罵你，認為你是一個最沒品的討厭鬼，不過在表面上他們對你還是那麼溫和。所以永遠不要在 AB 型血的人面前展示自己看人的能力，他們可不是那些渴望被人瞭解的人，你看穿了他們，就說明他們在你面前沒有秘密，是赤身裸體的，這會讓他們覺得非常不爽！所以，就算你看穿了他們，也要裝出一副什麼都不明白的樣子，這樣才能讓他們覺得你傻得可靠！

**A 型血**：在 A 型血人的面前，一定不要展示自己很有創意的一面，這裏說的創意並不是傳統意義上的創意，在 A 型血的人看來，沒有什麼事情是值得他們突破規條去做的，如果你沒有按照一定的規定和準則來做事，那麼他們就會把你列入黑名單，讓你成為一個不受歡迎的另類者。因為在 A 型血的人的思維中，沒有什麼是可以超越他們內心的那些規定的，而且他們認為只有這樣的成功模式才能稱得上是真正的成功。

**O 型血**：O 型血的人非常自信，甚至有些自負，因為他們總是

會有一種偉人一樣的氣概，所以對於他們來說，最重要的不是自己的安慰，而是大利益下的平衡。如果你在他們面前表現得很自私，為了自己的利益而損害大集體的利益，那麼你就是一個應該千刀萬剮的人。不是說你就必須為了大集體的利益而做出犧牲，但是至少你不能損害這些利益。O 型血的人代表的是一種偉大，而這種偉大容不得你這麼自私的人存在。所以就算你真的有損害大集體利益的想法，也要壓制下去，因為可能你一個不小心就被 O 型血的他們用眼神殺死千百次。

**B 型血**：最後是 B 型血的人，他們是一群樂觀積極的人，行動力十足，他們想到一件事就會馬上去做。他們的禁區就是「只想不做」，如果你是一個喜歡把事情都想得透徹了才去做的人，那麼你很可能遭到 B 型血人的鄙視，他們不喜歡這種樣子的人。有了想法就應該要馬上去做，思前想後的結果是錯失良機，而且如果你只想不做，就是一個懦弱無能的人，那麼你還有什麼資格去想呢？這就是 B 型血人的思維模式。

禁區是很可怕的，也許你之前做了千般努力萬般鋪墊，最後可能一踏入禁區，一切都化為灰燼要從頭來過，更嚴重的是永世不得超生！

> 對於每個人的禁區，假如是 A 型血的人，就是不能突破規條去做；對於 B 型血的人，不能琢磨透了再去做，那樣他們會覺得你是懦弱無能的人；對於 AB 型血的人，不要輕易地展示你很瞭解他；對於 O 型血的人，一定不要太過自私。

第 **5** 章

# 對不同血型的人，
# 說不一樣的話

# ① 提意見，講方法，更要講血型

　　沒有人會對提意見這種行為有好感，所以提意見的話就可能會得罪人，而且你提出來的意見也不見得就會被接納，反正提意見這種事情能免則免。但是很多時候我們卻是很難逃掉提意見的命運，在領導為了顯示自己的民主親民，我們為了爭取自己權益的時候，就必須要提意見了！

　　既然避不開，那我們就只有講究方式方法了，好的方法能夠讓別人心甘情願地接受我們的意見。提意見也是培養我們說話技巧的一種方式，要想讓別人願意聽我們提的意見，就要學會用各種方式來包裝你的意見，用循循善誘的方式潛移默化地讓對方接納你的意見，現在已經不是忠言逆耳的時代了，我們既要說忠言又不能逆耳，讓別人可以在不知不覺中就接受你的意見，保證自己的權益。但是這樣的方法對各種血型並非都是有效的，那麼對誰有效，對誰會適合呢？這就需要我們對每一種血型的人都有一個很全面的認識，看看他們都喜歡聽什麼樣的話，喜歡拐彎抹角的呢？還是喜歡直來直往的呢？

　　當然了，說話的時候要講究方式，但是更重要的是瞭解對方的血型性格，看看什麼樣的方法對他們來說才是最有效果的。如果你只是一味地應用方法，而不懂得因人而異，那麼誰都不可能順利接受你的意見！

沒有人會覺得張經理是一個容易相處的人，因為同事們都把張經理說得很難搞，無論是委婉還是先恭維後說事，他都像是

聽不懂一樣。大家都在背後說張經理是一個有溝通障礙的 AB 型血的人。當然了，沒有人知道張經理到底是什麼想法。

老楊是一個性格直爽的人，但是身邊的任何人都在勸老楊要改一改自己的這種性格，什麼話都敢說，也不想想自己的話是不是會得罪人。於是在大家的薰陶下，老楊說話也學會了拐彎抹角，說出來的都是好話，但是因為老楊並不擅長這種說話方式，所以很多話從他的口中說出來就會覺得很假很怪。

最近發工資了，可是老楊的工資卻莫名其妙少了好多，去問財務的人，他們都說是按照上面發下來的單子出的工資表，自己也不知道到底是怎麼回事。

老楊打算去找經理問問是怎麼回事，但是又覺得自己這麼直接進去問的話會不會不太好，於是就在心裏一直琢磨著怎麼措辭才會更加完美，想來想去，終於想好一堆話。於是他鼓起勇氣到了經理的辦公室裏，經理看到老楊來找自己，就把手上的工作停了下來，認真地看著老楊。老楊被經理這麼一看，心裡慌到不行，原本想要說的話全都亂了，慌亂之下，老楊竟然說：「經理，最近錢……不夠用，我來是想……想問問經理……借錢！」說完以後老楊都想抽自己的嘴，經理看著老楊很疑惑，說：「你就是想找我借錢啊？」

老楊受不了，於是索性直說：「經理，我不是來找你借錢的，是我的工資，這個月少了很多，所以我想來問問是怎麼回事。」老楊終於把要說的話一口氣說出來了，而且沒有用任何的修飾，說完以後老楊總算是輕鬆了！經理聽老楊說完並沒有什麼反應，於是老楊接著說：「其實我想跟經理提一個意見，如果要扣員工的薪資就應該有詳細的理由，這樣員工才會心服口服！」這個時候經理忽然大笑起來了，經理說：「老楊，我就喜歡別人對我有話直說，我不

喜歡那種拐彎抹角的方式，你的意見我虛心接受，至於你的工資我這個月沒有扣任何東西，也許是秘書打單子的時候弄錯了，我檢查了以後就馬上通知你！」老楊這才放心，正打算離開經理辦公室，經理又把他叫住，說：「以後你有什麼話就直說，我就喜歡直來直往的人，不用再想來想去要怎麼來和我說。」

第二天，財務的人補發了老楊的工資，原來是打漏了一項，所以才會少錢。而且更讓老楊覺得輕鬆的是，他不用對著經理的時候還要堅持用各種修飾的詞了，他可以想什麼就說什麼了。

其實對著不一樣的人要用不一樣的方法，那一套拐彎抹角的方式並不一定適合所有血型性格的人。在我們看來，經理高高在上，聽的都是一些好話，如果自己就這麼直截了當地跟經理說自己的意見，也許經理還會覺得自己不識時務。但是換一個角度想，一個人吃慣了山珍海味，偶爾來一頓清茶淡飯，會覺得美味無比。所以對不同血型性格的人來說，如果你總是用一種方式來提出你的意見，漸漸地就會失效，因為別人對你的這種方式會有免疫力，難保不會成為又一個沉入海底的砂石。

當然了，不是說所有血型性格的人都喜歡你直來直往，而是說我們應該摸清楚各個血型的性格特徵，用一種很自然很符合他們性格特點的方式來溝通。而且更重要的是你提出的意見會更容易讓人接受。既能夠讓自己的意見得見天日，又不會得罪人，這不就是魚和熊掌都兼得的最佳途徑嗎？

要能夠說好話，提出被採納的意見，就要準確地瞭解各個血型的性格。

A 型血：A 型血的人很在意一些傳統的東西，而且他們這種血

型的性格中的顯性素質會呈現出很強的務實性，他們很注重實際、效果和一些比較實在的東西。所以和他們說話的時候最好能夠從實際出發，不要弄一些虛的東西，或是提意見的時候老是用很多前奏來做很多鋪陳，這樣的意見他們是接受不了的！

而 A 型血的人性格中的那些隱性因素會過多地要求自己的利益，為自己考慮的方面相當多，容易忽略他人的想法和感覺。他們總是保持著「算」的思想。認為付出了就應該有所獲得，並且這種獲得應該是貫徹始終的。有時候他們並不是不接受你的意見，而是希望你的意見能夠多從他的角度和利益出發，這樣才算是實際和可行的意見和建議。

**B 型血**：而對於 B 型血的人來說，他們顯性的特徵讓他們善良，熱心腸。對人對事會首先想到善的一面，遇到任何事任何人都先假定對方為善的時候居多，通過熱心的幫助來建立善意的交往。他們天真、活潑、單純，簡單心對複雜事。能夠經常以快樂的心態對待人生，並將這種乾淨的天性快樂傳遞給周圍的人。而且 B 型血的人溝通能力強，相信所有的事情都能通過溝通和平解決。

所以當你和 B 型血的人溝通的時候，最好是能夠用一種和平的語氣，千萬不可以過於強勢，因為過於強勢會讓他們產生出一種發自內心的抵觸情緒，對於他們來說循序漸進的辦法是最好的，先讓他們感受到你的好意，然後再用和平的氣氛去溝通，這樣才是能夠征服 B 型血的人！

**O 型血**：O 型血的人具有很強的心計，試探性強，如果你沒有很周密的說辭，很可能你提意見的時候就被他們一點一點地吃透看清了！而且 O 型血的人最不喜歡的就是那種純粹的理論，最好你提出意見以後能夠說出解決的辦法，如果是很理論化的東西，他們

會覺得你就是一個書呆子，理論至上、沒有任何實際能力的人！

而且雖然 O 型血的人很強調團隊合作，但是他們卻很喜歡自己最後做主！因為這樣會讓他們有極大的成就感。所以你最好不要直接說出你的想法，先做一些引導和鋪陳，最後通過他們的嘴說出來，造成一種錯覺——這個意見是他們自己想出來的。這樣才能最大限度地滿足他們的虛榮心，雖然可能他們早就知道你的心思，但是他們卻不會拒絕你！

**AB 型血**：AB 型血的人接受度高，無論是對於環境還是人，他們擁有辯證的智慧，可以一分為二地看問題，也許你的實話實說他們會理解為率直，你的拐彎抹角他們會理解為圓滑。但是在 AB 型血的人身上有一種很典型的素質，就是很重視細節，他們堅持細節決定成敗這一思想！所以你的建議最好是能夠顧全整個大局而又保持細節上的體貼，這樣的意見是他們最喜歡的了！

其實無論是跟哪個血型的人提意見，最重要的就是保持你的真誠，一旦有了真誠，他們自然會接受得很順利。如果總是懷抱著某種目的去接近他們，很容易就會被打槍！

---

如果是 A 型血的人，那麼在提意見的時候就要注意從實際出發，或者是前面有鋪陳；但是 B 型血的人一定注意語氣要平和；和 AB 型血的人提意見既要顧全大局又要保持細節上的體貼；O 型血的人則最好在提出意見的時候說出你的解決的辦法。

---

# ② 是進是退？他的血型性格指引你

同一件事，不同血型的人對於是前進還是退縮會有不同的處理方式，我們可以根據血型大致預測出對方的心思。

沒有一件事會是不用費任何心血就能順利完成的，困難總會在不期然間降臨。但是有的血型性格總是會讓人覺得無奈，他們總是抱著不到黃河不死心的態度，總是要等到頭破血流了以後才會懂得放手。而有的血型卻恰恰相反，他們不會讓自己一直糾結於某件事中，只要覺得有一點點不對勁，他們就會馬上放手。在進退之間，每個血型的人都會有不　樣的想法，也會有不一樣的做法！

前進沒有什麼不好，後退也不是軟弱，重點是你能不能讓自己有更多的機會和應變的能力來做出判斷。做出準確的判斷可以讓自己更有掌握先機的優勢，可以推測出別人下一步的做法，從而做出更有預見性的判斷。無論那個人是前進還是退出，你在洞察了先機之後都可以做出最好的判斷，讓自己成為最後的贏家。

志和小威是行業內的競爭對手，兩個人雖然以前是同學，但是商場之上無父子，所以兩個人在工作上是一點都不放鬆。

這次小威和林志同時競爭一個機會，當然了，機會這種東西在一些人眼裏就是機遇，在一些人眼裏則是風險。不過他們代表著各自公司的利益，競爭是不可避免的。但是最後獲得這個機會的卻是小威，這是為什麼呢？

小威非常瞭解林志的性格，他是一個很典型的 B 型血的人，只要是感覺無望的事情，林志就會馬上放棄。於是小威故意在林志

面前表現得很憂心，他覺得這個機會對公司來說是一個包袱，從各個方面看來都會拖垮公司。而林志自己本身對這個機會也是抱著懷疑的態度，現在再聽小威這麼說，於是從心態上就沒有了那份鬥志。

最後小威成功地獲得機會，也把握好了這個機會，讓公司有了很大的發展。而林志的公司後來遇到了一次資金上的危機，林志也覺得還好自己沒有得到那個所謂的機會，不然真的會拖垮公司。

不能不說小威很聰明，只是因為小威懂得識人之術，可以洞察先機，所以他可以在別人做出決定之前就有所行動，為自己創造有利的條件。一個人是進是退，最重要的還是看清楚對方的性格和處境，盲目只會帶來危機。

很多人都覺得自己很厲害，可以通過自己的努力而改變各種血型的人對事情的態度，但是他們忘記了，人都是江山易改本性難移的，如果妄圖通過一己之力改變一個人的做事方法甚至是性格，是很難成功的。

所以如果你可以洞察別人的態度，及早做出調整，就一定可以讓自己處於有利的位置上。對於任何一種血型的人都要瞭解他們的性格，看看他們是積極向前還是適時抽身。無論是哪一種，不要讓自己成為別人的箭靶子，但是如果你能夠瞭解，自然可以讓自己先一步做好鋪陳，最後順利度過。

在四種血型中，B 型血和 AB 型血的人比較容易退縮，他們不會像 A 型血和 O 型血的人一樣那麼固執。

**B 型血**：B 型血的人因為比較感性，什麼事情都喜歡按照自己的性子來，所以他們有很強烈的搖擺性，對於他們來說，什麼都比

不上自己的興趣重要，但是因為 B 型血的人興趣經常變化，所以導致很多時候都沒有辦法堅持下來，而且因為他們不夠堅定，如果事情順利的話就還好，但只要遇到一點困難，就會馬上動搖，一旦動搖就必然放棄了。所以只要你發現他們面有難色就適時地放手吧，因為他們其實已經決定放棄了，只是不知道應該要怎麼樣表達，而且他們不喜歡這種被困住的局面。

AB **型血**：AB 型血的人看待事物有美好的憧憬，有情緒化的一面，容易被感動。比較果斷，決斷力強。但是他們的決斷力表現在放棄上面，他們一旦看清楚事情的整個發展的變化，如果不利於自己，就會馬上放棄，不會有絲毫的猶豫。

O **型血**：一直能夠堅持下去，不撞南牆不回頭的人就是 O 型血的人。他們的固執是所有血型人中最嚴重的，一般不會看重也不會接受別人的觀點，就算是一些客觀的原因也不會輕易改變初衷。在 O 型血的人身上我們最能夠看到的是信念的力量，因為他們是徹頭徹尾的理想主義者，所以對於他們自己來說，最重要的就是堅持他們自己的觀念，這種觀念是他們自己特別堅持的東西，可能是某種目的，可能是爭勝的心！在他們人生的字典裏，沒有附和別人這個說法，自己的想法才是他們行動的全部力量源泉。

A **型血**：最後是 A 型血的人，他們雖然有的時候前進有的時候卻退縮，但是無論如何，他們是一定不會不顧社會道義、價值觀念的衝擊而去做事的。如果在道德的指導下需要他們堅持下去，那麼他們一定不會放棄，但是如果中間的某個部分超越了規矩的底線，那麼他們不會做無謂的掙扎，果斷放棄！

其實無論是放棄還是堅持，我們可以給予不同血型的人一定的意見和建議，但是人生始終是他們自己的，強求不得，我們盡到自

己的責任，對他們給予提醒，至於該怎麼辦，還是要他們自己去思考。

> 對於一件事情的進退的問題，O 型血的人因其固執所以會是最能堅持的；A 型血的人會在道德的指導下選擇堅持或者是放棄；B 型血的人和 AB 型血的人則是會比較容易退縮的，不利於自己的話就會迅速放棄。

## ③ 巧用激將法，對付各血型人

激將法是大家常常會用的方法，但是這也是一種很有風險的方法。因為每一種血型性格的人對激將法都有不一樣的態度，或許這種血型性格的人一用就靈，或許另一種血型性格的人卻無動於衷，無法激起他們的鬥志，也就達不到目的。其實激將法就是利用別人的自尊心和逆反心理，以「刺激」的方式，激起不服輸的情緒，將其潛能發揮出來，從而得到不同尋常的說服效果。但是面對不同血型的人，應該怎麼用，才能達到預期的效果，這是一個很值得研究的事情。

激將法可以用在很多人身上，可以是朋友，可以是敵人，也可以是自己。但是無論是誰，要用激將法的對象都是要有強烈的自尊心和羞恥感的人。如果對方是一個對什麼事情都無所謂的人，那麼你又怎麼可以讓這樣的人充滿鬥志呢？不同血型的人因為對很多事

情的認識不一樣，看法不一樣，所以大家在解決問題和看待問題上面也是不一樣的，所以我們不能說這種方法一定適用於什麼人。也許同一種人在不同的環境下會有不一樣的反應。所以說，要想巧用激將法，還得靈活應用。

在《三國演義》中，諸葛亮就用這個辦法來讓周瑜乖乖地贊同東吳和劉備結盟，一同對抗曹操。

周瑜是東吳主戰派的支持者，但是為了要讓東吳處於上風，所以在和諸葛亮相見的時候，故意說現在東吳不應該與曹操為敵，休養生息才是東吳應該做的事情。

諸葛亮卻也不是等閒之輩，他看到周瑜這種態度，於是假裝贊同周瑜的觀念，還說他有一個計策，東吳不用動用一兵一卒就可以與曹操化干戈為玉帛。周瑜問他是什麼計策，諸葛亮說：「我當年在隆中的時候，聽說曹操在漳河新建了一座十分壯麗的樓臺，稱之為『銅雀臺』，他建造這個『銅雀臺』的目的就是搜羅天下的美女。曹操原本就是個好色之徒，他很早就聽說江東喬公有兩個女兒，大女兒叫大喬，小女兒叫小喬，兩個人都有沉魚落雁之容，閉月羞花之貌，堪稱是天下第一的美女。但是曹操一直得不到兩位美女，有一次他說：『我最大的心願就是統一天下；其次就是能夠得到大喬小喬，放在銅雀臺上來服侍我。如果可以實現這兩個願望，那麼我就算是死也不會有什麼遺憾了。』所以，東吳大可以派一隊人馬把大喬小喬二位姑娘送到銅雀臺上，自然可以博得曹操的歡心，那麼東吳必然可以永保太平！」說完以後，諸葛亮還把曹操小兒子曹植寫的《銅雀台賦》念給周瑜聽，其中「攬『二喬』于東南今，樂朝夕與之共。」一語，果然是想要得到江東二喬的意思。

周瑜怎麼能忍受這等屈辱，小喬是自己的妻子，怎麼能夠把妻子送給曹操，而且要一個大丈夫把自己的妻子送給別的男人來換取太平日子，這不是在打周瑜的臉嗎？

但是諸葛亮依舊在勸周瑜說：「這也不是有什麼大不了的事情，當年漢朝皇帝也是以公主來和親，最後換得一時太平。」周瑜怒不可支說：「小喬是我的妻子，怎麼能夠送給曹操這個狗賊！」諸葛亮心中竊笑，他怎麼不知道小喬是周瑜的妻子呢？

最後周瑜贊成諸葛亮的聯合之策，遂訂下聯合抗擊曹軍的大計。

其實激將法的目的在於可以擊中別人的自尊心，讓他們可以為了自己的自尊心來做出行動。但是激將法的應用卻是一個很考驗智慧的過程，應用的人必須要自己學會觀察周圍的形式，觀察對像的心態，只有這樣才能讓激將法成功。

上面我們說過，激將法最重要的一點是就是要利用對方的自尊心，這樣可以讓自己變成最有實力的人，像是控制木偶一樣控制了別人，而且這個人還帶著強烈的感情去完成這件事，在這種狀態下，很難有不成功的！

那麼四大血型的性格中對於自尊心這一點有多少分量呢？

**A 型血**：自尊心最強的是 A 型血的人，一般情況下，A 型血的人會保持一種平靜的狀態，因為要維持自己在心靈和感情上的平衡，所以總是不願意挑起過多的爭端，但是如果一旦別人把自己的尊嚴踩在腳底下，他們就會怒不可支。這種羞恥心有時候會強大到怯場的地步，因為自己內心其實有很強烈的不自信，容易產生嚴重的失敗感，所以他們常常不敢去做這件事。而這種感情是他們不願

意讓別人見到的，但是如果你採取激勵的激將法來刺激他們，那麼結果一定可以挑起他們的怒火！所以激將法對於 A 型血的人來說很好用。但是激將法就像是炸藥，如果你掌握好分量，那麼可以為你所用；但是如果你用的過多，那麼你可能會為他們所傷！所以，掌握好分寸非常重要。

O 型血：O 型血的人也是一個自尊心極強的人，他們的心中有很多很奇怪的想法，而且他們總是把自己看得過高，很多事情都覺得自己是如同神一般的人，由於很多事情不可能去做，所以他們表現出來的自尊心更多的是一種面子的形式。甚至有的時候給人一種錯覺，他就只是在乎自己的面子，而不是自尊心。其實他們的自尊和面子是一體的，保住了面子自然能夠保住自尊。所以對 O 型血的人來說，你通過面子來給他們用激將法，會非常有效！

AB 型血：對於 AB 型血的人來說，激將法好像並不是那麼有用。AB 型血的人始終讓自己處於一種平衡的狀態中，他們對待生活的態度更多傾向於中庸。而如果遇到偏向 A 型血特質的 AB 型血的人，他們會更加理智地思考問題，你激將法的熱情會在傳遞到他們身上之前就冷卻了。所以在 AB 型血的人身上還是應該謹慎地利用激將法，又或者你可以在激將法裏面摻入更多的道理和理智的思考，這樣會更有說服力。

B 型血：B 型血的人可以說是所有血型中最不受用激將法的人了，想想如果你總是對什麼事情都用一種樂觀、無所謂的態度去面對，那麼還有什麼事情值得你激發自己內心的情感和自尊心，爆發出不可一世的衝擊？所以，B 型血的人不適合用激將法，但是如果你真的抓到了好機會，那麼可以嘗試一下，成功固然是好事，失敗了的話也不會引起他們太多的厭惡。

對於激將法，A 型血的人是最受用的，而 B 型血的人是最不受用的，但是對 A 型血的人使用這種方法的時候注意把握好分寸。而針對 O 型血的人，要通過面子使用激將法；AB 型血的人也要謹慎使用此法。

 **四大血型面對「但是」的時候**

　　他的觀點和你不一樣？當然要先贊同，再以理服人，這招對什麼血型最有用呢？面對不同的血型又該如何來發揮這個「但是」呢？人人都希望自己的觀點能夠得到所有人的贊同和支持，所以當別人把自己的觀念說出來而沒有獲得支持，甚至惹來反對的聲音的時候，心裏肯定會非常不高興。但是如果你和不同血型的人的觀念不一樣的時候，要怎麼做才能夠獲得他的認同呢？

　　我們生活中有太多的事情是我們不能接受的，但是為了不同的原因，我們學會了忍耐，忍耐著我們不能接受的東西，漸漸我們學會了忍耐，卻學不會說「但是」！在什麼情況下需要說但是呢？首先我們要面對的人一定是對我們有決定作用的人，所以我們需要用「但是」這個詞來給我們做一些緩和。其次，我們的觀念也許和對方有著天淵之別，如果你就這麼簡單地否定、拒絕別人，那麼你就不是一個圓滑的人，也許就是你這麼簡單直白的話讓對方覺得很受傷，從此以後也許你們的關係就破裂了。這不僅不利於我們把事情

辦好，而且還嚴重地破壞了好不容易建立起來的人際關係！

有這樣一個笑話，一個 A 型血的小男孩從來不會說但是，每次他都因為說話不得體而讓別人生氣，因為他總是很直白，他去麵包店買麵包的時候說：「老闆，你的麵包真是太硬了，我都不想來你這買東西，不過也只有你這裏便宜些。」老闆聽了這個話，嘴上不說，心裏卻想，嫌硬的話就不要來買東西。

小男孩給鄰居送報紙，本來是一件好事，但是他見到鄰居的時候就說：「真不懂你，你又不看報紙，為什麼總是要訂呢！而且我想你能認識的字也不多吧。」鄰居聽了這個話什麼都不說，「砰」的一聲把門關起來了。他不會說話這一點讓他的媽媽很難過，她總覺得是因為自己教育的不好，其實這和他 A 型血有關係。A 型血的人有時候會把那種固執發揮到極致，很多時候不會顧及別人的想法，就這麼直衝衝地說出來，不懂得轉彎的他們自然會讓人覺得難以相處。

小男孩長大以後還是因為自己不太會說話，於是一直沒能找到一份工作。他難過得不行，但是也不知道怎麼辦，有一天他聽說有一位智者，他是世界上最聰明的人，小男孩心想，這個人一定可以幫助自己，於是就去請教這位智者。他把自己的情況告訴了智者，並且一直在問智者怎麼辦。智者說：「其實很簡單，只要你以後說話的時候能夠多加一個詞——但是。這樣大家就都會比較能夠諒解你說的話，大家也都會喜歡你的！」小男孩聽了以後非常高興，自己終於找到了一個解決的辦法，可是他不太明白要怎麼做。

他想了好久，終於想了一個好辦法。他決定以後不管說什麼都加上「但是」兩個字。這個時候終於有了一家公司請他工作。他

的工作就是做一些文員的打字送文件的工作，沒多久之後，公司來了一個客戶，本來要簽合約的，但是因為合約裏面的一些條件沒有談好，所以不想馬上簽合約。

小男孩覺得自己有了智者的指點，自己一定能夠比別人做得更好，這個時候他主動走到了客戶的身邊，很嚴肅認真地說：「這個東西雖然我們談不攏，『但是』請你把錢留下。」說完以後他自豪地等著別人誇他呢，卻等來了經理給他的一頓臭罵！

很多時候我們需要的是跟別人的和睦相處，如果你總是在與別人說話的時候讓別人覺得難堪，那麼誰還會願意跟你有下一步的接觸呢？每種血型的人心裏都有一把尺，這個尺在衡量你是不是值得他們交往，尺首先就衡量你的話語，也許在這個故事中的小男孩過於誇張了，但是不可否認，他確實是因為自己不會說話而變得讓大家都不喜歡他。

有時候說一句好話可以抵上你做更多。你做的事可能別人看不到，但是你說的好話卻一定有人能夠聽到。「但是」這個詞並不是說一定要每句話都要用上，它代表的是一種餘地。也許別人的意見和你不一樣，你也有一百一千個理由去反駁他、拒絕他，但是你也應該先說一些恭維的話，先認同他們的意見，然後再用「但是」引出你的說法。可能你說的話會像尖銳的針紮一樣疼，但是如果你可以讓自己說話的時候前面多加一些鋪陳，給他們多一些心理準備，然後再用「但是」來磨一下你的針尖，自然可以讓事情變得更加順利。每一種血型的人的性格都會有很圓滑的一面，也會有很尖銳的一面，但是我們應該學會用各種方式來調和。

Ａ型血：Ａ型血的人很喜歡按照一種固有的模式來做事，所以

很多時候他們並不是很欣賞那些用創意來反駁他意見的人。他們總是喜歡用道德和法律來作為自己的保護層，如果你摧毀了這道屏障，他們的神經就會受到強烈的刺激，所以對 A 型血的人來說，你對於但是之後的措辭就必須要特別小心，不要總是把事情往他們不喜歡的方向推，雖然說我們已經用「但是」做了一個緩解，但是不代表下面的措辭可以不注意！

B 型血：強勢的 B 型血人常常是頗具影響力的領軍人物，有雄辯之才、大將之風。處事痛快之際不乏穩健，能夠在利益和情感中把握一致，並進行合理的平衡。B 型血中強勢的人即使心有不快也不留芥蒂，心胸寬大，能夠想得開。所以對於強勢 B 型血的人來說，你的「但是」或許不需要像對 A 型血的人那麼謹慎，對著 B 型血的他們可以有更多的自由，不過你真誠一點，認真一點，自然會讓他們接受你的意見！

O 型血：O 型人做事講究實效，注重實際的貫徹和實施，行動力很強。因此在做事時會以利益為直接目的將實用方法付諸實現，這對事業是很有幫助的。O 型血的競爭性強，注意力集中，做事專注而有節奏，對環境和現實情況有清醒的認識。O 型血中的強勢人樂觀向上，大方開通，有著積極的開拓精神。也許你之前鋪陳的那些贊同的話對他們來說並不是一件樂於接受的事情，畢竟他們聽得太多了，他們甚至可以做到你剛開始說話就知道你接下來要說什麼，所以，還是多帶一些真感情吧！

AB 型血：AB 型血的人看待事物有獨到之處，能夠以客觀的角度來面對。與 O 型血的主觀自我角度不同，AB 型人更能站在第三人的角度上客觀說理，對人對事的認知較 O 型血的人而言智慧層面更高。因為 O 型血的角度是多數情況下站在自己的立場上去

講道理，只有對自己有利才是「理」。所以對於和自己不一樣的意見會讓 AB 型血的人難以接受和更改，而且最重要的是他們不喜歡別人帶有目的地來找自己談話！

> 說出「但是」二字的時候，如果是對 A 型血的人，要注意你的措辭；如果是 B 型血的人，你要更真誠更認真；如果是 AB 型血的人，會比較難，因為不同於他們的意見他們比較難接受和更改，而 O 型血的人在說的時候多帶些真感情。

## 5　如何打破每個血型人的堅持

堅持可以說是一種優點也可以說是缺點，因為正確的堅持可以讓我們獲得成功，感受每一件事在堅持過程中的美好，但是如果堅持變成了固執，就不是一件值得稱讚的事情了！每一種血型的人都應該給自己一種堅持的信念，但是要學會對自己堅持的東西做一個全面的分析，如果值得堅持，那麼就勇敢地堅持；如果這種堅持只是對自己的一種折磨，那麼就不要一直堅持下去，放棄自己的堅持能夠有更多的時間和機會來感受別人的善意和對世界的享受。

雖然堅持是好事，但是有的血型者不是堅持，而是固執，不見棺材不掉淚，這個時候無論你勸多少次，他們都還是固執地堅持自己的做法，那麼你不如來一個欲擒故縱，鼓勵他按照自己的意見去做，但不要忘記多製造一些困難給他，讓他自己知道，他是錯的，

而你給他們的指導才是正確的。這或許又回到了堅持或者放棄的選擇上，表面上你做的是鼓勵他們堅持自己，實際卻是用另外一種方式去給他們新的機會做出選擇，畢竟每一個人都不會輕易地放棄自己喜歡的東西，而如果讓他經歷一些傷害，受一些挫折，他們自然就能夠冷靜下來給自己更多的機會思考事情的發展是不是真的應該這樣，他們才會願意放棄，願意聽從你的安排和指導！

各個血型的人都會有自己莫名其妙的堅持，所以我們應該要針對每一種血型的人制定一套適合他們性格的「撞南牆」計畫，才能打破他們的堅持。

在一個小山村裏，有一個很固執的 B 型血的老婆婆，而且她的固執總有些莫名其妙，很多人都比較害怕。

她是一個很虔誠的佛教徒，山裏這個時候一直在下雨，山上一些鬆動的石頭被雨水沖刷下來了，大家都叫老婆婆趕快跟著家人離開。但是老婆婆卻說什麼都不肯走，她說：「不！佛祖一定會來救我的，你們不用管我，先去救別人好了。」

沒過多久，一些很大的石塊都掉下來了，砸到了婆婆家的屋頂，屋頂被砸了一個很大的洞，婆婆很害怕，一直躲在櫃子裏。這個時候，一個救援隊來到老婆婆家，他們闖進婆婆的家裏，跟婆婆說：「婆婆，你快點跟我們走吧，不然你會被埋起來的！」婆婆說：「不行，我必須在這裏等著佛祖來救我，不然等會兒佛祖來了就找不到我了！你還是先去救別人好了。」

又過了一會兒，泥石流已經衝垮了婆婆的半個家了，婆婆已經害怕地跑到屋子外面了，外面的泥石流已經沖下來很多了，很多屋子都被泥石流蓋住了！這個時候婆婆才有些害怕，她看到自己養的

小豬都被嚇得到處跑了。她開始知道自己的固執是多麼可笑，佛祖可是一直沒有出現！

這個時候，一隊救援隊衝過來把老婆婆抱起來就跑，才跑了沒多遠，就有一塊很大的石頭掉下來砸到了剛才婆婆站的地方。婆婆這個時候才知道自己到底是有多危險，後來，她再也沒有那麼固執了，她總是說：「自己沒有什麼本事，但是以後再也不敢那麼固執了，人老了，要乖乖聽話才行。」

堅持真是一個很有意思的事情，當堅持裡面還有理智的時候叫做堅持，但是如果只是盲目地去堅持，就叫做固執了！人一旦固執起來就會失去很多正常人應該有的思維，比如故事裡的老太太，她居然會堅持等待一個不可能發生的事情。

其實在我們每一個人的血液中都有一種很固執的因數存在，但是有的血型的人會通過自己的理智和思考來合理安排自己的這種固執，讓固執不會變成一種傷害，傷害了自己，也拖累了別人。但是有的血型人的那種固執就強大得可怕，或許有的時候也應該稱讚這種堅持，因為他們的堅持，可以讓很多事情成功！但是也有很多事是明明知道不會成功的，卻還是要勇往直前。這個時候我們就不應該跟著他們去做不必要的犧牲，反而應該儘量勸阻。

不過，對於那些堅持因數過於強大的血型來說，你越是勸阻就越容易讓他們不顧一切，倒不如徹底放手，讓他們去做一些嘗試，或許這樣才能夠讓他們得到教訓，學會放棄。

在四大血型性格的人之中，有的人不是一生下來就那麼堅持和固執，而是隨著年齡的增加而有所改變。這就是血型在人的性格中最神奇的改變！

A **型血**：A 型血的人其實在小的時候會呈現出一種大人才會有的性格特徵，也就是說，他們小的時候會比同齡人更加的任性，其實這種任性也是一種堅持的表現，他們想得到的東西就一定要得到，不然就會躺在地上打滾。而到了年輕的時候，他們的性格轉變成為一種果斷剛毅的領導型人物，不過也因為年輕，所以他們處處要強。而這個時期可以說是 A 型血的人一生中比較固執的時期，這個時候總是有初生牛犢不怕虎的幹勁，也正是因為什麼都不怕，所以會很堅持。而如果你遇到的就是這樣堅持的人群，那麼很好，放手讓他們去拼搏，去犯錯，但是你一定不可以推波助瀾，只要在旁邊看著就行了。

在經歷了一些錯誤和教訓之後，他們開始懂得應該要克制，所以他們到中年以後就開始顯得越發謙虛和謹慎了。但最讓人覺得驚訝的是，A 型血的人在人老了以後會呈現一種比年輕時候更加強烈的固執。不過這個時候他的固執不過是在生活中的瑣碎事上，所以可以放任一點。

B **型血**：B 型血的人則在整個生命週期裏面呈現一種拋物線式的成長，他們整個人生的性格變化不大，所以 B 型血的人整個人生就是堅持到底。因為 B 型血的人會比其他幾個血型的人更加感性，更加注重自己的感受，所以一旦關係到堅持這件事上就會顯示出一種固執來。

所以要讓他們做出讓步有所放棄的話，就真的要對他們自己的行為做一個大的鼓勵，然後再分析利弊，最後交給他們做選擇。不過因為他們對於內心的感受會很在意，所以很多時候如果我們對他們過於嚴厲，反而會招來他們的不滿！

O **型血**：而一向有英雄氣質的 O 型血人年少時比較溫順，甚

至體現不出 O 型血的特質來，但隨著年齡的增長，他們血液中的那種固執因數就會積極地表現出來了，甚至可能因為他們堅定的意志和固執的影響力而成為非常有魄力的人。這個時期 O 型血的他們會對自己要做的每一件事都有一個全面的計畫和瞭解，所以對於 O 型血的人來說，不幹則已，一干就會堅持到底。而再多的勸阻都沒有用，你奉行什麼都不管就對了，他們受傷回來以後再鼓勵他們重整旗鼓，並且給他們一些重新開始的籌碼，相信那個時候他們會做得越來越好。

AB 型血：AB 型血人大多小時候怕陌生人，很閉塞，在其他小朋友們看來，他們基本就是一群怪小孩，平時不喜歡和小朋友們打打鬧鬧，不過他們的 EQ 卻是很高的，之所以他們不像別的小孩一樣打打鬧鬧，是因為他們總是讓自己保持一種思考的狀態，對自己和對別人都隨時觀察思考著。正是因為這樣，AB 型血的人反而更願意聽別人的勸阻。因為他們看到過太多固執的實例，所以他們總是會自我約束和自我教育，如果你剛開始態度是激烈反對的，而到後來卻一直袖手旁觀，甚至是鼓勵他們去做，那麼他們知道這其中一定有問題，反而不會去做了。但是 AB 型血的人因為過於自信，容易自滿，老年時給人感覺很傲慢。

想要打破 A 型血的人的堅持，就要放手讓他們去犯錯；而 B 型血的人就要分析利弊讓他們自己選擇；要打破 AB 型血人的堅持，就要袖手旁觀並給予鼓勵，這樣他們就會自我反思；而 O 型血的人，就要什麼都不管，在他們失敗後給予鼓勵。

**如何利用 B 型血的逆反心理**

不要看 B 型血的人平時都笑呵呵的，和藹可親的樣子，但是他們血液中天生就有一種叛逆心理，對於強勢的 B 型血人可能反抗得會特別明顯，他們年輕的時候都有嚴重的逆反心理，因為他們對自己的才華有足夠的信心，所以別人越是說他們不行，他們就越想要證明自己！

而弱勢的 B 型血的人，在現實生活中經常是被欺騙和欺負的對象。由於天真的他們容易妥協，在壓力下回避現實，常常為情義放棄利益。但是如果有人質疑他們的這種保護情誼和一些教條的行為，他們就會非常不高興，不過為了不得罪人，他們臉上依然是掛著微笑的。但是最後他們卻會微笑地把你認為錯的事情做出來，也許會失敗，但是在別人面前，他們也還是會保持一種享受的樣子。

想讓他們贊同你？可以利用他的逆反心理，適當出賣下他看不順眼的人，自然他就會加入你的陣營。其實對於 B 型血的人來說，最重要的不是事情的結果，而是別人的認同感，如果你還是抱著硬碰硬的心態，那麼你一定會輸，不如調轉方向，支持他喜歡的那一面，也許會有不同的收穫。

其實 B 型血的人都有一種自己的性格和思想。施施是一個剛剛畢業的大學生，也許一開始的時候她並沒有那麼強烈地反對回到自己的家鄉——一個小縣城工作，當然她對自己在大城市工作是否會成功沒有多少信心。

但是她又具備了所有 B 型血的人都有的特質，重視自己的內

心，重視自己的興趣，也希望得到別人的認同。還沒畢業的時候父母就開始每天給她打電話，讓她畢業了就回去工作，爸爸媽媽都已經托人給她找工作了。施施說：「不用了，我自己能找到工作！」沒想到這麼一說，媽媽馬上說出了一堆施施不愛聽的話，媽媽說：「就靠你自己找工作，不要想得太簡單了，你有沒有本事我難道不知道嗎？我們就是知道你沒有什麼本事可以找到工作，才這麼費心幫你留意，要真是靠你自己去找工作，還不知道要找到猴年馬月呢！」

原本施施並沒有特別的想法，但被媽媽這麼一說，她覺得一定得自己幹出一點成績來才能讓他們知道自己到底有沒有本事！他們讓我回去，我偏不！我就是要在大城市闖一闖，我就不信自己沒有這個本事。於是施施沒有考慮清楚就決定留在大城市，她甚至都沒有考慮自己是不是能夠適應大城市這種生活節奏！

畢業以後施施正式留在了大城市裏，但是每天起早貪黑地上班下班，在公車上耗費時間的日子讓施施覺得越來越痛苦，甚至開始懷疑自己的選擇是不是錯了。當初為了讓父母不看輕自己，最後這麼叛逆地選擇了留在大城市，她覺得自己做的不正確。

最後，施施還是回家了，但是她沒有靠父母的關係去獲得一份工作，而是憑藉自己的本事在家鄉做起了小生意，而且生意還不錯。現在她不用整天擠公車，可以自由地支配自己的時間，一切都變得很美好！

所謂逆反心理，也稱逆向心理和對抗心理，是指人們彼此之間為了維護自尊，而對對方的要求採取相反態度和言行的一種心理狀態。這種心理狀態會發生在每一種血型的人身上，但是在 B 型血

的人身上總是會特別明顯，那為什麼在 B 型血的人身上會有這種「你不讓我幹我偏要幹，你要我幹我偏不幹」的逆反心理呢？

我們都知道，B 型血的人對於自己的興趣和某些愛好會特別堅持，而且他們堅持的東西並不一定要得到別人的批准。但是在 B 型血人的身上有一種很矛盾的意識，就是他們雖然開始做事的時候不希望別人阻礙，但是在做的過程中或者是結束以後會非常希望得到別人對自己所做之事的價值做出一個肯定。

而這種自我價值保護成就了他們的逆反心理。B 型血的人對自我價值的追求是他們對生活的熱愛，對意義的追求的一種心理根基。沒有人會希望自己生存在這個世界上是一種可有可無的狀態，所以對於 B 型血的人來說，他們更不能接受自己無價值地生存在社會上。如果別人無法對他的自我價值加以肯定，那麼在行為上表現出來的就是越不讓他去做的事，他就越有興趣。

別人越是要阻撓 B 型血的人，就越是會激發他們的自我價值保護。所以對一個要維護自己價值並且有強烈的逆反心理的人，最好的辦法就是讓他們自己去感受。而你能做的就是肯定他們的價值觀和思維，當他們覺得身邊的人認可他的價值觀，這個逆反心理就算是消除了一大半，剩下的就是你適當地勸說，當然你不可以不顧及他們的自尊心，不管在什麼場合，對他們的價值觀一通批判。在這種情況下，你之前的一番肯定就變成完全沒有意義的，甚至是虛偽的行為。你需要肯定他們，但是更需要讓他們心平氣和地停下來聽你說話，先讓他們去開逆反心理，再給他們一些正確的指引！

其實還有這樣一群 B 型血的人，他們對很多新奇的事情很有興趣，但是如果你總是不准他們做這個，不准他們做那個，就會激起他們的冒險心理，覺得只要是被禁止的，就會是有意思的。

　　所以，對這樣的人，你的反對不僅不會讓他們退卻，甚至還容易激起他們的鬥志，與你來一場角逐，看看是他厲害還是你厲害。他們也會把這種狀態看成是對自己的一種挑戰，如果你把握十足，那麼可以跟他來一場比試，讓最終的失敗給他們深刻的教訓，最後他們自然會對你服服帖帖。但是如果你沒有十足的把握，那麼不如鼓勵 B 型血的人說出他們自己的想法，不管他說出這想法的時候是否篤定，都要極力誇讚之，讓他覺得你是贊同他們想法的，這樣一來，他們反而會覺得沒有意思了，自然也就消除了他們的逆反心理。

> 　　逆反心理是指人們彼此之間為了維護自尊，而對對方的要求採取相反態度和言行的一種心理狀態。B 型血的人是最典型的，他們最看重的不是結果，而是別人的認同感。所以你要認可他的價值觀，需要讓他們心平氣和地停下來聽你說話。可以讓他們說出想法，並且極力誇讚。

## 7　Ａ 型血，我們來正面決鬥吧

　　A 型血的人的觀念比較複雜，他們既希望外界是一種和諧安定的局面，但是又希望可以擺脫現在這種過於安穩的狀態，可是又對外界顧慮重重，所以他們不敢隨便地改變自己，他們害怕自己的改變會讓現在這個比較安穩的狀態變化，打破了平衡以後，一切都變

得不可預知，自然會讓他們感覺到害怕！而能夠保證他們安全感的是公私分明的處世態度，遵守秩序的生活法則。

A 型血的人總是把自己套進一個圈子裡面去，這個圈子裡的一切都井井有條，他們不希望有太多的人闖進這個圈子裡面，尤其是那些打著創新口號的人，他們的進入會給 A 型血的人帶來非常大的壓力。

所以他們呈現出來的樣子就是一個穿著高領，戴著黑框眼鏡的保守女人的形象。在任何時候任何地方，他們都保持著同樣一種裝扮，同樣一種生活方式。或許他們也會有一瞬間想要改變，但是只要過了那一個時刻，一切就會回歸到正常的軌道中。有時候真的很想猛烈地搖醒他們，讓他們走出自我的約束。這或許是創新派最想和 A 型血人宣戰的原因，也是創新和傳統的一種較量！

但是 A 型血的人會對未來持積極態度，做好吃苦耐勞的準備。他們從來都不拘泥於過去，在這方面，他們的思維很開放，什麼事都想得開。或許因為這一切都源自 A 型血的人喜歡空想，所以一切如果只停留在空想上，那麼他們自然可以什麼事情都想得開了。

A 型血的瑞然是一個很傳統的女孩，雖然現在她已經是一個二十多歲的人了，但是她穿的衣服永遠都是白色高領的襯衫，深色的下裝。身邊的同學們都勸瑞然做一下改變，至少要讓自己看起來活力十足，有一個二十歲女孩應該有的樣子。但是瑞然都拒絕了，她始終覺得自己是一個女孩子，所以在很多事情上都應該守規矩，這樣才不會讓人覺得自己太隨便。

因為瑞然老是一副老成的樣子，所以一直沒有男孩子敢主動追

她，而她更是被各種「女孩子要矜持」、「女孩子不可以隨便追男生」的觀念困住，就算是對自己喜歡的男生也不敢上前說一句話。楚候是瑞然很喜歡的一個男孩子，他們兩個是高中同學，但是楚候從來沒有單獨和瑞然說過一句話，因為瑞然總是一副害羞、沉默的樣子，所以楚候也從來沒有注意過瑞然。

最近有人告訴瑞然楚候和他女朋友分手了，瑞然隱隱覺得這是一個好機會，但是又被那些傳統的觀念困住了，於是瑞然就一直在宿舍裏面糾結、掙扎。最後被宿舍的好朋友小雪發現，瑞然就把自己所有的感情都告訴了小雪。小雪說：「你怎麼這麼古板啊，現在都什麼年代了，只要是自己喜歡的，哪還管主動的是男生還是女生。你再這樣被古板思想腐蝕的話，就永遠都嫁不出去了。這次你必須聽我的，主動出擊，讓那個男生知道你喜歡他，而且他和他女朋友都分手了，正好是你補上去的最好時機。」

於是小雪把瑞然的電話拿出來，給楚候發了短信，約他週末的時候一起去看電影。小雪為了讓瑞然看起來更有朝氣，於是就把自己的一條紅裙子拿出來給瑞然穿上。

約會的那天，當瑞然出現的時候，楚候著實被嚇到了，在他印象中的瑞然永遠是一副教師的打扮，總會讓人退避三舍，但是今天卻看到瑞然這麼有活力的打扮，不禁覺得眼前一亮！後來瑞然聽小雪的話，對自己的衣著思想都做了改變，楚候越來越覺得瑞然是一個很有吸引力的女孩子，最後兩個人成功地談起了戀愛。

有時候只要做出一些突破，就能夠獲得自己的幸福，主動出擊並不是對某一特定人群的要求，只要你對感情是堅定的，你就可以發出愛的訊號。

　　弱勢 A 型血的人雖然也會有一些娛樂活動，但是總體上看來，他們的生活是穩定、平淡的，這種生活我們可以理解為穩定，但是在很多追求新意和刺激的人看來，這樣的生活就是一種自殺，每天跟幾個絕對熟悉的人保持著固定交往，做相同的事情，穿一樣的衣服，每天路過的是再熟悉不過的地方。

　　他們的生活無所作為，也沒有大起大落。而且最可怕的是 A 型血的人從來也不想改變一下這樣的狀態，或許在內心默默想著怎樣做，但是「空想」這個隱性因素對他們有絕對的影響，所以他們總是停留在「想」的階段上。

　　而弱勢 A 型血的人與別人溝通的能力比較差，見識也有限，在與人交往中考慮的多是一些短期的需要，缺乏真正長遠的眼光，結果不免讓人覺得他們就是一群唯利是圖的人，從而導致不必要的矛盾發生。很多人都會因為這樣而不喜歡和弱勢 A 型血的人相處，他們總是會讓自己變成大家孤立的對象，所以沒有人會希望和這樣的人交往。其實他們只是不善於溝通，所以才會有那麼多矛盾，但是他們的內心其實是堅定而善良的。所以如果你因為這樣而和他們關係破裂，是非常不值得的。

　　距離性和警覺性使弱勢 A 型血的人接受新事物的能力比較差，創新能力也就相對差。這不僅僅是發生在某一個 A 型血人身上，在 A 型血的群體中，有創新能力的人才不多。造成這種局限性的原因是 A 型血的人對新事物保持一種距離感的隱性特質，所以導致他們缺少了創新能力！

　　弱勢 A 型血人還有一點讓人很抓狂，A 型血的人都很重情義，但是有時候兩種不同的情感拉扯，讓弱勢 A 型血的他們將自己置於優柔寡斷的境地難以自拔。身邊的人為他們的優柔寡斷著急憤

怒,但是他們卻一直下不了決心。這並不是他們故意拖延,想兩全其美,只是因為他們實在不知道要怎麼取捨!

而強勢 A 型血人擁有很多成功人士的特徵,他們腳踏實地,懂得顧全大局,他們是很優秀的領導人物。而且強勢 A 型血的人有很強的責任心,對他們來說,把為團體做事的心當做是理所當然的,所以對於任何一個下屬來說,強勢 A 型血的人都是最理想的老闆。而且他們能夠很好地把團隊裏面的關係處理好,他們領導的團隊會更有向心力和凝聚力,而且 A 型血的領導人會更願意把自己的責任心和奮鬥目標變成團隊整體的目標,所以這個團隊裏的每個成員都會把團隊的任務變成自己的任務,把團隊的前途當做是自己的前途,對很多人來說,這樣的領導人才是最理想的老闆。不過這個理想的老闆只會是一個規規矩矩的老闆,永遠不會成為一個有創意的老闆。

其實無論是強勢 A 型血或者是弱勢 A 型血的人,他們有自己的成功,但是也有自己的失敗,他們太過於把自己圈入規矩和框架中,所以很難有一種強有力的創新突破。如果他們可以勇敢地嘗試突破自己,突破框條限制,很可能獲得的東西會更加美妙,生活會更加有意義,這也不免是一種自我完善的挑戰。

> A 型血的人既希望外界一切安定和諧,又希望改變現狀,卻又缺乏勇氣去改變。所以他們會有成功,也有自己的失敗,如果能勇敢地突破自己,那麼獲得的就可能更加美妙,生活也會更加有意義。

**正確認識 AB 型血人的矛盾體**

面對 AB 型血中很固執的那群人，應該巧妙利用矛和盾之間難以調和的對抗和共存關係來動搖他，而不是先提出自己的意見。先動搖他，才有機會修正他的觀點。

AB 型血的人身上有兩種血型的特點，他們自身是一種結合體更是一個矛盾體。對於他們來說，最有特點是 AB 型血的人身上的那種 A 型血的理性思考，B 型血的感性思考的結合，當然了，兩種血型的人在 AB 型血的身上並不是平均分配的，他們身上有可能 A 型血的特質要占主導地位，也有可能是 B 型血的特質要占主導地位。所以在 AB 型血的性格特徵中，有所謂 A 型素質的 AB 型，就是說 A 型血素質在整個 AB 型血中占主要位置，這樣就構成了人格素質上偏 A 的 AB 型。在偏 A 的 AB 型人的性格中，A 型素質為顯性素質，B 型素質為隱性素質。

偏 A 的 AB 型人一般都具備 A 型邏輯的完整性，性格較為沉靜，但有靈秀氣質。待人處事恰到好處，又能別出心裁，能夠廣為眾人接受。相貌條件好的人比較多，感情含蓄認真。男子能夠將紳士風度和幽默感相結合，女子悠悠情動，但不輕易被感動。

所謂 B 型素質的 AB 型，是指 B 型血素質在整個 AB 型血中占主要位置，構成偏 B 的 AB 型人格素質。在偏 B 的 AB 型血人的性格中，B 型素質為顯性素質，A 型素質為隱性素質。

偏 B 的 AB 型人多數性格外向，活潑靈動、聰明伶俐，口才好，為人處世熱情主動，樂觀開朗，適度性把握得比較好。一般情況下與他人相處的融合性良好，又能突出自己的獨特風格，但有外

熱內冷的傾向。看待事物有美好的憧憬，有情緒化的一面，容易被感動。比較果斷，決斷力強。

AB 型血的人在很多時候表現出來的特點是沒有特點。也許他們身上兩種血型的特點相磨合、較量，所以很多時候他們體現出來的就是沒有什麼特點，余明就是這樣一個人，他是一個老好人，不過也是一個容易在人群中被淹沒的人。

余明無論在工作中還是在生活中，他都是一個很好相處的人。不過不太熟悉他的人可能會覺得他有些冷漠，也許是因為他的身上 A 型特徵比較明顯。有的時候過於理智，所以給人的感覺就是他比較酷！

余明的工作很辛苦，他每天都要到各個村裏去走訪，有的村子現在都還沒通公路，所以不得不自己走路，因為這樣，余明一直沒有結婚，因為沒有女孩子願意接受這樣的工作方式。這年夏天，余明的姑姑又給余明介紹了一個姑娘，這個姑娘是一個很不錯的女孩，兩個人見面以後也都對對方滿意，兩人出來見面見了好幾次，一切都很順利地發展著。可是這幾天余明不理人家了，女孩給他打電話他不接，給他發短信他不回。余明的姑姑知道了以後一直問余明是怎麼了，是不是那個女孩有什麼地方不好？開始的時候余明怎麼也不說，但是在姑姑的再三追問下，余明終於說了，他說：「那個女孩其實什麼都好，只是我的這個工作那麼辛苦，如果以後結婚了，可能一個星期都回不了家，現在女孩不知道這個情況，知道了以後肯定不答應的，與其那個時候說分手，還不如現在就不要見面。」

姑姑把余明的這個想法告訴了女孩，女孩不但沒有遠離余明，

還主動找到他說：「其實你不用想那麼多，你知道嗎？我是一個 B 型血的女孩，我是感情重於一切的人，只要我們兩個有感情基礎，你出差、工作什麼的都不是問題，可是我現在需要知道的是，你願不願意讓我這個 B 型血感情至上女孩跟你這個 AB 型血的男人在一起？」

余明看著這個女孩，什麼都沒說，只是默默地把對方的手拉起來！

有時候 AB 型血的人就是這樣，常常過於理智而且冷酷，也許對他們來說，很多事情都是很難用感性這種思維來思考，他們不願意讓別人看到自己不太好的一面，或許是過於圓滑的他們希望可以有一種完美的狀態呈現在別人面前，但是世界上的人又有多少是完美的呢？每個人身上無論是客觀還是主觀的原因，都會有一些不完美的東西。而 AB 型血的人很多時候就是想得太多了，最後把自己往死胡同裏趕。

AB 型血是最晚出現的血型，他們的人口稀少，占總人口量的 5%左右。他們是 A 型白種人和 B 型蒙古人繁衍而產生的新血型，在至今 1000 或 1200 百年前的血型研究中，AB 型還不存在，所以在發展和進化的過程中，他們就要比其他三個血型的人要慢一些。

而 AB 型血的人身上有一些特點可以理解為缺點，也可以是優點！

第一，他們有的表面上是溫和的，但是內心卻有別人無法想像的冷漠。

AB 型血的人都是一群和藹可親的人，不過這種和藹可親的態度可不是他們內心的真正體現，我們仔細觀察就會發現，在他們的

身上，有時候會顯露出冷漠的表情，也正是因為他們什麼都無所謂，對什麼都表現得很冷漠，所以在他們的臉上也永遠不可能見到激動的神色，無論是憤怒還是高興，他們都像是一杯溫水，總是給人溫吞吞的感覺。

他們這種樣子有時候會非常讓人抓狂，也許你在為他的事情抓狂惱怒，但是他們卻永遠是一副無所謂的樣子。不過這樣的人也可以理解為鎮定，如果你實在是覺得自己過於激動，不妨看看 AB 型血冷靜的態度，也許可以給你的煩躁和激動降降溫！

第二，他們永遠抱著平和的態度。

這種態度不知道是應該說好還是不好。他們不願意和別人爭搶，不願意接受鬥爭，他們身上總是會有一種很特別的東西，像是一種協調、平衡著外面和裏面的東西，不讓自己變成一個很激動、容易挑起戰爭和惹麻煩的人。

這種特質或許是因為 AB 型血的人在身體體質上容易疲勞，不過這並不是真的疲憊不堪，而是他們在心理上讓自己處於一種什麼都不想幹的狀態下。於是他們常常會一個人就這麼坐著，好像很累的樣子，其實他們只是在發呆而已。在他們看來，這種狀態是最美好的，沒有任何的負擔，輕鬆而自在。

因為他們有一種很和平很簡單的心思，所以對周圍的人不會展示出惡意，他們總是可以讓自己和別人的關係處於一種很簡單的狀態，這可以看作是他們容易相處，但是也可以說是沒有脾氣和個性。別看他們和誰都是好朋友，但是實際上他們和誰都不是好朋友，這都是因為他們總是堅持與人和平相處的原則。

AB 型血的人本身就是一種結合體、一種矛盾體，是理性和感性的結合。他們表面溫和，內心卻足夠鎮靜，而且永遠抱著平和的態度，不是一個容易挑起事端的人。他們堅持與人和平相處的原則，所以好朋友會比較少。

## 9 絕處逢生，O 型血的最愛

絕處逢生這招最適用於什麼血型的人呢？那就是 O 型血的人。很多時候跟 O 型血的人說話很有意思，他們在談話中總是會表現出一種不同於 A 型血的理智。無論你態度是友好的還是不友好的，他們都會很敏銳地感覺出來，而且根據你說話的態度來決定對待你的態度，不過，他們針對的只是你的態度，完全不會因為你說話的內容而對你有所不滿。

當你想要讓 O 型血的人回頭，最好的辦法就是讓他們體驗一次什麼叫絕境，這樣能讓他們在理智上把自己逼上絕路。然後你再站出來當 O 型血的最後一根稻草，這個時候他們才真正明白什麼叫做絕處逢生。不過在幫助他們的時候，不可以一開始就把問題丟給他們，而是需要對他們進行一個引導，引導他們剖析問題、認識問題，這樣他們才會對這個問題認識深刻、準確，也才能看到這個事情的嚴重性從而產生絕望的感覺。

其實別的血型的人都會比較傾向於自己思考問題，因為他們能

夠把別人的意見也吸收進去，但是 O 型血的人卻不太願意聽別人的意見，因為在他們的思維中，他們是具有很多才華的英雄人物，既然是英雄人物，怎麼能隨便就聽別人的話呢，這不是英雄而是傀儡！

松滋縣大山裏頭有個奇童叫劉敏，這年春天，幾個孩子在山上尋花摘草抓蝴蝶，玩得很開心。有個紅衣小孩在捉蝴蝶時，不慎一個跟頭摔倒在懸崖邊，頭上的一頂紅帽子不偏不倚飛到了長在崖邊的一棵小樹上。

紅衣小孩爬起來，伸手去取，卻怎麼也夠不著，急得大哭起來。

這時，十二歲的 O 型血的劉敏安慰他說：「別哭了，我拿來給你。」邊說邊彎下身子，小心翼翼地走到懸崖邊，向小樹靠近過去。或許這麼危險的事情不應該讓一個十二歲的孩子來做，但是 O 型血的人總是有一種大姐和大哥的情結，覺得需要自己去保護比自己弱小的人。

孩子們看到他這大膽舉動，齊聲驚呼道：「劉敏，太危險了，別取了吧！」

劉敏小心踩在小樹枝上，貓腰伸臂，終於拿到了紅帽子。孩子們正準備伸手拉劉敏上來時，不想那小樹枝受不住壓力，唭嚓一聲斷了，連同小劉敏一起墜落下去。

這突如其來的變故嚇壞了孩子們。他們低頭往下一看，下面深不見底，連呼了幾聲：「劉敏！劉敏！」也沒聽到回音。他們想劉敏準摔死了，各個哭喪著臉回去報信了。

說來無巧不成書，劉敏連同小樹摔下三十餘丈處，正好是一個

鷹窩，他跌進兩隻小鷹中間了。因為鷹窩軟綿綿的，他居然沒受一點傷。

嚇昏後醒來的劉敏望望上面，再看看下面，都是刀削一般的直壁。這鷹窩是在懸崖峭壁中一塊突出的斜石上築造的，往上爬，無繩可攀，無階可登；想下去，離地少說還有五十餘丈，又沒踏腳之處。

劉敏身陷絕境，進退兩難。

老鷹覓食歸來，見窩裏有個人，嚇得在懸崖周圍飛來飛去。它又捨不得兩隻嗷嗷待哺的小鷹，盤旋了幾圈還是飛近鷹窩，把嘴裏銜的獸肉對準鷹窩投擲，然後又飛走了。

劉敏接到獸肉，雖然是生的，但為了活命，只得一面強忍吞食，一面將獸肉扯碎餵養小鷹。

時間萬般難熬地一天一天過去，老鷹每天飛來投食，劉敏就每天以生肉充饑，日夜與小鷹為伴，過著野人一般的生活。小鷹在他的精心照料下，個子慢慢長高，翅膀漸漸長硬，能在空中繞幾個圈圈再飛回窩裏去。

最後小鷹長成了強壯的大鷹，而且因為劉敏常常照顧小鷹，所以小鷹居然能夠聽劉敏的話。最後劉敏抓住小鷹的腳，讓小鷹把自己帶上了山頂。劉敏最後終於又回到了自己的家中，大家瞭解到事情的過程後，都驚歎劉敏的這次奇遇。

其實很多事情都像劉敏一樣，總是能夠在最絕望的黑暗中看到最美麗的星星。但是對於 O 型血的人來說，要讓他們明白這種絕望的深刻，就要通過一個很好的溝通，除了要說話，還要學會聆聽，如果你根本不願意聽那個人說話、不願意瞭解他，那麼他的思

想、他的行動根源你就發現不了。而且在勸服對方的時候,不僅僅要說出自己的道理,還要站在對方的立場上說出他們那個位置的道理。但是對於 O 型血的人來說,我們可以看到的是他們滔滔不絕的說話,而不注意聆聽別人的思想和方法。所以對於你說的話,可能他們根本沒有聽進去,很可能你在一邊分析說理,而他們卻在神遊天外。最好的辦法就是不斷給他們提問,假設出一些場景來讓他們思考,讓他們跟著你的思路走,這樣你給他們提什麼問題,就能引導他們走向一個什麼樣的方向。

其實對於 O 型血的人來說,他們是「英雄型」的人物,雖然不一定每一個 O 型血的人最後都成為了英雄,但是不能否認,在 O 型血的人身上確實會有很多英雄的特徵,這種特徵不是他們裝出來的,而是一種天生就有的特徵。也許在 O 型血的祖先們身上有無比強烈的英雄氣質,而且也獲得用武之地,而隨著社會的發展,這種氣質便融進了每一個 O 型血人的血液中。

也正是他們的這種英雄氣質,很難讓他們有絕望的感覺,他們總是覺得只要自己努力就沒有什麼做不到,所以對於別人的話,他們也是可聽可不聽,但是如果你把他們的希望打破,那麼他們就會慌亂,這個時候你再給他們一些希望,相信他們可以表現得非常好!而且 O 型血人考慮的東西都是很實際的,他們不會把一些縹緲的東西當做他們的目標,所以他們總是可以面對自己內心的真實想法,絕望了就是絕望,有了希望就是有希望!他們不信「免費午餐」的那一套,所以在很多人看來,O 型血的人都是踏實肯幹的。不過如果他們總是不願意聽別人的意見的話,就難看到他們的成功了。

O 型血的人是「英雄型」的人物，所以他們是最適合絕處逢生的人。在希望被打破的時候只要再給一些希望，那麼他們就會表現得非常好。但是要注意，在適當的時候還是要聽取別人的意見。

第**6**章

# 如何巧妙拒絕
# 不同血型的人

# 1 為什麼不同血型的人說不出那個「不」字

　　很多人都覺得要拒絕別人是一件很困難的事情。可能有很多原因讓我們難以把拒絕的話說出來，但是答應別人以後自己又覺得很委屈，怎麼那麼好說話？別人說幾句就答應了，然後自己糾結於該怎麼處理。我們中國人的處世哲學是中庸，在很多中國人看來，與人相處就一定不可以做出讓別人不好過的事情，而拒絕別人就是對別人最嚴重的傷害，所以很多人都不願意直接地拒絕別人。而各個血型的人也會因為各種各樣的原因而說不出那個「不」字！

　　其實很多時候我們不敢拒絕別人是因為我們想了很多拒絕別人以後可能會發生的事情，於是我們有了太多的顧及，所以在面對別人的時候我們就都懦弱了。但是如果一直不懂得拒絕別人，我們就被貼上了「老好人」的標籤，可不要以為「老好人」是一個褒義詞，在今天看來，老好人已經不是對人的稱讚了，反而是對你的一種嘲笑。不可否認，有的血型的人確實是不太懂得拒絕別人，但是任何事情只要找到了根源就容易解決了。

布是一個 A 型血的人，可能她血液裏就不會拒絕別人，所以總是給別人一種老好人、好說話的印象，就算是遇到特別不願意的事情，小布還是會答應。

　　小布原本和同事住在公司的宿舍，但是最近小布的姨媽生病了，為了就近照顧姨媽，所以小布就搬到了姨媽家去住。每天早上，小布都要從遠處坐公車到公司上班，由於路程實在是太遠了，為了不遲到，所以小布就買了早點到公司吃。同事小張原來是和小

布住在一個宿舍的，兩個人的感情其實還不錯，小張看到小布有早餐吃，就讓小布第二天也給自己帶一份早餐來。小布也沒有多想，於是就答應了下來。

第二天，小布為小張帶了大餅卷菜，可是小張卻一直嫌東嫌西的，又是這個菜不新鮮，又是雞蛋太老了，最後還不忘跟小布說：「小布，明天的早點不要加蔥，加了蔥嘴裏面始終會有一股味道，不好聞。」小布一聽，心想：我明天還要幫她帶早餐啊！

不止是第二天，一連兩個禮拜，小布每天都要給小張帶早餐。其實帶早餐就是圖能夠節省時間，不遲到，但是好多次因為賣早飯的地方人實在是太多了，小布都差點遲到了。小布實在是不想再幫小張帶早餐了，但是 A 型血的小布一直都是一個大好人，要她說一個「不」字實在是太難為她了。小布想了好久終於想到了一個辦法，希望小張可以自覺地不讓小布帶早餐了。

於是第二天小布說：「明天我不吃早餐了……」話還沒說完，小張就說：「這樣的話你幫我買幾個包子就行了，不過我不要韭菜的。」小布一聽就徹底地絕望了，後面的話她也實在說不出口！

就這樣，小布幫小張買了一個多月的早餐。為了不再幫小張買早餐，小布決定搬回公司宿舍住，雖然說在姨媽家住得比較舒服，但是她實在不想每天都幫別人買早餐了。

誰知道小布才搬回來的第二天，小布起床起得早，正在梳洗呢，小張又叫道：「小布，你去買早餐就幫我買個粥吧！」小布差點沒把手中的梳子砸向玻璃。但是小布最後還是默默地幫小張去買了早飯！

我們總是相信，幫別人做事是友好的表現。但是難保你不會遇到像小張這麼不知收斂的人，他們可以說是臉皮很厚的那一群人。

而且我們總是覺得一旦拒絕了別人，就表示你對別人漠不關心，甚至變成了一個自私、不通情理的人，而在人際關係的處理上，我們就處於被動的位置。於是我們就像小布一樣，不斷地自我妥協，自我催眠，雖然心中有千百個不願意，但是最後還是默默地承擔、接受！

你好心幫他們的忙，為他們做一些事，別人就把這個當做是理所當然的了。很多時候因為不同的原因每個血型的人都不敢說「不」！但我們就要這樣一直妥協下去了嗎？問一問自己，我們到底是在怕什麼呢？

A 型血：一向把責任感和倫理道德看得很重的 A 型血的人最不會對別人說拒絕的話了！其實在害怕說出拒絕別人的話的原因中，有一個很重要的就是害怕別人對自己的評價有所偏頗。他們不敢拒絕別人很大程度就是他們把答應幫別人做事或者接受某種東西看成了別人對自己一種考驗，或許是對很多問題都沒有一個高度的自信，所以 A 型血的人總是會用別人對自己的要求和信任來肯定自己的價值。於是就給了那些臉皮厚的人機會，他們正是看穿了 A 型血人的這一點，然後給他們一種錯覺，讓人覺得你在給他們辦事的時候頭頂有一個小光環，簡直就是一個很美麗的天使，於是 A 型血的你們就像被灌了迷藥一樣，快快樂樂地為他們辦事去了！

O 型血：O 型血的人雖然很重視自己內心的感受，但是在面對別人的笑臉的時候就徹底沒有了招架之力！很多時候 O 型血的人自信心非常強，所以不拒絕別人的原因不是像 A 型血的人那樣，需要周圍的人認同。而且因為 O 型血的人有一種豪氣的英雄氣質，所以他們總是會有一種被架上去的感覺，別人在求 O 型血的人幫忙的時候就會給他戴無數的高帽子，然後告訴他們，他們是世

界上最有威力的人，最牛的人。一旦他們飄飄然了，就會答應，最後等他們醒悟過來以後就沒辦法拒絕了。

　　**AB 型血**：AB 型血的人也是一群不懂得拒絕的人，他們總會覺得「我只有順從和幫助別人，才能變得可愛」，而且他們深信一個道理，就是如果答應了別人就一定要做到，如果做不到就不要答應，可是最後他們還是會答應別人。這讓 AB 型血身邊的人都希望他隨時隨地在他們身邊，為他們服務。不懂得拒絕別人讓 AB 型血的人一直處於疲憊的狀態，感到壓迫和煩躁。不要等到能量耗盡的時候，才知道應該反擊。

　　**B 型血**：可能四大血型中最能夠做到拒絕別人的就是 B 型血的人，他們最重視的就是自己的內心，如果他們不舒服的話，就算是跪下求他們，他們也不會同意，而拒絕別人的話也能夠很順利地說出來，不會像別的血型那麼糾結和痛苦。他們說出來以後也不會像其他血型的人那樣，一直猜想別人會怎麼詆毀自己，只要高興，他們才不會管別人怎麼想怎麼做呢，於是一切都變得很簡單了。

　　拒絕的方式很多種，對不同性格的人要以不同的方式來巧妙地說，讓他們能夠欣然接受，也對你不會有意見，更加不要害怕什麼，一個人活在世上如果總是要勉強自己去做一些自己都不喜歡的事情，那麼還有什麼意思呢？

　　每種血型的人因其性格的不同，對於拒絕的方式也是不盡相同，所以要針對他們的性格特徵巧妙地說，既讓他們欣然接受，又不會對你有意見。

## 2 讓別人來幫你拒絕 Ａ 型血的人

對於 Ａ 型血的人來說，他們是不太輕易請人幫忙的，因為他們對人際關係會堅持一種很簡單的看法，就是儘量不要請求別人幫忙。如果真是到了不得不開口的地步，他們也會思前想後，做足了心理準備。Ａ 型血的人很有服務精神和犧牲精神，所以很多時候他們是不願意讓自己成為一個被服務的角色，也許真是太體貼別人了。不過一旦他們開口了，也就是說你必須幫他們這個忙！

這個時候你就讓別人來做壞人，而自己就順理成章地對他們說不，也就是俗稱的唱雙簧了，反正我是努力為你奔波為你勞碌，動用了多少關係，可那邊一句不行，什麼都白費了。也就是說我已經盡了我最大的努力，而最後不成功已經不是我的原因了，這樣做自己既能保住人情又不至於得罪別人，真可謂魚和熊掌兼得了。但是至於是不是真的不行，那就只有自己知道了。

Ａ 型血的人有一種讓人很難拒絕的力量，尤其是強勢 Ａ 型血的人，他們很懂得利用別人的同情心，而且時常上演一種硬漢柔情的戲碼，讓你覺得他那麼一個鐵錚錚的男子漢最後都開口希望你幫忙了，如果你還拒絕，那就實在是太殘忍太惡毒了！於是你就會默默地答應。不過，要幫人家辦事還是應該要遵從自己心中的想法，自己不願意接受就一定要說「NO」！

古林在朋友的心中一直是男子漢的形象，大家都覺得他就是一個金剛型的人物，沒有什麼事情會打敗他。而古林自己並不是外面看得那麼堅強，只是秉持了 Ａ 型血的特質，他總是覺得自

己這樣的人是一個有責任心和道德感的人，如果不是真的走投無路，就不應該隨便麻煩別人。

　　不過這次，古林是真的遇到了麻煩事。前幾天他為了結婚去看房子，女朋友和他都覺得那間房子實在是不錯，於是就決定去付首款。誰知道古林那天為了省一點手續費，特意繞到離付款地遠一點的銀行去取錢，可是出來以後卻被小偷盯住了，把他要給首付款中的兩萬塊錢給偷了！

　　原本剛剛夠的首款就差兩萬塊錢，要想把被偷了的錢找到，那是不可能的事情了。但是賣房的那裏又催得緊，說是如果他們再不去把首付款交了，就要把房子賣給別人了。於是古林著急得不行，四處湊錢去交首付款，但是湊來湊去還是差一萬塊錢。沒辦法古林只好找好朋友強子借錢。強子一聽說這個事情，就跟古林說：「我媽前幾天住院，我的錢都先墊進去了，實在是沒有辦法。」雖然強子這麼說了，但是古林還是一再希望強子給自己想想辦法。強子心裏想：他這麼說是不是不相信我沒錢啊，一直逼我，我上哪兒去借錢給他啊！最後強子雖然答應幫古林想辦法，但是心裏卻是非常不高興，自己沒錢，讓他上哪兒想辦法啊！但是如果自己這麼拒絕了，看著古林那個可憐樣子，別人不知道還以為自己是有多自私呢！

　　於是過了幾天，強子跟古林說：「我前幾天去找我別的朋友借錢了，本來說得好好的，借一萬塊錢給我，但是今天我去取錢的時候，他卻跟我說，他老婆不肯借錢！我本來是想我拿到錢了再跟你說，免得你失望，但是你看現在……唉！」

　　古林看到強子為了自己的事情都去找別人借錢了，覺得強子真是一個好人，雖然沒有借到錢，但是對強子依舊是心存感激。

其實 A 型血的人很懂道理，他們知道如果一個人可以為自己去奔波勞累，甚至像強子一樣跟別人借錢來借給自己，那麼就說明這個人把自己當親人了，當然他們這麼努力了以後還幫不了自己，也能夠理解和接受！

所以，要拒絕 A 型血的人就是要讓別人來替你說這個「不」字。其實對於 A 型血的人來說，他們開口就說明他們把你當做了最好的朋友，如果他們不是把你當好朋友，是不會願意開口的。畢竟對於 A 型血的人來說，如果在尊嚴和錢財之間來選擇，那麼尊嚴一定是最重要的。這麼重要的東西，他們是不會讓別人輕易踐踏的！他們無法承受，別人在他們做好了無數心理建設開口的時候對他們說「NO」，他們很可能就羞愧地馬上奪門而出了！

所以對於 A 型血人的請求，我們是不好意思直接拒絕的！直接拒絕對於他們來說，就像是晴天霹靂，而他們受傷的樣子會讓人覺得拒絕他們的人簡直就是冷漠，怎麼能夠忍心傷害那麼善良、可憐的 A 型血的人？或許有人會覺得這是不是 A 型血的人在裝可憐啊，其實並不是這樣的，他們之所以會有特別受傷的表情，是因為他們很體貼別人，能夠體諒別人的難處和痛苦。

A 型血的人思維很古板，這也註定了他們在很多方面會受到很傳統的影響，比如「己所不欲勿施於人」、「不要為難別人」。而且也因為 A 型血的人總是在告訴自己，有什麼事情都應該是自己一個人扛下來，不要總是依賴別人，所以不到最後關頭，他們是不會跟別人求助的。這也給拒絕他們的人出了一個很大難題，如果你直接拒絕他們，他們敏感的直覺就會知道你不是一個值得交往的朋友，就會有一種「看穿你真面目」的感覺。這樣一來，你以後就很難再和他們做朋友了！

　　A 型血的人崇尚完美主義，他們不僅對自己有完美的要求，對朋友也有完美的要求，如果因為這樣一個小原因就打破了你在他們心中的完美，那麼以後就很難再成為非常要好的朋友了，畢竟打破了的鏡子即使再拼起來也會有裂痕的。但是如果你是付出自己的努力為他們辦事，最後因為某些客觀的原因而使這件事失敗，他們是會理解的。相反的，如果是因為你的拒絕而讓這件事失敗了，他們就會把所有的帳都記在你的頭上。他們其實很有犧牲奉獻的精神，具有協調性，積極服務別人。所以很多時候他們也會把這種要求和理解放到每一個人身上，如果你不用心幫忙，他們就會覺得你就是一個自私的人，只想獲得而不會去付出。

　　拒絕一個人其實需要的是方法，如果你用對了方法，那麼你可以拒絕了別人還能得到別人的感激！

　　A 型血的人不會輕易求助，所以當他們向你開口求助的時候，一定是很在意你這個朋友。因此，在拒絕他們的時候，一定要注意讓別人來替你說這個「不」字，不要直接拒絕，否則以後會很難做朋友。

## ③ 對付單純 B 型血的人，小恩小惠最有效

　　B 型血的人淡泊、樂觀，一開始會讓人覺得冷漠且不太有禮貌，其實 B 型血的人向來大而化之，不注重交際手腕，也不會在

意很多小細節，他們屬於個性爽朗、說話喜歡開門見山的人。因為他們永遠是一群不喜歡複雜的人，在很多人看來，B 型血的人不僅不喜歡複雜，甚至有些單純。他們對人誠懇，有人情味，因為他們非常的注重自己內心的感情，也很重視別人怎麼看他們，所以他們喜歡到熱鬧的地方去，也喜歡跟別人相處。

也許因為他們思想太過於單純，所以對於 B 型血的人來說，不管別人是出於什麼原因而拒絕，他們都會理解為什麼這些人不想幫忙！或許就是因為這種簡單的思維方式，讓他們在很多事情上都會有自己固執的判斷和想法，而且一旦認為你是這樣的人，就很難更改。而且 B 型血的人是嫉惡如仇的，如果他們發現你這次不是盡心幫忙，以後不管你有什麼需要他們幫忙的事，他們也絕對不會幫你。雖然說 B 型血的人單純，但是他們卻是非常重視自己內心的人，如果他們覺得你不是一個值得信任的人，是一定不會給你好臉色看的。我們說過 B 型血的人拒絕別人用的方式是很直接很自然的，至於他們是不是會稍加措辭，那就不得而知了！

**B**B 是一個有些任性，但又很細膩敏感的 B 型血女孩。因為她是家裏的唯一女孩，所以幾個哥哥都非常的疼愛她。也因為這樣，家人對她提出的要求從來都不會拒絕。長久下來，大家都把她慣壞了，她仗著家人對自己的疼愛，為所欲為！

這次暑假，BB 在家閒著無聊，聽說二哥要到香港出差，於是就想跟著二哥去香港玩，她只是從電視劇裏面看到過香港，但是她的好幾個朋友都去過香港了！於是她就纏著哥哥，要哥哥帶著她去！但是哥哥是去出差，而且還有好幾個同事一起去，如果真的帶著妹妹一起去，自己也沒有辦法照顧她，讓她一個人出門，又不太

放心。於是就好言好語地跟妹妹說：「妹妹乖，二哥這次去香港不是玩，是去工作。你想，我到了香港去辦事，只有你一個人去玩，到時候迷路了怎麼辦？還是等哥哥有了假期，然後帶你去玩個痛快，好不好？」

BB 期待去香港好久了，這次這麼好的機會怎麼能夠放過呢？於是一直在哀求二哥帶她去，可是二哥說什麼都不同意。BB 生氣極了，於是就故意不理二哥，她以為這樣二哥就會帶自己去。可是沒想到，二哥竟然自己偷偷地就走了，這讓 BB 更是生氣！氣得決定以後再也不理二哥了。

幾天以後，二哥回來了，BB 一看到二哥回來，就故意跑回房間，鎖著門不見人，任憑外面的人怎麼喊，BB 都不出去！

最後二哥親自出馬，手裏拿著禮物到 BB 的房間，BB 依然不理二哥。二哥什麼也不說，只是把手裏的禮物拿出來，放到了 BB 的面前，跟 BB 說：「看看吧，這是送你的禮物，如果你還生氣的話，那我就不送了，走了！」看到禮物的 BB 哪還顧得上生氣不生氣，跳起來就把禮物拿了過來，原來二哥給自己買了她一直都很想要的名牌包包！拿著包包的 BB 突然大哭了起來，一邊哭一邊說：「我還以為你不理我了，不要我了，你自己偷偷地就跑到香港去了，都不告訴我！」

二哥摟著妹妹，知道妹妹又被自己的禮物收買了！

B 型血就像是要人寵愛的小妹妹一樣，需要用「哄」的手法來讓他們乖乖聽話，所以如果你大事不能幫他們辦成，就給他點甜頭，消消他們的怨氣，堵堵他們的嘴，讓他覺得你不管怎樣也是為他付出的。

很多時候，我們因為害怕傷害別人，於是不會拒絕，這樣做起事就是一直在傷害自己。其實成功的人都是那些敢於說真話的人，如果你總是委曲求全，那麼要等到什麼時候才能夠做真正的自己呢？其實要拒絕 B 型血的人非常的容易，關鍵是你怎麼去做，對於 B 型血的人，無論你說得多麼天花亂墜，多麼激動人心，如果你不能夠做出一些事情來，他們是一定不會接受你的。

你怎麼做和做什麼對於 B 型血的人來說非常的重要，你沒有辦法幫他們辦事了，如果還不願意花點心思給他們一些小恩小惠，那麼他們就更不喜歡你了！當然了，這些小東西必須要對他的口味，這樣的話定會事半功倍。

那麼什麼樣的東西能夠討得他們的歡心，可以最快的消除他們對你的怨恨與不滿呢？要瞭解他們首先要徹底的掌握他們的性格。

B 型血的人不計較小細節，但是心地善良，不過他們欠缺浪漫情懷，常常會給人一種很冷酷很自我的感覺。所以，你送給他們的東西最好是實用的，如果你不注重實用功能，那麼很可能會覺得你就是在敷衍，隨便找了一個東西就送給他們！還有的 B 型人常以行動表示自己對人的同情和理解，他們助人為樂到了近乎管閒事的地步。所以很多時候你可以讓自己成為一個弱者，表現出一副希望可以得到他們的同情的樣子，這樣一來，他們對你的怨恨就少了很多，接下來你再送一些小禮物，就一定可以成功搞定了。

B 型血的人愛與人相處，就算是你拒絕了他們，也不能刻意疏遠他們，要讓他們知道你並不是真的躲著他們，要時不時地照顧一下他們的飲食起居，讓他們覺得你沒有拋棄他們。人們都把 B 型血的人叫做「乖僻 B」。從調查情況看，不少 B 型人待人冷若冰霜，而內心卻希望別人能熱情相待自己。多做一些體貼他們的行

為，給他們送點飯，買個飲料，這些小事都會讓他們感受到你是真的想要幫助他們，只不過你的能力只能達到這樣的一個程度，這樣，B 型血的人才會願意諒解你對他們的拒絕！

> B 型血的人樂觀爽朗，對人誠懇，有人情味，不拘小節而且心地善良，所以如果你大事不能幫他們辦成，你可以首先獲得他們的同情，然後給他們點兒甜頭，消消他們的怨氣，堵堵他們的嘴，那麼他們就會很樂意幫助你。

## **4** 對付 O 型血的太極章法

敢於拒絕，但我們也要善於拒絕，既要能夠拒絕別人，又不能讓對方太尷尬難堪。一旦確定要拒絕對方，心意就要堅決，但拒絕的方法卻不能過於僵硬。尤其是對於 O 型血的人來說，我們絕對不可以在 O 型血人面前表現出對某些事情的明確態度，如果你一旦強硬起來，就會惹得 O 型血的人對別人有嚴重的不信任感。比如拒絕他們，如果你太過於直接，那麼 O 型血的人會氣得半死，覺得你不給他們面子。O 型血的人很有領導氣質，無論在哪方面，O 型者最忌別人對自己頤指氣使，想要他俯首稱臣是絕對不可能的事情。與其命令他，不如協商或懇請，絕對禁止言談間有貶低對方的口吻。所以你應該委婉一些，盡量用一些比較溫和的詞語來修飾你拒絕他們的意思。對於 O 型血的人來說，硬碰硬絕對不可能是

一件成功的事情。相反，O 型血的人還會有一種魚死網破的氣概，如果你敢於跟他們決鬥，他們一定不會因為怕死而對你有任何一點卑微的心態。

　　直來直往的性格可能對其他血型的人有很大的作用，但是對付 O 型血的人，可能會惹得他們不高興。雖然很多人都覺得打太極是極容易讓人討厭的方法，但是對討厭直來直往的 O 型血的人來說還是適用的，依照章法來打太極，打得他沒話可說。這樣就算是你拒絕了他們，依然可以獲得他們的理解！

　　曉峰在公司已經很多年了，是一個資深的業務員，他遇到過無數難纏的客戶，這些客戶有各種奇奇怪怪的要求。如果你拒絕了他們，他們馬上就拿退訂單這一點來要脅業務員。其實客戶的要求有的是無理的，有的雖然可以辦到，但是出於利益的考慮，公司也不會批准，這不，曉峰遇到了一個胡攪蠻纏的客戶，這個客戶提了很多奇奇怪怪的要求，非要讓曉峰給他辦到。

　　這個客戶其實也算是公司的老客戶了，接待過他的人幾乎包括了公司裏全部的業務員。雖然他也算一個大客戶，但是大家都受不了他提出來的各種各樣的要求，所以只要是這個客戶出現，大家就你推我我推你的，誰都不想跟他打交道。這次曉峰沒辦法推了。曉峰之前和客戶談好了價格，等要下訂單的時候，客戶卻突然要求曉峰給他一些折扣，曉峰很無奈，前一秒說好的價格，現在卻要求折扣，而且實際上曉峰給客戶的價格已經是最低價，所以只好跟客戶繞彎彎。

　　曉峰說：「我覺得您一定是 O 型血的人！」客戶很奇怪，問他為什麼，曉峰說：「O 型血的人成功的最多，你看看您多成功

啊，而且 O 型血的人人緣特別的好，我一看就覺得你有這些特點。」客戶哈哈哈地大笑起來說：「你還真是有眼光，我就是 O 型血的人！」曉峰馬上就說：「我也是 O 型血的人，您看我們倆多有緣呢，怪不得一來我就給您最低的價格呢，而且如果您定下來了，我們就會送贈品給您，這樣一算，不是就跟打折差不多嗎？」客戶的興趣一下就被贈品吸引過去了，於是一直問贈品是什麼樣的，品質好不好！曉峰看客戶把所有注意力都轉移到了贈品的問題上，於是就跟客戶說：「您看您覺得合適的話就下訂單吧。」沒想到這個客戶馬上就訂了下來。

大家都奇怪曉峰怎麼能那麼快搞定這個大客戶，曉峰說：「我跟他打太極，東拉西扯的，他分神了，自然就定了。」

什麼叫打太極？有人把它理解為推三阻四、互相推諉、做事拖遲、不積極，我們在公園裏有時候看到太極拳招式好像是慢吞吞、不起勁等等，但這絕對不是真正的太極含義。太極拳並不是消極地等待對方攻過來，而是要做很多功課來應對別人的招數。

O 型血的人有很強的自信心，他們喜歡跟別人分享他們的成功經驗，他們的價值觀裏很重視利益，所以 O 型血只以實際需求來圈定生活行為，而且很固執，也就是說如果他們要求得到的東西被你當面拒絕，那麼你就犯了大忌！通常這個時候，我們首先要保證自己立身中正，不要被他們的氣勢所嚇倒，如果你自己都一副畏畏縮縮的樣子，那麼他們就會看穿你拒絕的目的和企圖。我們要保持思想高尚、觀點鮮明的立場，然後再給他們堅強的回擊。所以說太極拳並不是消極等待，而是積極建設。太極拳有推來推去的招式，這是一種判斷、反應，是一種心智的較量，就像我們下棋博弈，對

方一個招式攻過來，我們可以有好多種方式應對。

太極思維中的推來推去，並不是逃避或者不負責任，而是可以理解為一種和諧共生，共同進步。為什麼這麼說呢？O型血的人特別喜歡教育別人，這種教育其實也可以理解為成功經驗的分享，如果你果斷地拒絕了他們的經驗分享，就讓他們有嚴重的挫敗感，這種感覺對於O型血的人來說是難以接受的，你想一個老師怎麼能夠被一個學生考住了呢？

不要覺得O型血的人具有英雄型的血型特點就一定是喜歡「大塊吃肉，大碗喝酒」的直爽性格，其實O型血的人也有細膩的一面，也正因為這一面，所以他們其實也不希望別人總是以一副不拘小節的樣子對待他們，因為那樣做的話，只會讓他們覺得你沒有教養和禮貌！

> O型血的人很有領導氣質，所以很忌諱別人對他們頤指氣使，在言語交談的時候切忌貶低對方。對於這些人，切忌硬碰硬，要學會打太極，要用溫和的詞語來修飾你的拒絕。

#  5　對 AB 型血的人說「我盡力了」

拒絕前要先表現出「我很想，但我盡力了」的樣子，不要只用說的，要通過身體力行來給他傳遞這種感覺，讓他對你抱有感激之情。其實AB型血的人總是把事情是否合理放在第一位，所以他們

對每一件事都會做一個精確的計算，比如你拒絕了他們，他會思考你這麼做是否表示你不是真心想幫忙。如果只是想推諉，不想幫別人的話，他們會非常的生氣。

他們做事情算計得很清楚，抱著「人敬我一尺，我敬人一丈」的心理，但是這並不表示說 AB 型血的人缺乏感情，只不過他們不喜歡過分地表露自己的感情，他們非常討厭那種做作的表現。而作為一個人，當然也有自己的悲傷、自己的歡笑、自己的憤怒，只不過它們表現得非常含蓄而已。他們總是覺得有任何的情緒都是自己的事，表現出來只是給別人找麻煩而已，所以他們都很含蓄內斂。

可能其他血型的人覺得拒絕了就沒什麼事情了，何必再給別人製造一種注重過程的印象。但是 AB 型血的人卻認為，要判斷一個人是不是真的對自己好，就應該看看他們有沒有真心為你付出，這一點對於他們來說似乎是很重要。最討厭「表裏不一」的 AB 型血的人，他們會在你說出「不」字的時候就開始在心中計算你是否為這個事情付出過！如果你也曾經努力過，那麼他們無話可說，但是如果讓他們看出一絲你不盡力的痕跡來，那麼不管你平時把自己說得對朋友多麼好、多麼重情義，他們都不會買帳，他們會認為你是一個口是心非的人，你的不真誠會讓他們極度討厭你。但是也有人覺得 AB 型血的人本身就是一個口是心非的人，那是因為 AB 型血的人常常根據環境的不同而改變自己的態度，但這並不是口是心非的表現，而是他們從合理性考慮，認為在不同環境下適當地改變一下態度，也許會顯得更合理，因此才對自己的態度做出修正的。

威廉的爸爸是一個很成功的 AB 型血的人，他有的時候會展現出一種很果斷剛毅的情緒，有的時候又會表現得很心軟。兩

種血型性格不斷地控制著他。

　　威廉剛剛到澳洲，生活得很不習慣，畢竟他才十幾歲，就要一個人來到一個陌生的環境裏生活學習，好多次都哭著打電話回家，一邊哭一邊說自己想要回家！威廉的媽媽每次聽到兒子的哭訴，心裏都不是滋味，畢竟威廉還沒有真正長大獨立，把他一個人送到那麼遙遠的地方，而且人生地不熟的。

　　威廉的媽媽每次接完兒子的電話都會罵威廉的爸爸，一直責怪威廉爸爸把兒子送到那麼遠的地方。最後威廉的爸爸不得不去找他在澳洲的朋友多幫忙照顧兒子。其實威廉爸爸的朋友雖然在澳洲，但是他們並不是和威廉在同一個城市，要從一個城市到另一個城市也不是那麼的方便。

　　爸爸跟朋友傑克說：「我的兒子在澳洲上學，不過你也知道，他還小，很多事情都不成熟，而且他才剛剛去，所以我希望你可以多照顧他一點。」傑克一聽他這麼說，就說：「照顧他那是應該的，但是如果不能讓他學會自己獨立，那麼在澳洲是很難生存下來的。畢竟在澳洲這裏不像是在國內，什麼事情都習慣了有人照顧，在這裏大家必須學會一件事情，就是自己獨立。而且澳洲的人們都會有一個自己建立起來的小團體，如果你是靠別人的照顧進入這個團體，那麼團體裏的人也不會接受你！所以，你還是應該要給他一些信心，給他一些空間，讓他能夠建立起自己的朋友團體。只有這樣你才是真正地關心他。」威廉的爸爸一聽，也覺得事情本來就應該是這樣，自己把兒子送出去的目的本來就是要鍛煉一下他，讓他學會自己照顧自己，如果因為兒子哭哭鬧鬧，就心軟找人照顧他，那跟他在國內有什麼區別，還不如不送他出去呢！

　　於是威廉的爸爸馬上跟傑克說：「你說的對，我不應該這麼慣

著他！應該要讓他學會自己獨立。」傑克的一番話雖然拒絕了威廉的爸爸，但是威廉的爸爸一點都沒有生氣，甚至還覺得幸好傑克提醒自己，不然自己就犯了大錯。

過了一個月，傑克打電話來給威廉的爸爸說：「我昨天路過威廉的學校，去看了看他，他現在已經好多了，還有了自己的朋友！我們應該為他高興。」威廉的爸爸高興極了，雖然傑克拒絕了他，但是他卻是要好好地感謝傑克的！

大家都會覺得拒絕別人就像是逼別人喝毒藥一樣，最後會把兩個人的關係弄僵了，但是誰知道還有像傑克這樣的人，可以通過自己的拒絕而讓朋友更加感激你！學會拒絕別人，把心態放得平穩一點，千萬不要浮躁。不要總是把利益放在第一位，你可以告訴別人你盡力了，但是很多事情不是你盡力了就可以扭轉乾坤的。而你自己也要把世事看得淡一點，在大千世界裏，做人不要太認真，不要太逞能，不要太愛面子，不要太在乎別人會怎樣怎樣，可以讓生活多點色彩，隨意生活，不要活得太累，有了這些準備和實施方案，你就應該會拒絕別人了。

其實很多時候 AB 型血的人在意的是你是否真的努力為他們想辦法，所以你與其想很多藉口，不如把問題拋給別人。你可以什麼都不做，但是一旦別人來向你請求幫助的時候，你最好自己把問題攤開了，表現出你是如何如何努力，但是事情基本是事與願違。你也可以像傑克一樣告訴他，我非常的想幫助你，但是幫助你並不是最佳的途徑，而是希望你可以通過別的方法來渡過難關，甚至是提供一條更好的路去給他們選擇。這樣拒絕別人，既不會傷了感情，說不定還會得到別人的一個人情呢！

其實拒絕別人並不是我們想的那麼可怕，很多時候我們做得圓滑一些，多想一些方法策略，就能夠在不傷害別人的情況下又不勉強自己做事，這才是一舉數得的事情。有時候我們應該勇敢一些，不要再為了一些莫名其妙的理由而不敢說出那個「不」字，而自己卻讓自己受很多的委屈，人生在世沒有太多的時間來讓你為別人而活，更多的是要學會為自己而活！

> AB 型血的人比較含蓄，非常討厭做作，所以他們討厭表裏不一的人。拒絕這樣的人，你要表現出你的誠意，最好是你可以提供出一條更好的路給他們選擇。這樣拒絕別人，既不會傷人，也會得到一個人情。

 **對哪個血型的人可以用「苦肉計」**

人都生活於以關係和感情為紐帶的現實社會中，沒有一個人敢隨便打破這種紐帶，因為這牽連到的不僅僅是一個人對你的感情，而是很多人對你的看法。我們總是會說，要看一個人是不是好人，最好的辦法就是看看他怎麼對待朋友。

好了！你就被這樣的觀念套上了枷鎖，於是在做每一件事情之前都會左思右想，想想自己這麼做是不是會惹得別人不高興，是不是會讓別人覺得你就是一個自私的人，於是，你開始害怕拒絕別人。因為拒絕別人以後，得到的評價就是這個人真是很小氣，這個

人根本不值得做朋友！拒絕別人原本是自己的選擇，但是慢慢地就變成了大家對你的一個評價標準，你必須謹慎地處理，不然所有人都會判你的死刑。

可是拒絕真的那麼可怕嗎？真的就像死亡一樣不可逆轉嗎？其實不是，有的人可以戰勝死亡，因為他們不放棄自己。既然死亡都可以戰勝，難道我們還不能戰勝拒絕別人帶來的負面影響嗎？拒絕不一定是要用生硬的語氣，但一定是內心意志堅定。從這個意義上講，拒絕是一種美德，是人格力量和個性意志的完美結合。因此，面對外表溫情脈脈的錯誤和腐蝕，學會拒絕、敢於說「不」，這樣你的人生才不會被別人控制！

如果實在說不出拒絕的話又沒辦法去做這個事，沒關係，表露出自己有多慘吧，我都泥菩薩過江自身難保了，還怎麼幫助你呢？相信聰明人也不會再繼續糾纏。

德子是一個 AB 型血的人，這種血型的人不會太冷漠，對同事都很熱情，平時和同事的關係都不錯，但是每到發工資的那一天，德子就成了公司裏面最不受歡迎的人，因為這一天他知道大家都有錢了，於是就想著法地來找各個同事借錢。其實他借的也不多，也就是三四百。但是借完以後他一直都不還你，弄得同事們都不知道怎麼辦，如果找他要，那也就幾百塊錢的事，要了還讓人覺得自己太小氣了，不要的話又覺得怎麼說也是自己辛苦賺來的錢，就這麼白白送給他了，真是不甘心。

這天又到了發工資的時候，大家都早早地拿了工資溜走了，都怕自己遇到來借錢的德子。可是小馬因為有事所以耽擱了，他來領工資的時候，德子笑呵呵地看著他。小馬心中苦歎一聲，他知道自

己被德子盯上了！於是靈機一動，跟德子說：「哎！德子，陪我喝一杯去吧！」

在喝酒的時候，小馬一開始什麼話都不說，只是一直在喝酒。德子看到小馬這個樣子，覺得很奇怪，於是就問小馬怎麼了。小馬這才說：「這日子真不是人過的，你看看，我今天才領的工資，別看我工資高，但是這些錢不會在我手上停留超過 24 小時。今天發工資，晚上回家就要交水電費、物業費、電話費，還有房貸、車貸。交完以後還得給老婆生活費，最後留在我手上的就是一兩百塊錢。你說，一個男人口袋裏裝個一兩百塊錢有什麼用？想要去外面喝一杯都得左思右想，看看自己口袋裏的錢夠不夠付帳！唉，也是因為今天剛發工資，錢還暫時在我口袋裏，所以我敢拉上你一起來喝杯酒，平時我可是買煙都得撿最便宜的買！這日子真是過不下去了。」德子聽小馬這麼一說，也感歎道：「這倒是真的，一個男人身上裝個一兩百塊錢是夠可憐的！」說完猛喝了一口啤酒，然後說：「沒事，兄弟，今天這頓我請你！」

德子接著說：「本來啊，今天我還想找你借點錢，但是看你過得比我還苦，我還怎麼好意思再找你借錢呢？」小馬一聽，心裏在偷笑，而嘴上卻說：「你看，我連自己的兄弟都沒辦法幫！你說我這男人做的！」

最後小馬當然成功地逃脫了借錢給德子的命運！其實每個血型的人都會特別同情弱者，正是因為這樣，才會對向我們提出要求的人沒有任何的抵抗力，因為大家都知道他們的困難，都會有一種希望可以幫助弱者的心態，如果我們再拒絕別人，那這不就是在別人的傷口上撒鹽嗎？所以每個血型的人都會在別人楚楚可憐的時候伸

出援手！但是在伸出援手的時候，我們卻忘記問問自己做不做得到。於是等到反應過來要顧及自己感受的時候再去拒絕別人就會有很多的顧慮，覺得不好意思說出口，覺得他們那麼可憐我們還這麼狠心的拒絕他們。其實這是每個血型的人都會有的心理狀態，但是如果你能夠轉化一下角色，讓自己站在一個更加可憐更加柔弱的位置上，激發起對方的同情心，讓對方覺得不應該再接受你的幫助，這樣既起到了拒絕別人的目的，又不會讓人覺得你是一個自私的人！

在四大血型中，總有一些血型是最見不得別人難過的了，所以我們可以利用這一點來達到拒絕別人的目的！

**A 型血**：對於 A 型血的人來說，他們總是背負著很多的責任感，覺得自己有這樣的責任，要同情和幫助弱小人群。這其實不是誰的責任，但是在 A 型血的人看來，無論你做什麼，最重要的就是對得起天地良心，他們不會做一些離經叛道的事情，也不願意勉強別人。而如果你能夠在他們開口之前就訴說你的苦難，訴說你有多慘，你是這個世界上最可憐的人，他們又怎麼會好意思再向你要求太多呢！

**B 型血**：對於 B 型血的人來說，他們對人很少會有強烈的同情心，但是他們卻是非常聰明非常敏感的一群人。不要覺得拒絕他們需要很直接地說出那個「不」字，有時候只要你稍微婉轉一點地表明你對他們伸出援手有困難，他們就能夠心領神會，明白你的意思。最後的結果就是不把這個「不」字說出口，卻可以成功地拒絕他們。所以一個苦肉計是最有效果的，一直哭訴你無法達到他們的目標，你做不到，所以他們對你的期望是不可能實現的，這樣一來，聰明如 B 型血的人就會知道你拒絕了他們！但是因為你實在

是太慘了，所以他們也找不到合適的理由和藉口來責怪你，一切就都很完美了。

O 型血：對於 O 型血的人來說，這個效果可能會很直接，他們能夠馬上領會到你的意思，而且有些覺悟的人都會覺得別人都這麼表達了，那就算了吧。但是有的 O 型血的人雖然覺得你也很可憐，卻會認為你是裝出來的。因為他們有時候也會這樣掩飾自己，懂得你這麼做的原因，所以對於 O 型血的人還是慎用這一招。

AB 型血：不僅是對 O 型血的人要慎用，AB 型血的人也要小心，他們也能馬上領會你的意思，但是他們會在心裏默默推算，你這是裝的還是情況真的如此。如果你是真的很可憐很慘，那麼為什麼之前你一點都沒有透露出來，等向你請求幫助的時候才說自己有多可憐，這不是一個很可疑的笑話嗎？AB 型血的人實在是太會計算了，而且這似乎是他們的本能，所以就算你最後成功地讓他們不再糾纏你，但是你們之間的關係可能也就到此為止了！

> 對於苦肉計，因為 A 型血的人，他們會同情和幫助弱小人群，所以很受用；B 型血的人，他們可以聰明地回應對你的訴苦從而達到拒絕的目的；AB 型血的人很會算計，可以讓你不再糾纏他；O 型血的人會認為你是裝出來掩飾你自己，所以不受用。

## 7 拖延戰術可以對付哪個血型的人

生活中每個人都會有或多或少的苦惱。有時候對於痛苦我們會選擇逃避，會選擇掩飾，或者選擇忍耐，但就是想不到拒絕，因為溫良恭儉讓的教育，使我們既不敢拒絕，也不會拒絕。尤其是對這性格迥異的四大血型人，他們會為了達成目的而想盡辦法，於是我們要麼被他們戰敗，最後乖乖地舉白旗投降；要麼就成功地拒絕他們，抽身離開這個難題。而要懂得抽身離開，就要學會拒絕絕招裏面很有用的一招——拖延戰術！

拖延戰術對某些血型的人有用，對某些血型的人無用。會拖，拖得好，慢慢淡化了，不用拒絕也不用表示否定就能含糊過去。不過生活中我們自己卻是最恨別人拖延的，行不行一句話，何必含含糊糊，總是不說清楚自己的態度呢？但是最討厭的方法也是最有用的方法，無論是誰，只要學會了拖延戰術，最後一定可以很順利地就把這個拒絕的球拋出去，自己做一個人人心中的大好人！

不過要怎麼用這個招數，還是要看人，只有找到合適的人才能夠把這招用得活靈活現，完美無缺。這不僅是一種戰術，也是對付那些不會臉紅的人的最佳招數！或許我們會覺得這樣做實在很不應該，這個時候不如想一想，如果他們是真正理解你的朋友，那麼就不會為難你，但是如果只是一味地希望你幫忙而不顧及你的感受的朋友，你拒絕他又有什麼不可以的，為什麼要不好意思呢？

夏文最近遇到一件很無奈的事情，她之前買了一輛車，車子很漂亮，而且是新車，夏文自己都捨不得隨便開車出去，就怕

哪裡碰花了。但是曉琳知道夏文買了新車，就馬上來找她借車去開。因為平時夏文和曉琳的關係也還不錯，所以夏文就借給了曉琳。但是夏文卻不知道 B 型血的曉琳是一個做事很沒譜的人，曉琳把車還回來的時候，夏文居然發現車裏面有很濃烈的臭味。夏文四處找了以後才發現，後座的地方有一堆嘔吐物。夏文生氣極了，但是礙於和曉琳的關係，一直沒有說。夏文不說不代表不生氣，借了別人的車弄髒了不說，還不清理一下，真是不知道這個女孩子是怎麼回事！也許真是 B 型血那種大大咧咧的性格，讓曉琳覺得這種小事沒什麼大不了的。

夏文自己清理乾淨了那些嘔吐物，車裏的氣味也是過了好幾天才消除了的。沒想到，曉琳又來借車了，夏文簡直生氣極了，怎麼有這樣的人，這麼不知道害羞？可是天生就不懂得怎麼拒絕別人的 A 型血女孩夏文還是說不出拒絕的話來，於是就回家跟老公商量。老公知道老婆就是一個很容易心軟的人，別人說幾句話可能就心軟了，於是就教夏文，讓她跟曉琳說車子被老公開著，這幾天他要經常去機場接送別人，所以只能過幾天再說了。夏文按照老公教的和曉琳說了，曉琳雖然很不高興，但是還是跟夏文說過幾天一定要借給她！

過了一個多星期，曉琳又來找夏文了，問夏文說：「你老公最近不去機場了吧，可以把車借我了嗎？」夏文的老公早就幫夏文想好了對策，於是夏文說：「我們家的車到時間該保養了，所以我老公就開去保養了，我也不知道要幾天。等送回來的時候我再借你吧！」

曉琳見借車又不成功，說：「算了算了，我也是這幾天要用車，過了這幾天我就不用了。」終於把曉琳打發走了，夏文不由鬆

了一口氣！

　　不管對誰來說，有了像夏文這樣的一次經歷，就不要再想會有第二次機會了。誰都不喜歡借給別人的東西最後確實遭到破壞，甚至連對不起都得不到。所以拒絕這樣的人應該很堅決，也不用覺得不好意思。但是如果你是像夏文這樣一個心軟、臉皮薄的人，那麼你就可以用拖延的戰術，這樣可以讓自己少了很多的麻煩，也不會覺得不好意思！

　　這一招對很多人來說都是非常有效果的。不用自己那麼生硬決絕地說出決絕的話來，也不用時刻面對自己的「不好意思，說不出口」，只要你一直堅持拖延的戰術，最後對方自然會自己說出「不用」！壞人不用自己做，不是我不借給你，而是你等不了，一切就都順理成章，毫無顧慮了。

　　對於四大血型的人來說，要怎麼樣做他們才會覺得找你幫忙是沒有希望的，從而自己離開呢？其實對於四大血型的人來說，要想要用拖延術，就要和他們比耐心，不然最後拖來拖去還是要給答應別人，那不就功虧一簣了嗎？

　　**AB 型血**：AB 型血的人是最好對付的，他們脾氣比較急躁，雖然從表面上來看，他們基本不會喜怒形於色，但是心裏就會很急躁。一般來說 AB 型兼具有 A 和 B 型人的氣質特徵，所以在氣質方面不統一，缺少一貫性，也就是在性格方面充滿矛盾。但他對事物皆有客觀的看法，凡事要求合理化，所以一旦他們的要求沒有快速地得到回復，就會覺得這是一個很不合理的現象。在他們看來，答應不答應其實就是一句話，但是如果你拖延的話，他們就能夠明白其中的意思，所以自然就會放棄，對於任何人來說，別人自動退

出就是最完美的結局！AB 型人內心對人的喜惡表現得很強烈，卻不會形之於色。 所以他們不會與你爭吵，但是很可能不會再來找你，這時候就說明他們已經放棄了！

　　**B 型血**：B 型血的人在東方人中數量最多，亞洲 B 型血人數位居全球之冠。B 型血人坦白、樂天，不太熟悉的時候會讓人覺得他們冷漠沒禮貌，其實 B 型血的人向來大而化之，不注重交際手腕，屬於個性爽朗、開門見山型。所以如果你一旦用拖延政策，就會衝擊他們急躁的性格。你不馬上答應他們就會去找別的人來幫自己的忙。他們喜歡那種乾脆直接的方式，對於拖延的人，他們都是能避就避。

　　而最不容易用拖延術來獲得成功的人就是 A 型血和 O 型血的人，他們性格中有一種很固執的成分，於是你對他們的拖延就會變成一場拉力賽，如果你堅持住了，那當然是最好的，但是如果你堅持不住的，可能會就這麼失敗了！

　　**A 型血**：A 型血的人在德國和日本的比重是最大的，而這兩個民族的人都是非常有耐心，非常細緻的人。A 型的人穩重、文靜、多情、執著、專注，所有關於耐心的美好形容詞都能在他們身上找到根源。他們非常具協調性，積極服務別人。也就是說可能他們覺得既然是找你幫忙，那麼他們就應該要配合你的時間和行動，所以他們會很耐心地等下去。這個時候，對於這個善於照顧他人、個性老實的 A 型血的人來說，最好的辦法就是婉轉地表達你要拒絕他們的意思，其實 A 型血的人是個執著派，與其那麼耗下去，還不如直接拒絕呢！

　　**O 型血**：O 型血的人其實更是固執，他們不像 A 型血那樣是「執著」，他們簡直是固執的代名詞了！性格明朗的 O 型的人是

公認具有強烈意志的人，他們一旦認定了一件事，就一定要做到有結果為止，否則他們就是那種一根筋通到底的人，不會輕易放棄，對於別人對他的批評、責難，一點也不在意，不會因此而動搖自己的信念，一旦認為自己沒錯，哪怕認為成功只有一絲希望，都會一心一意貫徹其信念。所以對付 O 型血的執著，你有兩個辦法，一是告訴他們不行，二是找到另外一個人來幫他們的忙，只要事情有了結果，他們也不會再來纏著你了！

對於拖延戰術，AB 型血和 B 型血是最受用的，因為他們比較急躁，所以喜歡乾脆型，對於拖延型是能避則避；A 型血的人是最能耗的，所以最好還是直接拒絕；O 型血的人很固執，一根筋通到底，所以最好的方式是找別人幫助他。

## 8　拒絕哪個血型的人可以採取強硬態度

有的人很聰明，別人的一點暗示他就明白了其中的意思，但是有的人卻是怎麼暗示都不會明白！這樣的人只有用直截了當的方式，如果你覺得自己說出來的話常常沒有效果，別人始終聽不懂你的意思，你除了要檢討自己是否說得夠直接以外，還要看看對方是不是那種不知道轉彎的人。因為他們的思維沒有轉彎，很多時候是聽不出別人的意思的，所以我們需要說得更直接一些。

其實各個血型中都有這樣一群人，他們會誤解你的意思，把你

說「不」當做是欲擒故縱的小把戲。但是只有你知道，你的這個想法一定不是欲擒故縱，而是真真切切地在拒絕他們。而且這些人會把你拒絕的意思理解為開玩笑，會認為你這麼說完全是在逗他們，最後還是會死皮賴臉地來找你辦事！所以我們的態度必須強硬一些，不要總是被自己的軟弱和搖擺所害，讓別人利用你的身上的那些可以隨時改變的因素，讓他們有機可乘，最後你想說「不」都是一件非常困難的事情！

雖然說拒絕別人是一件傷害人感情的事情，但是我們可以掌握說話的技巧，把握分寸，給對方一個臺階下，也給自己一個退路。如果你真的遇到一個很不懂得接受別人臺階的人，那麼就可以強硬一些，否則你模棱兩可的回答只會給自己帶來更多的麻煩！

茜茜是一個很討人喜歡的女孩，很多男生都很喜歡她，小聲就是眾多喜歡茜茜的男生中的一個。雖然小聲跟茜茜表白了，但是茜茜總是一副似有似無的樣子，讓小聲覺得自己還是有希望的，再加上他是一個感情至上的 B 型血人，只要他們內心催促他們努力，就一定不會讓自己退縮！

其實茜茜也不知道自己到底喜不喜歡小聲，有的時候她覺得和小聲在一起很開心，很快樂，但是有的時候又覺得小聲是一個很幼稚的人，很多想法都和自己不一樣，而茜茜 AB 型血裏的兩個小人總是在吵架，但是不管是誰贏，茜茜自己都會動搖一陣子！

最近小聲為了茜茜而去打了另外一個喜歡茜茜的人，這讓茜茜很不高興，於是就跟小聲說她不喜歡小聲，希望小聲不要再做這麼幼稚的事情了！可是小聲卻覺得這是茜茜在和自己鬥氣呢，以前也有過這樣的時候，小聲做錯事以後，茜茜就說自己不喜歡他，讓他

不要再找自己，但是只要小聲哄一哄茜茜，茜茜就又會回到自己身邊！

於是小聲依然每天去找茜茜，給茜茜買禮物。但是這次茜茜沒有收他的禮物，也不理他了。小聲生氣地責問茜茜為什麼這麼對她的時候，茜茜說：「可能我以前的態度不夠強硬，所以才會一直讓你覺得自己有希望，但是我希望你能夠明白，我這次是很認真很冷靜地希望你放棄我，我們是真不合適。」

這個時候，小聲才知道，茜茜拒絕了自己，不是打情罵俏的那種拒絕。他們之間真的完了！

其實有的時候強硬的態度不是一種傷害，反而是一種很堅定的保護。如果一個人總是像茜茜一樣模棱兩可，搖擺不定，不懂得拒絕也是一種保護，而讓小聲一直沉迷下去，最後的結果就是傷害了小聲。如果你的拒絕總是摻雜著一些希望，而當別人積滿了希望之後，你無情地打碎，這難道不是一種更嚴重的傷害嗎？

其實對一個人最好的方式就是不要給他們一些不可能的希望，沒有希望自然就沒有失望。所以拒絕別人也是一個很重要的事情！我們要有在適當的時候拒絕別人的意識和勇氣，要知道一味地逢迎、妥協、逆來順受並不會得到別人的尊重，反而會讓別人看輕你自己。如果你適當地拒絕，拒絕得有理，不但不會得罪對方，還會讓對方尊重你，對你刮目相看。

當然了，如果你態度很強硬地去拒絕別人，可能會讓比較敏感細膩的人受傷，所以我們要懂得按照不同血型裏的人物來進行區別對待！

**B 型血**：B 型血的人總是比較會顧及自己內心的感受，但是如

果他們把這種自我的感情放得太大的話，就會成為一種自我欺騙。當別人跟他說不行的時候，他們會理解為別人在說反話，從而給自己很多的理由和藉口來繼續糾纏，所以對 B 型血中那些過於自我的人，要表現出一些強硬的態度，這樣才能把最準確最肯定的答案告訴他們。但是最重要的是，你一定不要讓自己被他們楚楚可憐的樣子打動，然後自己也開始左搖右擺，果斷一些，如果你實在不忍心的話，就告訴自己，這是在為自己好，也是在為他們好！

O 型血：接下來要強硬一些的就是 O 型血的人，他們很固執，所以在很多時候不願意接受外界的批評和反對的聲音。一旦你拒絕了他們的要求，他們也還是希望用誠意和行動來感動你，最後迫使你答應！這樣一來，想要拒絕的時候就會多考慮一下他們的付出，你會覺得他們付出那麼多，如果不答應的話就太殘忍了……當你這麼動搖的時候，也就是他們接近成功的時候，所以，隨時給自己一些信心，不要動搖，堅定一些，強硬一些，不然誰都能夠理解你的好意呢？

A 型血：對於 A 型血的人來說，如果你用這種強硬的態度，他們會覺得很受傷，會不喜歡你這樣，所以對他們來說，你強硬了以後還是要對他們來一個回訪的。事後你可以關心一下他們，跟他們說說你是為他們好才拒絕的，這樣一來，就算是你拒絕，他們也不會覺得你太過於無情。其實對於 A 型血的人來說，他們最看重的是人和人之間的情誼，如果你不給他們一些和藹的情緒，那麼他們是不會原諒你之前的強硬的，不會原諒你對他們的無情的。

AB 型血：至於 AB 型血的人，他們太懂得理性和感性的結合了，所以如果你態度很強硬的話，他們是不會接受的！不過他們中間有這樣一些人，會過於傾向相信別人是好意，相信自己的社交能

力，所以總是會不由自主地相信你一定會幫助他們。或許是太過於
自信了，所以對別人的話他們總是只聽一半，甚至是完全不聽，只
是按照自己的想法來辦事。遇到這樣的人，你不得不強硬直接一
些！

　　但是強硬不代表你可以隨意用一些傷害人的話來拒絕別人，雖
然你要拒絕他們，雖然你要用強硬的態度才能擺脫他們的糾纏，但
是你也需要照顧他們的心靈，需要讓他們接受你的方式，所以態度
上可以強硬，但是言辭上就一定要儘量顧及他們的感受！

> 　　B 型血的人是最適合採取強硬手段的人，其次是 O 型
> 血。當你用強硬的態度來對待 A 型血的人的時候，他們會覺
> 得很受傷，需要你及時回訪。AB 型血的人當你態度很強硬的
> 時候，他們是最不會接受的。

 **拒絕你就是拒絕我自己，我也並不願意**

　　很多時候我們都希望別人能夠做到感同身受，我們痛苦別人也
能夠理解我們的這種痛苦；我們快樂別人也能理解這份喜悅，這可
以說是最理想的方式。雖然我們知道世界上很難有感同身受這件
事，但是無論是誰，都還是會希望有這樣體貼的人能夠為我們做一
些事情來讓我們覺得這個世界並不孤獨。同樣的，我們也可以用這
種感同身受的方法來拒絕別人，而不讓別人覺得你虛偽，不接受你

的拒絕。

他們痛苦我們應該要表現得比他更痛苦、更無奈，表示很認同他。可是為了他好，我們只得悲痛地否定他們的想法和做法，要讓他知道你為他付出了多少。雖然你很理解他們的難處，但是如果你幫助了他們，就是在害他們！為了不讓他們也像你一樣痛苦，最好的方式就是不幫助他們，讓他們徹底放棄。不得不說，這會是一個非常高超的拒絕方法。

每個人都希望別人理解自己，感受自己的難處，感受完了以後，就算最後拒絕，他們也不會覺得你是故意在為難他們，也會覺得你是在為他們著想，是有幫助他們的那顆心！所以對別人，你一定要表現出你的痛就是我的痛，但是為了不痛得更久，我們就必須要忍耐現在這一時的疼痛，這樣才能徹底遠離痛苦。

張三是一個濫賭的 A 型血的人，他每天的生活就是睡覺和打麻將，就連吃飯他都不離開麻將桌子。大家都說張三應該和麻將結婚，這樣才能過一輩子。於是張三就真的不找老婆，就這麼一個人過著。

最近張三的手氣那可真是好，可是這麼好的手氣沒堅持幾天，他所有的錢都輸光了。但是他覺得自己的好手氣一定會再回來的！所以就四處找人借錢，無論是誰，只要是張三認識的人，他都找了一遍。但是大家都說自己沒錢，不借錢給張三。其實不是大家不借錢給張三，而是因為誰敢借錢給一個賭鬼，不怕他最後輸得精光，連錢都還不起嗎？

最後張三實在是沒有辦法，就去找了自己以前的一個牌搭子，這個人叫李四，已經好久沒有找過這個人了，張三以為李四是到別

的地方打麻將，沒想到見到李四以後才知道，李四沒有打麻將好久了！張三見到李四以後就跟李四說要借點錢去翻本。李四這個時候突然有一種很痛苦的表情，他說：「張三兄弟，我太瞭解了你現在的這種痛苦了，你知道我為什麼現在都不打麻將了嗎？之前很長的一段時間，我為了打麻將四處借錢，欠了一屁股的債，最後我都輸光了，誰都不願意借錢給我了。沒辦法，我打不了麻將，慢慢我發現其實不打麻將也沒有那麼痛苦。你看我現在不打麻將了，也不會覺得特別難受，而且你看我家現在，什麼都有，可是我打麻將的那個時候，家裏什麼東西都被我拿去輸了。想想現在和過去，我還是覺得我們應該戒賭，過一些正常的人的生活。」

張三聽完以後就走了，沒有再提借錢的事，其實對於 A 型血的張三來說，他也很想戒賭，想要過一種很安定的生活，但是他看不到身邊的賭鬼們可以成功戒賭，於是就這麼以爛為爛下去，反正沒人成功，自己也一定不會成功，不過看到李四成功了，他內心動搖了。過了幾天，李四再見到張三的時候發現張三變了，他沒有再打麻將了，而且還找到了一個女朋友。張三這才說，還好當時李四沒有借錢給自己，他回去以後想想，覺得李四說的對，看看現在李四的家，那才像一個家呢，於是就強迫自己不去賭錢。他也去找了一份正經的工作，家裏人還給他介紹了一個女朋友。現在過得很幸福，張三現在說，我真是非常的感謝你拒絕借錢給我，不然我現在還不知道在哪個牌桌上坐著呢！

不能不說，每一種血型的人都會有希望得到別人理解的心理，而李四正好是利用了張三的這種心理，給他來了一個心理教育，先說自己之前怎麼和你一樣，怎麼做到了改變，然後暗示我拒絕你之

231

後你會有一種什麼樣的新生活！

當一個人用他自己的親身感受來跟你描繪一種很美好的生活的時候，你就會對未來充滿了希望，充滿了想要嘗試的衝動，也正是因為這樣，我們更加可以肯定自己也可以像別人一樣過上另外的這種新生活！

這種拒絕別人的方式用得好的話是一種非常有效而且高明的招數，但是如果用得不好的話，就像我們在電視裏面看到的那樣，反而會遭到別人的一通謾罵。說你假惺惺，明明不想幫忙卻還要說一堆冠冕堂皇的話，簡直就是偽君子。所以說，這種方式在運用的時候一定要對那個人有充分的瞭解，這樣才不至於讓自己挨一頓罵。

B **型血**：B 型血的人是一群很自我的人，他們總是容易活在自己的世界裏，不給外界一點點進入的縫隙。而且他們總是堅持自己正確然後固執地做下去，很少會顧及別人的想法，所以對很多 B 型血的人來說，他們需要的不是你苦口婆心地勸他們，而是讓他們去撞南牆，這樣他們才會死心，也只有這樣才能夠理解你當初拒絕他們的良苦用心！所以對於有些自負的 B 型血人來說，跟他們說是為了他們好，他們是不會理解的！

A **型血**：A 型血的人是一群願意接受道理的人，所以如果你說的懇求真誠一些，他們是會願意接受你的說法和拒絕的態度的。A 型血的人善於剖析自我，同時對別人給自己的評價非常敏感，有時難免顯得有些神經質。所以你說為他們好的話一定要正中他們的要害，不然一定起不到拒絕別人的效果，還會讓他們增強防衛心理！

O **型血**：O 型血的人關心自己的生命和健康，對生命有絕對肯定和讚美的思想。他們是現實主義者，同時又非常浪漫，喜歡用富有詩意的語言來作為表達的方式，欣賞有目的的生活態度，許多人

因此而走向理想主義。他們非常注意自己在集體或社會中的力量強弱，當自己力量較小時，則性格溫順，態度謹慎，設法受寵於強者，以求得保護；而當自己已居於強者地位時，便生性外露，積極表現自己，顯得非常強硬。所以對於 O 型血的人來說，如果你總是擺著一副說教的樣子，把主導的地位搶走，那麼很遺憾，他們是一定不會聽你的，甚至會覺得你就是在阻撓他成功！

AB **型血**：AB 型血的人極度自信，如果你要拒絕他們，不要擺出一副「教育你」的樣子，最好親切一些，感性一點，偶爾說一些理性的東西，做到情理結合，讓他們真切地感受你的說法，真正給他們一些指導，這樣才能夠成功地拒絕他們，而不被他們罵！

B 型血的人很自我，活在自己的世界中，所以不太能夠理解你拒絕時的良苦用心；A 型血的人卻願意接受你的說法和決絕的態度；面對 O 型血的人，你不要擺著一副說教的樣子；AB 型血的人因為比較自信，所以要做好做到情理結合。

第 **7** 章

# 婚姻家庭裏的
# 馴「愛」哲學

# 1 我的愛怎麼說出來你才懂

　　很多人都不願意把自己的愛說出來，總是說別人可以感受到，但是如果別人感受不到，又或者是別人感受到的東西和你傳達出來的意思不一樣，那麼就造成了一種遺憾。而如果因為這樣的原因讓自己錯失了一段感情，你才會明白，把愛說出口是多麼重要的一件事。

　　針對不同血型性格的人用不同風格說出你的「愛」，對她們胃口，總是比你盲目地表白要有效果得多！很多人覺得求愛對於男人來說更有成功的可能，而且男人都可以把求愛當做是一件稀鬆平常的小事。其實不是這樣的，無論男女，求愛都是一件很難開口的事情。因為很多人都把求愛當做是愛情成功與否的第一步，如果第一步就失敗的話，那就沒有機會再採取第二步的行動。如果成功了，那當然是皆大歡喜的事情；但是如果失敗了，不僅失去了面子，還徹底地失去了自己的愛情。

　　所以很多人會以擁抱和接吻表示心意，有時能成功，有時則會變成一種輕浮的舉動，對方甚至會覺得你是一個不莊重的人。而如果你總是連綿不絕地訴說自己的心情，而不給對方時間和空間思考對你的真實感情，可能他們對你的感情是同情居多，愛情則沒有，這樣的表白方式在第一步就已經註定了以後的失敗。

　　所以無論你喜歡的人是什麼樣的血型，你都應該找到他們最能接受的方式來表白，這樣才不會讓事情成為遺憾！

大學的時候，原本不喜歡上課的他卻開始期待每週一節的公開課。因為只有這節公開課他才可以注視她整整一個半小時！那個女孩就像是潔白而脆弱的花朵，輕輕飄進來，還散發著幽香！

每次上公開課，他都是最早到教室的人，因為他要搶到最後面的位置，這樣才可以毫無阻礙地看著那個女孩的背影。

他就這樣默默喜歡著這個女孩一年，從來沒有想過要去追這個女孩，因為始終不敢說出口。但是這個學期結束以後，公開課就結束了，他可能再也見不到這個女孩了。所以他開始鼓勵自己跟這個女孩認識一下，至少留一個聯絡方式，這樣的話他們以後還會有機會再見面！

於是有一天，他鼓起勇氣坐到了女孩的後面，正在想怎麼能夠得到女孩的聯絡方式的時候，女孩的手機掉了下來，但是女孩並沒有發現，他馬上彎下腰撿起了女孩的手機，然後就撥了自己號碼。當自己的手機上顯示出來電話號碼的時候，他激動得差點把手機掉下去。終於他得到了女孩的電話號碼！

於是他開始給女孩發短信，兩個人就這麼聊著，瞭解著對方。她叫李倩，是一個很感性的 B 型血女孩，她喜歡浪漫，喜歡一切感性的東西。放完暑假以後，李倩回到了學校，他決定要和李倩告白了，這天，他發短信告訴李倩，他在她們宿舍樓阿姨那裏放了一個禮物，請她去拿。李倩拿回來以後發現是一個錄音的水晶球，這個時候他的聲音響起來了，他說：「我很喜歡一個叫李倩的女孩，看到她的時候就像看到了白茫茫的雪。」這個時候，水晶球裏面就飄起了白色的雪花。然後他接著說：「我希望她可以接受我的愛，和我一起去看冬天最美麗的雪！」這個時候水晶球裏面升起了一個紅紅的桃心。李倩看著個水晶球，感動得不得了，於是打電話給

他，飛奔到他的懷裏！

男孩用他自己獨有的浪漫方式，給這個喜歡浪漫而且很感性的女孩一個驚喜，把自己的表白放在了驚喜裏面。有這樣一個對自己用心的男孩出現，怎麼能夠不好好把握呢？李倩飛奔到了他的懷裏，其實也是飛奔到了幸福的懷裏！

表白有失敗也有成功，如果我們因為害怕失敗而不去表白的話，那這就是一種遺憾，但是如果你不確定這個女孩的心思的話，就更應該勇敢地把心裏的話說出來，說不定對方也是這樣想！如果你不說出來，可能就會失去一個機會，變成終身的遺憾。等你老了的時候才想：如果當時我去跟她表白的話，說不定我們現在會幸福地在一起！可是世界上沒有那麼多的如果，也沒有後悔藥。與其等到那個時候後悔，不如現在就勇敢說出來，把你的愛大聲說出來，讓她知道，也讓她可以選擇，這樣以後就不會有所謂的遺憾和悔恨了！

但是說不是簡單地跟對方說「我愛你」就行了，要想成功就要保證自己用對方式，這樣才能有機會成功！

O 型血：對於 O 型血的男人來說，他們喜歡的是渾身散發著女人味的女人，而對於性格比較男孩子氣的女生，當兄弟是可以的，但是如果要做女朋友就需要多多考慮了。如果你是他們喜歡的那種類型，只要你主動地說：喜歡你！他就無法招架。不過，在表白之前還是應該要好好裝扮一下自己，讓自己婀娜多姿，散發更多的女人味。而且如果再表白的時候再加上一點點的嬌羞，他們就更加神魂顛倒了！

而對於 O 型血的女生來說，她們天生就有一種羅曼蒂克又有

強烈的現實性格，她們希望浪漫，但是又很現實。所以男生在追求O型血女生的時候，應該明白哪個部分應該浪漫，哪個部分應該現實一些。如果只是一味地浪漫，這樣會讓O型血女孩覺得他不踏實，沒有安全感。當然，贈送禮品及信件的交往是O型血最喜愛的一環，不要用短信、電子郵件這種方式來代替信件，雖然老土，卻可以讓女孩感受到你的真誠！

　　**A型血**：可以說A型血的男生在愛情中是最木訥的，而且A型血的男生不喜歡浮華的東西，所以那些不實際的表白招數還是不要用了，他們是實實在在的人。所以，你表白的時候就直截了當地告訴他你喜歡他就行了。

　　而A型血的女孩，在愛情裏面有些含蓄，而且這些女孩喜愛暗中的親切關懷，如果她們一點點的不舒服都被你發現，給予關懷，那麼她們會非常的感動。但是對於A型血的女孩來說，最重要的就是要耐心。如果你剛剛說完就馬上要求她們給你答案，這個時候無論她喜不喜歡你都會拒絕。給她們一點思考的時間，但是這個時間你一定不可以閑下來，還是應該跟女孩約會、聯絡，因為女孩在考驗你觀察你呢！

　　**B型血**：對B型血的男孩與其花心思去送禮物，不如與他成為談心密友。多從他們喜歡的興趣入手，但是一定不可以對B型血的男生多加要求，這樣只會讓他們害怕你。而且對B型血男生表白不用過於直白，他們能夠馬上感覺出你的意圖，含羞一些他們會更喜歡。

　　而對B型血的女生來說，帶著她們去吃一些好吃的東西，給她們送一些小禮物都會讓她們覺得你是一個很體貼的人，時而加以獻媚能夠收到意料之外的效果。

AB **型血**：AB 型血的男生喜歡為人效勞，你可以請他幫忙，然後在感謝他的時候表白，這個時候他們的自信心是極度膨脹的，而且也很容易接受別人的好意，所以這個時候的表白是最有效的！

而 AB 型血的女生雖然容易親近，但是她們總是會對你的話有所懷疑，所以要得到她們的真心，就要做到持之以恆。如果你今天還殷勤地表白，第二天卻連一個電話都沒有，那麼她就會覺得你就是一個隨便玩玩的男生，而且她們厭惡雙面人格的人，所以需要誠實應付，拖泥帶水的交往，萬萬使不得。

> 示愛並不是簡單地跟對方說「我愛你」就行了，要想成功就要保證自己用對方式。針對不同血型性格的人用不同風格說出你的「愛」，對她們胃口，總是比你盲目的表白要有效果得多！

 ## 從血型走進他的心

以前的人說：男追女隔層牆，女追男隔層紗。在以前看來，這確實是事實，因為那個時候女人應該是三步不出房門，等待著男人上門提親，男人永遠是主動的一方。如果有女人主動，那麼男人就會沉浸在被人追的美好情緒中不能自拔，自然會更容易追到手。

但是今天是男女平等的時代，男人可以追女人，女人也能夠大膽地追男人，這似乎是司空見慣的事情。現在的男人享受了太多女

人追男人的戲碼，所以要男人還像以前那樣對女人追自己抱有極大的自豪和滿足感，是不太可能的了。時代變了，我們不由地說：「男人不好追了！」

現在追男人應該要從他們的血型性格開始，根據不一樣的血型性格來制定不一樣的「追男計畫」。當然了，我們可不能保證瞭解了血型性格就一定能夠百發百中，但是如果你瞭解了他們的血型性格就多瞭解他們一分，成功的機率自然會提高很多！

是不是所有的男人都要給足他面子，是不是女人說話就一定要柔聲細語，這樣才能贏得一個男人的心？其實只要你認清楚他們的真性格，透過血型看穿他們的弱點，揣摩好他的性格，把話說到他心窩裏，這樣一來私下才好讓他聽話，才能讓他聽進去，否則再大聲也是沒用的。

小曼可是一個很有魅力的女生，她身邊有很多不錯的男人都為她著迷，但是她誰都看不上，卻看上了一個冷酷的 A 型血男人！在姐妹們看來，這個男人也沒什麼特別的，不過是長得帥了一點，但是他就像一個大冰塊一樣，誰靠近他就會被他冰凍住！姐妹們都說，找個這樣的男朋友有一個非常好的好處，就是夏天的時候不怕熱，只要靠近他就會迅速降溫！

雖然姐妹們都不贊同小曼喜歡這個男人，但是小曼還是被這個 A 型血的男人所吸引！小曼很主動地接近那個男生，但是那個男生比較冷酷，所以很多次小曼都無功而返。小曼雖然失敗了很多次，但是她仍然不死心，她覺得這個男生雖然酷一點，但是不至於什麼突破點都沒有吧！後來她發現，這個男人很喜歡踢足球，從那以後小曼開始惡補足球比賽的各種規則和技巧。大家都覺得小曼瘋了，

這麼瘋狂地看足球比賽！

　　有一天，小曼故意到操場上看這個男人踢球，然後等他快靠近的時候說：「剛剛那個裁判明明就吹黑哨了！」小曼這麼一說卻被那個男人聽到了。踢完球以後，那個男人徑直走到了小曼的面前，問小曼說：「你怎麼知道那個裁判吹黑哨了？」小曼什麼話都不說，只是看著這個男人，說：「把你電話給我，我晚上給你看一個很有意思的影片。」那個男人被他這麼一鬧，還沒反應過來就傻乎乎地把自己的電話號碼給了小曼。

　　姐妹看小曼這麼跳躍，於是就問小曼說：「唉，我說你是怎麼回事，人家問你怎麼知道吹黑哨，你卻要給人家傳影片，還要電話號碼！你這也太過於跳躍了吧！」小曼說：「用足球這招來追他的女生一定很多，你知道嗎？他是 A 型血的男人，他們有時候思維過於僵硬、刻板，所以如果我很跳躍地跟他聯繫，他一定會矇了，然後再拿他的電話號碼，這不是非常厲害的一招嗎？」

　　後來，那個男人果然沒有逃脫出小曼的「魔掌」，成了小曼的男朋友！

　　其實不怕男人不好追，就怕女人們不用腦！男人追女人的時候都要花點心思，送花、送禮物，這是對女人的一種攻勢。女人追男人就不可能再做相同的事情了，所以多花點心思瞭解他們的血型性格，根據不同的戰略和措施來讓那些男人愛上你！

　　要想成為他們的另一半，除了要瞭解他們的性格喜好以外，還要瞭解他們對愛情的要求，這樣才能更好地吸引不同血型男人的心，把他們的心牢牢地綁在自己的身上！每個人身體裏面都有著不一樣的血型，這種血型的特點會顯示出他們分別對愛情的態度和要

求，如果你想讓他們對你另眼相看，那麼就應該懂得展示出他們最想要的，而躲開他們最厭惡的！

**A 型血**：A 型血的男人對於愛情的態度跟其他事情的態度不太一樣，他們把愛情視為生命中最重要的一個部分，雖然外表看起來對什麼事情都一副冷靜理智的樣子，但是一旦投入感情，就會像是激烈的火焰一樣，燃燒著自己同時也燃燒著別人。所以對於這麼一個外冷內熱的人來說，他們會更希望自己的另一半也同樣把愛情放在第一位上，這樣他們會更有安全感。所以，如果你想和這種血型的男生有所發展，那麼就多安排一些兩個人的單獨約會，然後再製造一些令人驚奇的小浪漫，比如看日出，兩個人看到了難得一見的流星等等，這些只是屬於他們兩個的記憶，會讓他感覺到記憶深刻，回憶起來也是甜蜜的。

對於 A 型血的人來說，他們受不了別人對他們若即若離，他們是非常黏人的一個血型，如果可能的話，你應該多陪他過一些甜蜜時光！

**B 型血**：B 型血的男人總是會有一百種奇思妙想，他們熱情奔放，所以容易吸引很多女孩在身邊，如果你只是他身邊眾多女性追求者中的一個，那麼你就要多下一些功夫了！有的時候得不到的就是最好的，也是最希望得到的，B 型血的人有一種很強烈的好奇感和尋求刺激的心理，你越是裝作對他們不在乎，可能越是能夠激起他們的興趣。有人說過，女人就像是一本書，如果你這本書在 B 型血的人面前沒有什麼引人入勝的情節，他們很快就會走掉了。但是如果你永遠在他們面前表現得很迷幻、神奇，他們就越是對你捨不得放手！

其實 B 型血的男人和 A 型血的人不一樣，B 型血的人不喜歡

整天黏在一起，這樣會讓他們失去新鮮感。所以你千萬不可以跟他們每天都聯絡，過多的聯絡會讓 B 型血的男人感到煩躁，試著停幾天，然後再給他們一個小小的驚喜，這樣的效果會是非常的好。B 型血的人就很適合那種若即若離的感覺，因為這樣才保持了最佳的神秘感！

O 型血：在愛情中最樸實無華的就是 O 型血的男人了，O 型血的男人不喜歡那些不切實際的浪漫，而且如果你只是對愛情抱著玩玩的態度，那麼你最好不要去招惹 O 型血的男人。O 型血的男人不管是幾歲，都希望自己的戀愛是以結婚為前提的，所以如果你在他們面前表現出來的都是放浪不羈，不想安定下來，就算是 O 型血的人對你愛得要死，都不會跟你談戀愛的！

而要收攏 O 型血男人的心，你就盡量朝一個家庭主婦的方向走過去，只要你偶爾為他們做一頓家常飯，為他們洗一洗換下來的衣服，他們就會被你徹底征服。細水長流的愛情才是他們最渴望的。

AB 型血：AB 型血的男人都會有孤獨的感覺，這種孤獨的感覺其實是因為他們對於人際關係很疏遠，很難找到能夠談心的良朋知己。但是他們又是一群自傲的人，非常希望得到別人的欣賞。所以這個時候你就可以做他們身邊的小粉絲，把他們當做是偶像一樣來崇拜，這樣的你會讓他得到前所未有的滿足感！

所以如果你抓住 AB 型血的男人，最好的辦法就是多和他們聊聊，耐心地聽聽他們內心的真正想法，只有交流，他們才知道你是最適合他們的人！

想要走進 A 型血人的心，就要隨時製造點驚奇、甜蜜的小浪漫，走進 B 型血的人的心，你就要在他們的面前表現出迷幻、神奇；對於 AB 型血的人，可以表現出你的欣賞以及崇拜，使之擁有滿足感；對於 O 型血的人，他們最渴望的是細水長流式的愛情。

## ③ 不同血型男人心中的女神

每個男人心中都會有一個女神，或許是冷若冰霜的小龍女，或許性感十足的安吉麗娜‧裘莉，又或者是某個鄰家妹妹！不管是誰，都逃不出那幾種類型的女孩。想要獲得自己喜歡的男生的青睞，不如看看那個男生是什麼血型，通過血型大概就能夠知道喜歡什麼類型的女生了。洞悉他們心中的女神是什麼樣子的人，然後就盡量向他們喜歡的女神那種類型靠近，自然可以征服這些血型男了！

大家都說男人是視覺動物，但是其實男人對於挑選自己的妻子，他們會有不一樣的想法。對於很多男人來說，妻子和女神是不一樣的，女神是用來瞻仰、欣賞的，而妻子則是實實在在要過日子的！但是如果你知道了你喜歡的男人所欣賞的女神的樣子，讓他們既能夠得到具有女神氣質，又可以成為自己的妻子的人，這不是一件很值得他們自豪的事情嗎？而且這種兩全其美的事情發生在自己

身上，求都求不來，他們怎麼還會拒絕呢？

女人很多時候都太過於現實了，也許曾經有過一個如同王子一般的理想中的伴侶，但是由於現實中的丈夫和理想伴侶的差距有點大，於是就會漸漸放棄對這種男人的追求。但是男人不一樣，雖然他們娶了一個賢良淑德的妻子，但是這也不讓他們放棄對心中女神的思念，最後說不定在夢中喊的不是自己的妻子，而是女神的名字！所以，女人們，把自己變成女神一般的妻子吧！

小何是一個很夢幻的 A 型血的人，雖然是一個大男人，卻比小女孩還喜歡幻想，這應該就是 A 型血那種藝術的特質在作祟吧！他常常都會幻想自己是楊過，遇到了美若天仙的小龍女，然後開始了一段驚天地泣鬼神的戀愛。他覺得小龍女簡直是世界上最完美的女人。於是，他通知身邊所有的親戚朋友如果遇到一個像小龍女這樣的女人，一定要介紹給他，然後他就做神雕大俠了。所有人都叫他不要癡心妄想，整天活在自己編織的世界裏。

其實小何怎麼可能不知道這是自己編織的一個夢呢？但是這又怎麼樣，他對心中女神的愛是不會減少的，但是要娶老婆當然還是要找一個賢妻良母。畢竟小何是具有傳統氣質的 A 型血男人，所以雖然嘴上說自己要找的老婆是小龍女，但是他很明白，這只是一個幻想，最終要歸到實際，還是找一個與自己志同道合的妻子比較好。

但是有一天，小何在公司樓下看到一個女孩子，真的很有小龍女的感覺，長長的頭髮沒有做任何的修飾，就這麼垂下來，穿著一件白色的襯衫。小何不由自主地跟著這個小龍女，當他看見自己的小龍女姑娘在一家咖啡店坐下喝咖啡的時候，主動走過去跟這個女

孩打招呼，並且要了這個女孩的電話。原來這個女孩叫做張玲，和他在同一棟辦公大樓工作。接下來當然小何是很自然地追求人家，然後兩個人快樂地在一起。

不過讓人意想不到的是，其實張玲很久以前就喜歡上小何這個大男生，但是一直都不知道應該怎麼辦。有一天和他一起搭電梯的時候，聽說他心中的女神是小龍女，然後就有了長髮飄飄且一身白衣的女孩出現了！

張玲真的很厲害，一下子就抓到了重點，原本自己是一點主動權都沒有，隨便一個小計謀就把主導權收到了自己的手中。其實對於不同血型的男生來說，要找到一個完全和自己心中女神一樣的女朋友是不可能的，但是只要有一點點氣質或者是靠近的方向，他們就會像蜜蜂見到花蜜一樣跟過來了，你又何必再花心思去對他們表白呢？

現在就來看看各種血型的男生們都喜歡什麼樣的女人吧！

**Ａ型血**：Ａ型血男生容易有很強的責任感，如果他們結婚了，就一定會挑起一個男人的重擔，認真負責地照顧家庭。所以如果你是一個很傳統的女生，既能夠照顧老公、尊敬長輩，會做一些基本的家務，又能做得一手好菜，那麼不用說，你一定會成為Ａ型血男人喜歡的類型。

其實Ａ型血的男人很傳統，在這種婚姻或者愛情的意識上，他們會比較希望維持在一種男主外女主內的狀態之下，所以他們希望自己的女朋友或者妻子，能夠以一種很賢慧的方式出現在自己身邊。而且也喜歡會適當地製造一些小浪漫的女生，因為他們覺得一個會經營愛情的人，一定可以給自己帶來幸福！這樣的話，Ａ型血

的男生很容易就被馴服了！

因為 A 型血的男生有時候會比較傳統和羞澀，所以其實他們也希望會出現一個活潑開朗的女生，這樣的女生可以給自己的生活帶來一些生氣，甚至可以影響他，讓他也能夠時刻活在一種陽光、明朗的環境下！

B 型血：B 型血的男生其實繼承了 B 型血最有性格的那一面，他們浪漫、感性，追求的多是精神上的東西，對於很物質的層面他們倒是不那麼在意。所以 B 型血的男生更希望找到一個靈魂伴侶。他們可以有共同的愛好和興趣，可以坐下來聊這些東西而不會讓人覺得無聊。但是 B 型血的男人並不是那種完全不在乎女朋友外貌的人，他會希望自己的女朋友很有女人味，可以對他溫柔體貼。雖然說 B 型血的男生會更容易成為外貌協會的人，但是與他有共同的興趣愛好這一點非常重要。因為這樣他們就會有精神層面的交流，而不是每天的柴米油鹽。

所以，對於 B 型血的男生來說，只要能夠做到投其所好，這個男生基本就飛不出你的五指山了，但是如果你並不是真的對他的愛好有興趣，那麼不妨死記硬背一些專業知識。而且你不用擔心會穿幫，因為 B 型血的男人雖然有眾多的興趣愛好，但是他們也很容易就失去興趣了！

O 型血：O 型血的男生可以說是對女朋友要求最多的一個血型的人。他們喜歡那些女強人型的人，但是又不能只懂得工作而忽略家庭，他們其實不需要你時刻地黏在他身邊，還美其名曰照顧他，他會很反感這種做法。因為他覺得自己是一個可以照顧自己的人，所以你對他們的悉心照顧會變得沒什麼價值。當然了，作為女強人的女人，一定是說話處事大方得體、氣質好、善於溝通的女生。這

一點最吸引 O 型血男人的注意了！但是他們始終覺得一個女生應
要有自己的獨立性格和生存能力，如果你只是依靠這個男人，那麼
O 型血的男人就不會對你有興趣了！

O 型血的男人依然是視覺動物，他們會首先看到漂亮的女生。
所以，女生們還是去好好地把自己打扮一番吧！至少要在他們的第
一眼開始時，就進入他們的眼簾，這樣你才能占得先機。

**AB 型血**：AB 型血的男生其實並不是那麼注重外貌的人，他
們對女生的素質要求很高，在他們面前，一定不要隨地吐痰，不要
隨便地就展示出你並不是很文明的習慣，不然他們會馬上把你忽略
過去的。其實 AB 型血的男生會有一種門當戶對的要求，就是希望
最後的妻子能夠和自己相配，不一定要有多好的條件，只要兩個人
的條件都差不多，女生能夠做到聰明智慧，有愛心就行了。

各個血型的男人都會對某一種特定類型的女生有好感，所以，
問問你喜歡的男生是什麼血型吧！只要對這一點能有一個基本的把
握，相信在採取措施的時候就會事半功倍。

---

　　A 型血的男人，他們的女神是傳統型的，尊敬長輩，陽光
善良；B 型血的男人喜歡溫柔體貼，有共同愛好的；O 型血的
男人是視覺動物，喜歡漂亮女生；AB 型血的男人注重素質，
她要聰明智慧有愛心。

## 4 追求她，從血型入手

你還覺得現在的女孩都是「寧願坐在寶馬上哭，也不願在單車上笑」的人嗎？如果你還這麼覺得，那麼就大錯特錯了。看看現在的男人，什麼外遇、小三，簡直是層出不窮，這讓女人們還怎麼對自己的丈夫有信心呢？既然感情不能保證，那麼至少在物質方面得有一個很穩定的依靠，於是女孩們就用這樣的保護色來偽裝自己！哪一個女孩不希望得到一份真愛，哪一個女孩不喜歡一切都可以變得美好？

所以，男生們不要因為自己沒有車沒有房就不敢去追女生，其實女人是世界上最容易哄的動物，只要你針對不同女生的血型性格加以認識，並根據她們的性格來下功夫，她們很容易就會被你感動！但是要注意的是，不要僅僅是拿著花說些甜言蜜語來哄她們，這些招數所有男生都會用，你憑什麼讓人家姑娘選你呢？為了增加你被女孩選中的機率，最直接的一種方式就是從她們的血型下手。

追求不同血型的女孩有不同的側重點，而這種側重點的根源就在於各種血型的人的性格都不一樣，也就是說，有的血型的女孩喜歡浪漫，有的血型的女孩則更加實際一點，如果你對著實際女孩浪漫，她們會覺得你不切實際；而如果你對著喜歡浪漫的女生來一套實際的追求方式，那麼那些女生會覺得自己瞎眼了！所以，只有把最擅長的和她最喜歡的東西結合起來，你才有勝利的把握！

夏言是一個成功的 AB 型血的女人，有自己的公司，而且漂亮、能幹，在家的時候又能夠哄得公公婆婆高高興興的。而

夏言的老公卻只是一個平平常常的男人，每天上班下班，話不多，
也不是高大威猛型的。很多人都問夏言，為什麼會喜歡這樣一個男
人！

　　夏言說，那個時候追她的人可多了，而且條件不錯的也不少，
但是那個時候會選擇現在的老公，是因為夏言的老公採用了最厲害
的追求方式。

　　那個時候夏言是班上很有人緣的人，而她的老公只是一個默默
無聞的男生。這個男生其實沒有什麼很有特點的地方，有時候在班
裏開會都會默默地把他忽略了。可是不知道什麼時候開始，夏言身
邊所有的朋友都在跟她說有一個男生特別好，而且那個男人喜歡
你。追求夏言的人實在太多了，但是沒有一個能看得上眼，對於這
樣的話夏言不會多說什麼，她也從來不放在心上，因為她知道很多
男生不過是一時新鮮。但是每天在宿舍的時候，夏言都會聽到舍友
們說到一個男生，慢慢地夏言記住了一個男生的名字，叫作劉強。
夏言的每一個朋友都會跟她說劉強是一個好男人，漸漸地夏言開始
注意這個男生，而朋友還一直說要撮合他們見面。這讓夏言很好
奇，是怎麼樣一個男人會讓所有人都喜歡他。

　　當然，最後的結果就是大家一致撮合他們，而夏言覺得能夠得
到她所有的朋友喜歡，應該真的也是一個好男人，於是最後他們兩
個在一起了。

　　夏言的選擇沒有錯，她的老公確實是一個好老公！所以對所有
男生來說，對你喜歡的女生多一些瞭解，知道她們是什麼血型的人
才能夠有一套很準確的追求方案，最好一擊成功！

　　**O 型血**：O 型血的女人比較注重第一印象。與 O 型血的女人

交往，如果一開始就給她留下不良的印象，以後要恢復是相當困難的；與此相反，假如初次見面你就給她留下好印象，以後你與她交往也就會順利得多。

為此，要對對方懷有誠意，讓她感受到你的真誠，她才會放心與你交往，直至產生信賴。磨磨蹭蹭，拐彎抹角的表達方式是不會讓 O 型血的人動心的。一定要特別清醒地看到她的優缺點，不要亂拍馬屁，也不可自作聰明地開導她，那樣做只會是惹她生氣。與O 型血的人約會，最好選擇她最得意的業餘愛好，也可選擇她最喜歡的工作作為約會中交談的話題，而且一言一行最好使用請教的語氣。但要注意，與她相會時絕不可思想開小差走神。她最喜歡你送一件可留作紀念的禮物。交往中要讓她知道你非常喜歡她；對她的優點表示由衷的讚賞，並為共同的未來描繪出美麗的藍圖。當然，也很有必要事先把自己的條件、境遇以及婚姻觀告訴對方，滿足 O 型人喜歡講究實際的性格。

**AB 型血**：一般來說，發動猛攻不會使 AB 型血女孩動情，也不可能獲得她的信賴。與她戀愛應先從與她的朋友接觸開始。廣泛地與他們交朋友，最後由她值得信賴的朋友出面介紹，幫你敲邊鼓。此外，AB 型血女孩比較討厭低級趣味的言行。用纏綿的情書去打動她的心，不失為一種好方法。有的 AB 型血女孩非常討厭家庭中各種各樣複雜的關係，因此，最好不要讓家人出面提什麼要求和希望。

AB 型血的人最喜歡別人有求於她。如果帶上一件向她請教的事情去約會，她將非常樂意。她最不喜隨潮流，不喜歡華麗的衣著打扮。她追求的是高雅的情趣和生機盎然的談話，希望你與她的約會能陶冶情操。與她約會最好是參觀美術館，看有意義的電影。要

注意，她不善於交談感情變化多端的話題。

向 AB 型血女孩直接表白，大都會使她感到困惑。最好是找位雙方可以信賴的朋友，耐心地向她介紹情況。只要讓她認為你是可以放心交往的朋友，就會有一個好的開始。

**A 型血**：對於 A 型血的女孩，即使已經有了一定的感情基礎，也切不可有絲毫急躁的表現；一旦你表現太露骨，太強加於人，那將是最危險的。在與她們尚未深交之時，不能急躁，應順其自然，坦率地表現你的性格，敞開你的心扉。但需要注意的是，不可用嚴苛的要求來約束對方。一旦刺傷 A 型血人的自尊心，將很難抹平。窮追不捨，速戰速決的方式對 O 型血的人或許奏效，但對 A 型血的人，所得到的只能是對方的勃然變色，揚長而去。

對於 A 型血人，假如能取得她親友的好感和信賴，將有所幫助。求愛必須主動，但不能要求對方當場表態。與 A 型血的人約會，一定要避人耳目，不能過早公開化。A 型血的人喜歡你衣冠楚楚與她在幽靜的海濱漫步敘情。與她約會，一定要有豐富的話題，生動風趣，信手拈來，無所不談。她還喜歡富有幽默感的男人。給 A 型血女孩送禮物不在於輕重，要讓她認為有實用性。對於來自對方愛的試探，不要馬上敞開心扉，立即表白，要沉著冷靜地表示你對她的愛慕之情，細心地關懷對方，不可急於求成。一旦她認為你是她唯一可求助可信賴的人，你就可以贏得愛情了。

與 A 型血的女人交際時要注意的是，儘管你跟她比較合得來，也不可隨便打聽她的隱私，更不可老是追究她在想什麼？做什麼？對她不要醋意大發，也不要有絲毫的心猿意馬，不然她會馬上與你分道揚鑣的。

**B 型血**：B 型血的女人好接受忠告，假如與她們談話很投機，

那麼與她們交往的成功可能性就有一半了。此後，盡情地表達對她的愛慕之情，即可順利地獲得她的信賴與愛情。以 B 型血人的氣質來看，她不喜歡太過拘泥，必要時可取得她親友的支持，但不要做得太過分。此外，還要注意到她執拗、任性的脾氣。與 B 型血的人相處，不必考慮誰提出求婚。不過要注意，B 型血的人有時會同時與幾個人交朋友，必須弄清她的真實想法，然後再表白。

與 B 型血女孩約會，最好以有事商談為由，比較容易接近。B型血的人喜歡生動、活潑的談話氣氛。她喜歡富有朝氣的穿著打扮，也喜歡與你一塊兒看電影或看體育比賽。給 B 型血的人送的禮物，一定要是雙方都感到很有意義的東西。要注意，她是不能容忍你隨隨便便的態度的。一旦發現你有漫不經心的表現，你就再也不會有第二次與她見面的機會了。

與 B 型血女孩交往，要不加任何掩飾地直抒情懷，用向上司求助的語氣與她交談，會使富有同情心的 B 型血人格外高興。在這基礎上，可循序漸進地表達自己的感情。在與她交往發展到一定程度後，也不可輕易放鬆，不然也會前功盡棄。當發展到可以跟她約會時，不管她談論什麼話題，也不管她說得怎麼樣，你都要津津有味地傾聽她的發言，選擇恰當的時候，表示你對此話題的興趣。

> 追求 A 型血的女生，要有幽默感，要足夠真誠，要保護她的隱私；追求 B 型血的女生，要盡情表達對她的愛慕之情，可不借任何掩飾直抒胸懷；追求 AB 型血的女生，不能急躁，要順其自然；追求 O 型血的女生，要留下一個好的第一印象。

# 5 不同血型的人對浪漫的期待值

　　對不同血型女孩用不同的方式表達浪漫，用對方法節約錢，效果還特別明顯。不要說自己的女朋友不喜歡浪漫，其實每一種血型的女孩都有著不一樣的浪漫期待，只是很多時候為了某些原因，她們會把自己內心的浪漫期待變成一個秘密，放在自己心中。但是作為男朋友，怎麼能不經常來一些小浪漫讓自己的女朋友高興呢？

　　而且對於兩個人的感情來說，如果只是簡單的平淡度日，那麼感情一定會漸漸淡下去。所以我們應該要學會製造一些小浪漫，來讓自己的感情一直處於新鮮、有味道的狀態！

　　其實浪漫不僅僅是對正在熱戀的人才有用，結了婚的人也應該時常和自己的妻子或者是老公製造一些小浪漫，這樣才能夠保障夫妻之間的感情不會被生活中的瑣碎小事所消耗，最後走到離婚的地步。夫妻之間，特別是人到中年，沒有了當年的卿卿我我，再加上兒女大了，都有自己的朋友圈子。乏味的生活和一成不變的工作環境使人感到壓抑且無奈，所以就算是中年的婚姻都應該時不時來一些小浪漫，這樣能夠讓家庭生活更加有滋味，讓整個家充滿了活力！

　　一份感情需要兩個人付出真心去經營，不要總是說浪漫是需要花錢的，而因為自己沒有錢就不給對方來一點浪漫，其實浪漫在於一個人的心，而不是錢！錢可以買到花，買到鑽石戒指，但是買不到你真心付出的浪漫。只要你願意，你就可以通過對對方的瞭解而製造一些屬於你們兩個人之間的浪漫。浪漫和金錢無關，只在乎你是不是有這樣的心。

王偉和小愛結婚快七年了，大家都說結婚會有七年之癢，熬不過去的很可能就會有一個不好的結局，於是很多人都跟小愛說一定要小心，不然等離婚了才來後悔就晚了！

但是小愛知道，別人的婚姻可能有七年之癢，自己和老公的婚姻一定不會有這種事情發生的。王偉和小愛都是浪漫的 B 型血的人，他們兩個在性格裏面都有很多浪漫的因素，所以他們的愛情和婚姻也會特別的浪漫。兩個人結婚的時候就決定每一年的情人節都要在一起過，每一年的結婚紀念日都要給對方送禮物。剛開始的時候兩個人都沒有什麼錢，於是小愛就給王偉做一頓燭光晚餐，而王偉就用紙折玫瑰花給小愛，兩個人雖然沒花什麼錢，卻依然過了一個浪漫的結婚紀念日。

有一年的情人節，本來說好一起過的，但是沒有想到王偉被公司派到外地出差，小愛晚上一個人在家，想著原本可以過一個有老公陪伴的情人節，但是沒想到現在只能自己獨守空房。正在這個時候門鈴響起來了，一個戴著鴨舌帽的男人送快遞來，他低著頭說：「小姐，這是你的快遞，請你簽收。」但是小愛接過快遞的時候卻發現單子是一張賀卡，小愛還沒有反應過來的時候，王偉已經把鴨舌帽摘下，抱起了小愛。小愛抱著老公，感動得一塌糊塗，最後竟然哭了。

原來王偉是去外地工作了，但是為了趕回來陪小愛過情人節，把兩天的工作都在一天之內做完了。為了完成工作，王偉熬了一個通宵，小愛看著王偉巨大的黑眼圈，心疼得不知道怎麼辦才好！

就算是兩人有了孩子，他們也還是那麼恩愛，常常會給對方一些小驚喜，這些事情在他們的孩子看來是很平常的事情。也因為這樣，他們家裏的感情就特別好！

　　浪漫其實是一件很簡單的事情，只是看你懂不懂得對方需要什麼。有人說過，當我需要的是一個蘋果的時候，你卻給我一車香蕉，在你自己看來或許是浪漫的人，但是對於你的愛人來說，這卻是一種浪費。其實，浪漫就是很簡單的兩個人好好為對方選擇一個大家都喜歡的方式來相處！不要覺得浪漫就一定要買一顆鑽石戒指給對方，也許你的愛人會覺得你這樣做不是浪漫，而是浪費！

　　要讓別人覺得你是浪漫的，就要明白對方需要和喜歡的浪漫是什麼樣子的，然後根據對方的需求來製造一個個浪漫的驚喜。不管是鑽石戒指還是一朵用廢報紙折的玫瑰花，只要你懂得利用環境，懂得對方真正需要的浪漫，你就能夠感動對方！而對於任何一個人來說，最大的浪漫就是你對他的愛！

　　其實對於四大血型的人來說，他們有的喜歡禮物，有的喜歡你對她說一些甜言蜜語，有的則可能更喜歡一起談心聊天，這些差異都是因為他們身上的血液不一樣，他們都有著各自的想法和對浪漫的理解。

　　**O 型血**：O 型血的人總是充滿陽光和自信，他們相信什麼樣的浪漫都比不上實實在在的努力，只有過上不愁吃穿的好日子，他們才會覺得這就是浪漫。其實在 O 型血的人眼中，玫瑰、燭光晚餐都抵不上一個積極的人帶來的安全感，她們會覺得能夠在大風大雨的時候為你擋風遮雨，就是天底下最浪漫的事情。也許他們會覺得最浪漫的事情就是和你一起慢慢拼搏奮鬥！

　　**A 型血**：傳統、含蓄的 A 型血的人，他們的愛是沉穩、傳統、溫柔的。他們不善言辭，但是他們的浪漫卻會體現在生活的各方面。也許情人節那天你沒有聽到對方為你說一句甜言蜜語，但是很可能枕頭底下就放著你最想要的一份禮物。其實對於 A 型血的人來

說，浪漫不一定非要在特殊的日子裏面，浪漫可以是在每一天、每一秒中，他們更喜歡細水長流、溫情脈脈的浪漫方式。

B 型血：B 型血的人因為性格中就有浪漫的因素，也就是說他們對很多事情都會有很浪漫的見解，尤其是對愛情這個本身就很浪漫的事情來說，他們更期待它的來臨。他們非常期待一種熱烈的浪漫方式，最好是你能夠在全餐廳的人面前跪下來祝她情人節快樂。他們需要把這種浪漫的幸福情緒傳遞給別人，或者展示在別人的面前。這樣會讓他們覺得幸福，而他們期望的浪漫會更要求對方說一些甜言蜜語，對他們來說，浪漫必須要說出來，不然誰能夠感受到啊！所以對於 B 型血的人來說，多說一些「我愛你」、「我不能沒有你」這樣的話會更能夠讓他體會到浪漫。

AB 型血：AB 型血的人有很輕鬆和孩子氣的一面，所以他們需要的浪漫最好是能夠無限寵愛他們的浪漫。如果你可以把他們當做孩子一樣地寵愛，他們就會覺得你在做世界上最浪漫的事情。給他們買一盒巧克力，看著他們吃得開心的樣子，你會覺得自己也是幸福的！

無論是對誰的哪一種浪漫，說到底需要的都是對對方的一顆真心。如果沒有了這顆真心，就算是你每天給對方一個巨大的鑽石戒指、項鏈，他們也不會覺得浪漫。

> 　　傳統、含蓄的 A 型血的人，喜歡細水長流的浪漫方式；浪漫的 B 型血的人渴望浪漫並樂於展現浪漫；有點孩子氣的 AB 型血的人喜歡寵愛式浪漫；陽光自信的 O 型血的人渴望的是遮風擋雨安全感式浪漫。

##  教你駕馭不同血型的丈夫

每個女人都覺得自己的丈夫在婚前和婚後不是同一個人！原本以為自己可以駕馭他們，於是開開心心地嫁給他們，然後才知道結婚之前說好什麼都聽你的是一個大騙局。結婚之前說要上繳薪資和獎金，但是結婚之後卻開始存起了私房錢；結婚之前說家務什麼的都是他來做，可是結婚之後拖個地就嚷著自己多辛苦；結婚之前說好不和公婆一起住，最後卻和公婆擠在一起生活。女人不明白為什麼男人會變得那麼快，男人不明白為什麼女人要時刻管著自己呢？

其實這是一個很簡單的道理，男人需要被駕馭，只有這樣，你才有權利。如果你不懂得抓住每個血型丈夫的優點和缺點，那麼你永遠都要忍受丈夫的婚後變化！現代女人如果駕馭不了自己的丈夫，那麼這個女人就不是一個成功的女人。

現在的社會中有太多的誘惑，男人禁不住誘惑的時候就是你的婚姻破裂的時候。所以對任何女人來說，結婚就像是一場保衛戰，保衛著丈夫這座碉堡，但是如果你什麼都不瞭解，甚至不知道這個碉堡裏面的結構，那麼總有一天你的碉堡會被別人攻佔，你的心血會變成別人的勝利品！所以你要瞭解你丈夫的血型性格，瞭解他們做每一件事的動機和企圖，在他們還沒有行動之前就迅速地殲滅他們反抗的火苗！對付不同血型老公有不同的方法，到底用什麼方法讓他能夠按照你的要求來做事呢？

小西的丈夫是一個 O 型血的成功男人，在外面他是一個非常有威嚴的經理，什麼時候都能夠果斷地下決斷，而且他的領導

風範一直都是公司同事津津樂道的話題！沒有人知道，這個在公司說一不二的男人回到家以後，卻是一個被老婆吃得死死的老公！

雖然說 O 型血的人具有很典型的強者氣質，但是每次老公在家發火咆哮的時候，小西只要兩三句話，老公就什麼火都沒有了。有一次，老公家的親戚來找他們家借錢，小西覺得這不是一件大事，於是就在沒有告訴老公的情況下把錢借了出去。晚上老公回來以後，小西把借錢的事和老公說了，老公突然臉色一沉說：「你怎麼就這樣把錢借給他們了，我借誰都行，但就是他們家我怎麼都不借。還記得我以前上大學的時候，沒有學費，我媽媽就去找他們家借錢給我交學費，但是他們不僅不借還把我媽趕了出來！現在他們還好意思來找我借錢！你也是，人家來借錢這麼大的事情也不跟我商量一下，你就這麼自作主張！」

小西臉色也沉了下來，她等老公都說完了以後說：「你現在說完了是嗎？那輪到我說了，你知道人家借錢是拿去幹什麼嗎？是拿去救命，他們家的老奶奶進了醫院，要交手術費，就差五萬塊錢，你說我們怎麼能見死不救呢？還記得去年我們一起回老家，他們家的老奶奶多喜歡我們女兒啊，又是給棗又是拿核桃的！這些事情你怎麼就記不住呢？做人可不能像這樣，我們以德報怨，讓他們知道我們心胸很寬廣，他們自己會回去反省自己以前做過的事情！」

說完以後小西繼續吃自己的飯，老公站在一邊好一會兒，才過來坐下說：「好嘛，我不對，我剛才不應該這麼說！」小西這才笑了！

其實小西知道，對付老公最好的辦法就是跟他說道理，因為老公是 O 型血的人，這種人最大的優點就是能夠接受別人的意見！只要你說的是道理，那麼老公就沒有發火的餘地！

　　小西就是抓住了老公講理的這個特點，每次都能成為老公的剋星！當然了，小西也不是那種無理取鬧的人，所以小西能夠很好地駕馭丈夫。其實對待丈夫不能像是對待孩子一樣只會管，丈夫是和你在這個家裏平起平坐的人，你不能去管這樣一個人，而且如果管得不好，兩個人整天吵架！所以對待丈夫，最好的辦法就是駕馭！駕馭是一個很好的方式，不會去死乞白賴地管著他，約束他，而是對老公做一個正確的引導，引導他們贊同你、認可你，最後按照你的思路去做事！這樣才能夠促進夫妻兩人的關係，而不是整天吵吵鬧鬧！

　　要駕馭一個人，最基本的就是要瞭解這個人，如果你對他們沒有十足的把握，那麼你就沒有駕馭他們的韁繩。

　　**A 型血**：A 型血丈夫總是能給人一種正派的感覺，他們應該是一群辦事認真而且嚴肅的人，讓人一看就覺得他們是好男人的典範。其實不止是外表，他們骨子裏也是很尊重社會規範的男人，他們會尊重社會的道德，不會輕易地去觸碰某些道德底線，這一點讓他們的妻子既放心又覺得驕傲！

　　但是他們在家裏的時候時常沉默不語，於是給人的感覺就會很壓抑，其實他們並不是有什麼不開心的事情，而是因為他們常常是有話不願意說，所以很多感情都壓抑著，到最後情緒就變得很複雜了！他們常常會因為過於壓抑而爆發，一旦爆發就會很恐怖。所以作為他們的妻子，最好是能夠在平時就幫助丈夫梳理他們的情感，長久的積壓不僅對身體不好，而且一旦爆發出來，就會像火山噴發一樣不可收拾。所以平時的梳理是很重要的！

　　**B 型血**：B 型血丈夫是樂觀自信的人，就算是困難重重，他們也能夠一笑置之！他們氣質裏面有很強烈的豪氣，所以他們對於很

細節的東西完全沒有處理能力。想問題的時候一般只在乎大方向，而不會在乎一些小細節。作為他們的妻子，應該為他們考慮得更加細緻一些，甚至可以考慮到他們吃什麼、穿什麼。但是最讓 B 型血丈夫的妻子擔心的是，B 型血的丈夫時常改變主意，這讓家人很煩惱。他們其實不是喜歡改變主意，而是因為腦子裏會不斷地冒出新的想法和主意，但是作為妻子要想駕馭住丈夫，就要適度地拿主意，讓家裏的人都支持你，然後你們就有對抗丈夫的籌碼了！

AB 型血：AB 型血的丈夫可以說是對妻子態度最不好的人。但是最讓人不解的是，AB 型血的人對外面的人都是一副和藹、親切的樣子。但是只要回到家，他們像是脫下面具一樣，馬上進入一種嚴肅的狀態，而且也不會跟家裏的人多說一點話，多交流一點點，因為在他看來，只有保持這種嚴肅，他們才能夠保證在家中的這種威嚴。也許是因為在外面過於親切，回到家以後有的 AB 型血的丈夫會變得滿嘴的抱怨和牢騷。妻子都應該保持一種理解的心情。如果老公實在不能駕馭，你就可以躲在一邊裝可憐，一邊傾訴自己多麼可憐，一邊偷偷抹眼淚，這樣一來 AB 型血的老公自然會心疼你的辛苦，什麼事情都聽你的了。

O 型血：O 型血丈夫是一個十足的工作狂，因為他們覺得只有努力工作，才能讓自己的家人過上好日子，這樣才對得起自己的責任。或許是太過於專注工作，有的時候得罪了人也不知道，而一個好妻子就要站出來為丈夫處理一下這些人際關係。在家庭當中，他們可以說是頂樑柱。由於他們過多強調理性，因而一方面他們有著善於接受合理意見的長處，同時在另一方面他們又有著不善於體會別人感情上細微變化的缺點。當他們強烈地表現出單純而又頑固的性格時，也許會使人感到他們是難以交往的人。所以，妻子一旦抬

出大道理來以後，O 型血的丈夫就什麼話都沒有了！

> 　　駕馭 A 型血丈夫，在平時的時候也要注意對其感情的梳
> 理；駕馭 B 型血丈夫，要學會考慮得更加細緻；駕馭 AB 型血
> 的丈夫，要學會理解和示弱；駕馭 O 型血丈夫，要幫他處理
> 人際關係，適當地講大道理。

## 7 不同血型老婆的家庭理財觀

　　現在大家都會有這樣一種觀念，就是必須要理財，這樣才不會讓自己辛苦賺來的錢變成通貨膨脹下的犧牲品。但是不同血型的老婆，對於理財有著不一樣的看法，有的血型的老婆喜歡把錢拿出去投資，讓錢生錢，但是有的血型的老婆卻情願讓自己家裏的錢乖乖地安安穩穩地躺在銀行裏面。其實理財的觀念是仁者見仁智者見智，沒有絕對的好與絕對的壞！

　　不過現在的理財需要更加小心，更加謹慎，不要把自己多年的心血就這麼草率地投入下去，如果虧了那不就是血本無歸嗎？你不理錢，錢不理你。很多人總希望自己能不斷地漲薪資，有更多的收入，以為憑著這個就能過幸福生活。但是他們不知道，自己銀行裏的錢正在變得越來越不值錢了！

　　曾幾何時，「理財」對於每一個家庭來說都是很陌生的一個詞，但是隨著生活壓力的加劇、年齡的增長、意識的膨脹、環境的

逼迫，才漸漸懂得理財的重要性。懂得未雨綢繆，才能後備無憂。理財有很多方式，每個人選擇的種類都不一樣，這是因為每個人的血型性格不一樣。在家裏，很多丈夫都是把錢交給老婆保管，丈夫一般是不會管家裏的理財情況的，所以理財方式的決定權很大程度上是在老婆們的手上！

于小錢在一家公司做經理，因為他薪資收入也不錯，所以于小錢的老婆就專門在家照顧孩子和老人，一家人靠著于小錢的薪資，生活得也算不錯。因為夫妻兩人平時生活不會鋪張浪費，而于小錢每次拿了薪資以後都如數上交。不知不覺，于小錢和老婆也存了點錢。這些錢說多不多，說少也不少。

最近于小錢的老婆聽鄰居的太太們都說買股票能賺很多錢，而且大盤的走勢不錯，接下來肯定能夠賺不少錢！于小錢的老婆是一個 B 型血的人，所以做事比較衝動，在沒有什麼投資經驗的情況下卻想一口吃成胖子，現在有這麼一個人煽動，她當然不會放過了。正好于小錢的老婆覺得自己家裏有了一點存款，但是如果做大的投資，那一定是不夠的，那麼點錢；但是如果就這麼存在銀行裏，又覺得太可惜了，畢竟銀行的利息那麼少，錢存在銀行裏只能是一年比一年少！於是她決定學那些太太們，把錢投到股市上，希望通過這樣可以賺一筆錢，然後給老公一個驚喜，至少說明自己不是一個什麼都不會的家庭主婦。

於是她就把錢都拿出來投進了股市，開始的時候，她買的那幾檔股票都漲了，而且還漲得挺好的，她可高興了，畢竟這是她第一次投資，而且還賺了錢。她高興得不行，看勢頭那麼好，於是就又買了幾檔股票。可是沒想到，她後來買的那幾檔股票不停地跌，剛

開始的時候她還覺得這是小型的震盪，過兩天一定會漲回來的！所以她一直等著，也不肯賣出股票。沒有想到一個星期以後，她投進股市所有的錢都賠光了。這個時候她才忽然意識到自己這麼做太草率了，但是已經沒有辦法回頭了。

于小錢這天回來以後發現老婆不太對勁，就問她怎麼回事，她才把買股票的事情全部說了出來。于小錢歎了口氣說：「算了，錢沒了可以再賺，只不過以後無論你要做什麼投資，都要先和我商量。」于小錢知道這個時候怪這個靠感覺辦事的 B 型血老婆已經沒有用了，只是希望沒有下次了！

其實投資這種事情不僅僅要靠後天的學習，更重要的是要靠天分，有的血型的人身上就是會有一種對理財獨有的敏感，就算是靠直覺也能夠讓自己在這個過程中獲得利益。但是有的血型就像是于小錢的老婆一樣，缺少了投資的先天條件，所以只能靠後天的學習，但是如果連學習都直接跳過去，那麼就註定要失敗了。

決定每種血型的投資才能的是他們血型性格中對數字的敏感程度和對於風險的承受能力。下面我們就來看看各個血型的人對理財的態度和觀念吧。

A 型血：A 型血的人大都保守，在他們的思維中覺得，自己好不容易賺來的錢，如果賠了怎麼辦？出於這樣的擔心，所以 A 型血的人對於沒有全勝把握的投資是非常謹慎的，如果她們覺得有一點點問題就不會投資，寧願把錢存銀行。而且對於她們來說，如果讓別人知道自己的經濟狀況會有一種很不安全的感覺。

A 型血人的理財特點：A 型血人在理財方面的特點是細心謹慎、穩定性佳，有耐性、不急躁，且不易浪費錢財，挑選或購買物

品的品味極好，對於錢財的管理有自己的主見，不會受環境或他人的影響，但有時候缺乏一定的整體計畫，眼光有一定的局限性。

　　**B 型血**：B 型血的人容易亂花錢，他們對錢財的態度很隨性，很少有人會做一個計畫，就算是做了計畫，也可能變成一紙空文，沒有任何的意義。但是他們不是不知道存錢的重要性，而是他們有太多應酬需要應付，所以很難存下錢。也許上個月好不容易存的錢被某一個突發事件消費了！對於 B 型血的人來說，出去應酬就一定要帶錢，帶錢了就一定要搶著付錢，這不是因為他們很大款，只是他們的性格中就有這樣的特徵，容易熱情，重視感情，在他們看來，錢和感情比起來，當然是感情比較重要了！而在投資這回事上，他們容易受到朋友的影響，缺少該有的理想思考和主見，總是跟著別人，別人投資什麼，他們就投資什麼！但是要知道，投資最忌諱的就是跟風！

　　B 型血人的理財特點：他們有強烈的節省和存錢的願望，但是這只是停留在願望上面。他們常常會因為一個衝動就花錢，一個月下來總是會有一些莫名其妙的消費。而且他們投資的心態不是特別好，總是希望今天投一分錢進去，明天就能夠有一塊錢的收益，於是在這種情況下就容易走入投資的誤區中。

　　**AB 型血**：AB 型血的人是一群很平靜的消費者，他們沒有過度的慾望，沒有衝動消費的記錄，在買東西這件事上很冷靜。因為心態上比較平靜，所以他們在金錢這方面可以比較冷靜地看待。他們會有明確的存儲計畫，而且這個計畫不會像 B 型血的人那樣只是一紙空文，他們會嚴格按照自己的計畫來存儲。AB 型血的人一般不亂花錢，他們會在花錢之前想清楚這個東西是不是真的值得買！如果不值得或者不適用，就算再喜歡他們也不會買的。

　　AB 型血人的理財特點：AB 型人對錢財的規劃性較好也較細緻，喜歡存錢，注重把錢用在刀口上，每一分錢盡量發揮最大的作用。對於財富的處理方式較低調。在他們眼裏，東西的價值只在於其價值本身，而不在於其價格的高低，他們自有一套客觀合理的判斷體系。

　　O 型血：O 型血的人被認為是四大血型之中最會理財的人，而且似乎在他們的血液中有一種天生對金錢的敏感度，他們很清楚要怎麼利用金錢來改善自己的生活，不止這樣，他們還懂得錢生錢的道理，而且最厲害的地方就是能夠用別人的錢來為自己賺錢！雖然他們懂得賺錢，但是也是一個很懂得花錢的人，而且有的時候因為一時衝動一擲萬金，可以說是衝動消費的殿堂級人物！但是在他們冷靜的時候，又會對花出去的每一分錢都追問到底，這個時候他們會覺得賺錢也不容易，必須要明確每一分錢都是怎麼花出去的。真是很難理解的 O 型血人，既然知道賺錢不容易，卻又這樣一擲千金！

　　O 型血人的理財特點：O 型血人對錢財的慾望比較強烈，有很強烈的金錢觀念，對於賺錢會有較強的主動性和行動力，但花費的方式也是較大手大腳，屬於能賺會花、大進大出型。對於錢財的管理缺乏一定的計畫性，雖然某些時候因為突然產生一定的危機意識或者來了興致，會有想節省的念頭，但往往不能堅持。

　　對於理財：A 型血的人細心謹慎，有耐性，但是缺乏整體計畫，有局限性；B 型血的人，有強烈的節省的願望，但是會衝動消費；AB 型血的人有細緻的規劃，是平靜的消費者；O 型血的人是最會理財的，屬於能賺會花、大進大出型。

第 **8** 章

# 職場兵法，水來土掩

# 1 你的血型適合什麼工作

　　每一個人都有一定的血型，一個人的血型是與生俱來的，絲毫不受外界環境的影響而有所改變，它是一種特質。從血型中可以看出一個人的性格，由於性格上的不同，也關係著一個人將來的運程。瞭解自己的性格，看看自己適合什麼樣的工作。

　　對於工作，很多人都覺得一定要選擇自己喜歡的職業，這是一個盲點！就像很多人都喜歡聽音樂，卻不一定能夠成為一個音樂家；大家都喜歡看電影，卻不是每一個人都適合當演員。所以，我們應該找適合自己的工作，只有適合自己的性格特徵，我們才能夠幹出一番事業，闖出一個新天地。

　　雖然說要找一個適合自己的工作，但是很多時候我們都不知道自己到底適合什麼樣的職業，於是忙忙碌碌耗費了很多時間。其實適合自己的工作和性格有很大的聯繫，我們的血型性格在一定程度上決定了我們的行為模式，在很多事情上就會產生和別人不一樣的做法，於是就決定了我們適合什麼樣的工作！工作的選擇對於任何一個人來說都是很重要的，因為只有在適合的工作上我們才能夠做出成績，才能夠快樂生活。我們工作是為了生活，但是生活卻不單單是為了工作，每個人都有自己獨特的血型性格，而且這種血型性格的特點不是通過後天養成的，而是從你出生就存在於你的血液中了。與其要痛苦地改變性格，不如找一份適合自己的工作，這樣的生活不是會更加開心嗎？

張麗剛剛大學畢業，對於自己要找什麼樣的工作，心裏著實沒有方向。其實張麗是典型的 A 型血的人，她有很強的領導意識，在學校的時候她是班長，是學生會生活部的部長，她非常享受這種可以帶領別人做事的感覺。那個時候張麗的老師就跟張麗說過，她非常適合自己組建一個團隊來工作，因為她有源源不斷的活力和很強的組織性，可是張麗並沒有在意。

在猶豫了很長一段時間之後，張麗的父母提出讓她去參加公務員考試。張麗覺得自己既然還沒有想好要做什麼工作，那不如去試試。她對自己考上並不抱太大的希望，甚至都沒有考慮過這份工作是不是適合自己，自己是不是可以勝任這份工作。

糊裏糊塗的她就去考試了，沒想到的是她通過了筆試、面試。在她還沒有反應過來的時候，她已經到公家單位上班了。

她每天的工作不多，做完以後就在辦公室裏走來走去、電腦面前轉轉。和她在同一個辦公室的人都是一些年紀比較大的人，有時候她散發活力卻沒辦法感染這些人，於是每天都在死氣沉沉的狀態中上班下班。

這天老師打電話問張麗工作怎麼樣的時候，張麗說：「我現在特別希望能夠有一個屬於自己的天地，可以支配所有的東西，可以展示我的活力和熱情。而這些在我的工作中都不能夠實現。」老師聽了她的話，說：「以前我提醒過你，你的性格並不適合公務員這樣的工作，但是你並沒有接受我的建議。我們每一個人都有一種獨特的性格，只有找到合適的環境，才不會覺得壓抑。」

這個時候的張麗後悔極了，但是真的要她辭職，她又覺得對不起父母。

不能說張麗錯了，只是她在選擇職業的時候沒有對自己進行一個全面的分析瞭解。當然了，我們每個人都需要一個摸索的過程，但是瞭解自己是走上正確道路的前提，如果你還沒有瞭解了自己就匆忙地做出選擇，可能結果就是像張麗這樣後悔莫及。

我們需要根據自己的血型特點來為自己做出最合理最適合的職業規劃，而每一種血型都有一些適合的工作，這些工作都是根據每一種血型性格的特點做出的選擇。當然你也不一定就非要選擇這些工作，但是你最好還是自己去嘗試一下接近自己性格的工作，這樣才有可能獲得你希望的成就，獲得別人對你的認可。

A 型血：A 型血的人在工作上會有一些矛盾的特點。雖然說他們是一群很有自信心的人，但是這種自信在遇到挫折以後就容易喪失，而這種自信喪失的標誌就是他們變得優柔寡斷起來，做事搖擺不定，這些現象一旦出現，就表示 A 型血的人現在是沒有信心的時刻。A 型血的人會特別和平，但是這種和平在被人看來是一種懦弱。他們對人的態度比較消極，總是會覺得與周圍的人相處最好就是淡如水，沒有過多的交集，自然不會起太多的爭執！所以在他們的思想上會覺得並不是那麼的積極進取，有一種得過且過的感覺。

他們做事善於在一個固定的框架中行動，如果少了這個框架，反而不知道要怎麼做了。但是不得不承認，他們在工作的時候會更加認真細心，而且踏實有責任感。但是從血型性格的分析上看來，他們並不適合做必須與人打交道的工作，更適合做公務員、科技、經濟規劃、作家等職業！

B 型血：雖然說在有的場合 B 型血的人對於社交非常的活躍，但是在工作的時候卻缺少團隊精神，總是喜歡獨來獨往，很難跟別人合作。他們喜歡做事由自己決定，不喜歡有人在旁邊指點干

涉。雖然是這樣，但是 B 型血人的能力卻是有目共睹的，而且他們並不在乎別人的評價，他們工作的時候經常是活在自己的世界裏，而下班了以後卻是一個社交瘋子，可以活躍在很多異性之間！

由於 B 型血的人不喜歡被別人干涉，沒有良好的團隊精神，所以他們更適合自由度高一些的職業，比如科技調查、研究開發、設計編程等。

**O 型血**：O 型血的人做事情的時候有計畫性，並且很有預見性。這種預見並不是靠他們的直覺，而是通過他們的理性分析。他們是非常理智的一群人，感情用事這四個字基本上不會出現在他們身上。而且他們也有很強的行動力，只要想到的事情都會馬上去做。他們不像是 A 型血的人，老是把自己的理想停留在想的階段，而永遠不會去行動。O 型血的人是十足的行動派。因為他們做事特別穩重，所以容易得到同事和上司的信任。

他們經營企業、經商、政治、外交能力都很強，善於組織並把自己放於該組織的核心地位。年輕時易更換職業，有經驗後善於專攻某一方面，適宜於政治、外交、經營、駕駛、作家、歌星、演員、跳躍項目和棒球運動等。

**AB 型血**：最後是 AB 型血的人。他們常常給人冷漠和高高在上的感覺，而且他們對於一件事的態度常常會改變，也會被別人看成是反覆無常的人。而且他們對於人際關係的那種冷漠，會讓人懷疑他們是不是真的是一個生活在這個世界上的人類。他們面對突如其來的狀況會有很敏銳的處理方式，且在整個處理的過程中會表現出極強的應變能力。

他們是職業多面手，專長多、能力強，精於調整、調和各類關係，有經營管理、分析設計和規劃能力，會推銷商品。適於政治、

外交、經濟規劃、統計、設計、商業推銷、節目主持、相聲演員
等。

A 型血的人，踏實有責任感，但有些優柔寡斷，適合公務
員、作家等職業；B 型血的人欠缺團隊精神，適合自由度高的
工作；AB 型血的人有敏銳的處理方式和應變能力，適合很多
行業；O 型血的人是十足的行動派，適合經商和從政。

## ② 老闆你是什麼血型

老闆與員工就是亦敵亦友的關係，他們在互相博弈著，都希望
可以用自己的標準來要求對方。但是讓員工有些摸不著頭腦的是不
同血型的老闆會有不一樣的要求，也就是說，員工們必須要根據老
闆的變化而變化。其實都是同一份工作，為什麼會有這種變化呢？
因為不同血型的老闆對員工有著不同的認可標準。也許有的老闆會
希望員工多具備一些實幹能力，而有的老闆則會更加重視員工的理
論學習。

職場的老手們都知道應該跟著老闆的性格變化而變化，做一隻
職場變色龍。以前皇帝一旦更換，就會立新的規矩，所謂一朝天子
一朝臣，說的不僅僅是皇帝需要自己的人手，更重要的是每更換一
個皇帝就會有一套新的評價大臣的體系出來。也許原來得寵的大臣
現在就不得寵了，而原來被皇帝放逐的大臣就變成了股肱之臣。這

樣的興衰榮辱在歷史上發生過太多次了！而現在我們更應該隨時準備瞭解老闆，看看他們是什麼樣的血型性格，然後再來分析他們會對員工有什麼樣的評價標準和要求。

每一種血型的老闆，都會因為他們身體裏血液的特質而對員工有著不一樣的重點要求。但是如果你能夠摸清了他們的評價重點，那麼應對老闆就不是一件複雜的事情了。

歷史上的大貪官和珅就是一個掌握不了後一個老闆性格而被殺的例子。

先來說說和珅的第一個老闆——乾隆皇帝，這個老闆應該是一個 B 型血的典型人物，他有點小浪漫，常常拉著和珅談論詩詞歌賦，抒發一下他的那種文人情懷。當然了，要有一個比較大的進步就要有一個不錯的輔助者，而和珅天資聰明，記憶力強，過目不忘，加上他努力學習，所以經常得到老師們的誇獎。除了能將四書五經背誦得滾瓜爛熟外，和珅的滿文、漢文、蒙古文和藏文也都相當不錯。

其實和珅特別會揣摩他第一個老闆的心思，簡直就是乾隆皇帝肚子的一條蛔蟲。乾隆喜歡黃金，和珅就屁顛顛地建議造萬佛樓。他很明白這個老闆很虛榮，經常會為了滿足自己「學識淵博」的虛榮心而要員工們稱讚他。和珅這個時候可是把老闆的心理摸得一清二楚的，和珅在編撰二十四史時，故意在明顯的地方抄錯幾個字，以便讓乾隆指出來。其實這麼低級的諂媚很容易就識破了，但是沒辦法啊，老闆就是喜歡和珅對他的諂媚。而且和珅還特別會利用老闆的感情和對大臣們的心理。每次面聖時，和珅不像其他的大臣一樣稱自己為臣，而自始至終稱自己為奴才。乾隆有點小病他就像對

待親生父母一樣在身邊侍候著，讓乾隆覺得他是自己人。你看，一旦老闆把你當做是自己人，你自然就能夠有恃無恐地在公司裏面放肆了，不過這次和珅放肆的範圍可不是公司，而是整個國家！

得到了乾隆的寵愛後，和珅搜刮財富，不但接受賄賂，而且公開勒索；不但暗中貪污，而且明裏豪奪。

但是不幸的是，和珅摸清了第一個老闆對員工的要求，卻沒有摸清第二個老闆對員工的要求。和珅的第二個老闆是嘉慶皇帝，這個老闆對員工的要求可不像他老爹，他可能比較像是Ａ型血的人，有些保守，有些刻板。這個老闆可是真不喜歡和珅諂媚的這一套，然後找了個藉口就把和珅砍了頭。

和珅的經驗告訴我們，要想經久不衰，就要學會摸清每一個老闆的血型脾氣，看看他們喜歡什麼，討厭什麼，可不要像和珅一樣，因為惹新老闆不高興就被砍了頭。

一個員工要對老闆負責，而老闆則是要給員工評價的人，評價好了，你自然能夠順順利利地在公司繼續工作，甚至有升職加薪的機會，但是如果評價不好了，那麼你也許就得捲舖蓋走人了。其實很多時候不是因為你不夠好，而是老闆沒有發現你身上的閃光點，或者是老闆根本不在乎你身上是不是有閃光點。因為他要的和你展示出來的東西不一樣，自然會把你列入不受歡迎的名單裏面去。

瞭解老闆的血型特點，不是說就要像和珅一樣對老闆諂媚討好，而是要讓自己明白應該在哪些地方努力，在哪些地方下苦工，這樣做起事來能夠達到事倍功半的效果。

Ａ型血：Ａ型血的人有強烈的等級觀念，所以Ａ型血的老闆會希望和員工之間保持一定的距離，最好是他們之間能形成最正統最

規範的上下級關係。做事嚴謹又有計畫性的 A 型血上司，希望下屬可以有一種意識，把工作當成是一種責任，並且拿出最佳狀態來完成工作。A 型血的上司往往是非常有耐性的好老師，對於好學上進的、時常問題很多的下屬會給予更多的理解和支持，但是如果你總是學不好，學不快的話，A 型血的上司也就有點不高興。A 型血的上司要在下屬面前具有絕對的權威性，容易管理他們。他們希望下屬能夠有自己的主見，果斷篤定一些，最好表現出來的都是成熟可靠的一面。

O 型血：O 型血的老闆喜歡員工腳踏實地的工作風格。但是 O 型血上司卻是非常要面子的人，所以如果不是非常必要的話，你一定不要在公開的場合提出意見，否則得罪了上司可能都不知道。O 型血的老闆很喜歡聽下屬說一些歌功頌德的話，這些好聽的話會讓他每天的心情都變得很好，讓他非常有當老闆的感覺。但是他們也是實幹型的人，對於員工來說，工作能力是非常重要的，雖然 O 型血的老闆會表現出挑剔的一面，雖然其性格直率，但是也有情緒化的暴躁一面，是嚴厲型的老闆。

B 型血：B 型血的上司不喜歡被約束，所以他們也不會過多地約束他人，正是因為這樣的一種性格特點，讓 B 型血的上司會更加注重自己威信的建立。而且作為下屬，不要覺得上司對我們寬鬆就有恃無恐，雖然 B 型血的上司很好相處，但是也不要忘記，上司就是上司，如果你越過了這條界線，那麼就算是再和藹的上司也會不高興的。老闆一旦不高興就容易讓你很麻煩了！

AB 型血：AB 型血的上司平和客觀的個性容易得到很多下屬的喜愛，所以 AB 型血的上司會希望你能夠主動自覺地來給他們一種信任感。AB 型血的上司是屬於溫和派的領導者，因為這種溫和

性，所以他們對於員工的問題和錯誤不會隨便提出來，他們還是會希望員工自己發現。這樣雖然是很溫和，卻有一種不坦誠的感覺，讓人始終不能安心地跟著這個老闆工作！AB 型血的上司會和下屬建立一種和氣的團隊氣氛，但是 AB 型血的人上司缺少毅力，在面對困難的時候會表現出一種焦躁、消極頹廢的情緒來。這個時候你可以多給他們一些鼓勵，這樣他們會覺得比較有動力。

> A 型血的老闆有強烈的等級觀念，所以要和他們保持距離，喜歡好學上進型；B 型血的老闆看重自己威信的建立，所以不要越過上司下屬這條線；AB 型血的老闆較溫和隨性，需要信任感和適當的鼓勵；O 型血的老闆是嚴厲型，喜歡實幹型，注重工作能力。

## ③ 你的同事是哪種血型

在職場中，同事之間的相處是非常重要的，雖然說在職場和同事的關係最好不能由一般的同事關係上升為朋友，甚至是好朋友，但是我們也不能隨便得罪同事，畢竟你們是在一起工作的，更多的時候你們是具有很強利益牽扯的人。如果你得罪了同事，你的工作很可能就不能夠順利地完成，畢竟大家是要在一起工作的，所以應該盡量地和善一些。但是與同事之間的相處又很微妙，不是說你付出真心就能夠得到別人的認同，有時候還會成為別的同事攻擊的對

象。

　　對不同血型的同事做個歸檔分類，分清楚哪些是潛在的敵人，哪些可以拉來做跟班，哪些能夠幫你在上司面前說話，成為你的助力。其實這應該說是職場中對同事態度的常態。我們常常會覺得與同事相處很累，不像和朋友相處輕鬆自在，那是因為對朋友我們可以絕對信任，但是對同事我們卻要學會有所保留。與一個人相處的時候要時刻提防著，這能不累嗎？

　　要與同事建立牢固的關係，圓滿順利地持續這種關係，這麼做必然會給工作和生活帶來更多的便利，而且無論是在任何時候，與同事之間搞好關係，都是對自己工作順利進行的一個保障。只有在既瞭解別人又能瞭解自己的情況下，才能達到建立牢固的人與人關係的美好境地。其實看看同事們都是什麼樣的血型性格，就會知道應該要怎麼和每一個同事相處了。

　　朗朗和家聲都在公司工作，朗朗是一個心直口快的 B 型血的人。他是疾惡如仇，有話直說的人。這讓他在公司裏得罪很多人，同時也有很多人喜歡他。有一次朗朗當著經理的面，指出經理為了自己的私人理由就隨便扣了公司一位同事的薪資，這位同事敢怒不敢言，於是朗朗就拉著那位同事跑到經理的辦公室質問他，不過最後經理雖然沒有承認，但是聽說私下給那個同事補了些錢，希望那個同事可以去跟朗朗說一說不要鬧了。

　　大家都覺得朗朗簡直就像是一個正義大俠一樣。但是大家都不知道朗朗用什麼辦法讓經理乖乖地給那個同事補回了那些錢。

　　其實剛開始的時候家聲根本不喜歡這個朗朗，他說話總是很直，有的時候傷到人都不知道，不過聽了同事說了關於他的事情以

後，家聲也開始喜歡上他了。於是家聲就故意拉近和朗朗的關係。沒多久，朗朗和家聲就變成公司裏最好的一對同事。

那天，家聲和另一個新同事去外面給客戶送樣品。誰知道最後新同事卻在路上把樣品弄壞了！結果那天不能去見客戶，客戶因為這個事情非常的生氣，經理把家聲叫到辦公室裏臭罵了一頓，而對那位新同事沒有說半句。其實公司裏面早就傳那個新同事是公司裏某位管理層的侄女，經理不想得罪公司的管理層，自然不會說新同事半句。

朗朗聽到這個消息後氣到不行，馬上就拉著家聲去經理的辦公室理論，最後雖然經理沒有說什麼，但是言語之間已經不怪朗朗了。

家聲這個時候心裏暗暗地想：還好之前和朗朗關係好，不然背了那麼大的黑鍋也不會有人知道！

其實與同事相處就像是給自己買一份很大眾的保險，雖然說決定你前途命運的是你的上司，但是如果能夠有一群支持你的同事，那麼就算是與經理之間有一些矛盾，也能夠有同事為你說句話！

但是每種血型性格的人和不一樣血型的同事相處都會擦出不一樣的火花，有的可能兩人一見如故，有的可能會像冤家一樣鬥個不停，來看看不同血型人之間同事相處的融洽度是多少，然後看看有沒有什麼化解的方法。

A 型血：A 型血的人與 A 型血的同事，因為兩個人有著差不多一樣的氣場，所以彼此的第一印象不會太壞。剛開始的時候，兩個人可能會在工作上有相同的看法而對彼此有好感，但是因為 A 型血的人在細節上的處理會有一點差異，所以可能會在這個方面有小

小的爭吵，但是如果雙方可以心平氣和地談談，問題也可以解決的。

A 型血的人和 B 型血的同事，兩個人在天生的血型個性就是比較極端的兩種性格，很難在性格上有所配合，但是奇怪的是，兩個人卻能夠成為聊天的好對象。B 型血的人善於說，而 A 型血的人願意聽，所以兩個人在聊天的契合度上會有驚人的效果。不過在其他方面就不那麼樂觀了，如果兩個人一旦有一點點的爭執和摩擦，就會讓彼此的關係冷淡下來！

A 型血的人和 AB 型血的同事在第一次見面的時候就會給對方留下很好的印象，兩人有一種相見恨晚的感覺，AB 型血很容易和 A 型血成為朋友。但是 AB 型血的人對朋友的要求有的時候 A 型血的人達不到，這就讓 AB 型血的人會有一種失望的感覺！其實這些都是可以化解的，只要 AB 型血的人把自己內心的想法表達出來，那麼就沒有什麼是不能解決的！

A 型血的人和 O 型血的同事身上會散發出一種很曖昧的氣息，如果他們是男女同事，而雙方都沒有男女朋友的話，兩個人很容易變成辦公室戀情。O 型血的人辦事能力很強，很容易吸引 A 型血的人。但是由於很多時候 A 型血的人過於理智而表現的有點冷淡，這就容易讓 O 型血的人感覺到失望，有可能就放棄了。

**B 型血**：B 型血的人和 B 型血，兩個人都是愛說愛笑性格開朗的人，所以一見面就會喜歡對方，而且他們中間似乎有說不完的話題，聊不完的東西。而且兩個人無論在工作方式還是思維上都有很大的相似性，所以他們之間很少會有摩擦，這樣發展下去以後兩個人可能真的把同事變成了好朋友，並且是一輩子的好朋友！

B 型血的人和 AB 型血的同事之間關係的好壞的決定權就在

AB 型血人的手中。B 型血的人比較親切，所以在 B 型血的人看來，AB 型血的人態度就非常重要了，如果他把 B 型血的人當是朋友，那麼 B 型血的人自然能夠對他真誠以待，但是如果 AB 型血的人故意疏遠他們，那麼 B 型血的人也不會故意接近 AB 型血的人。

B 型血的人和 O 型血的人相處可以說是有點難以溝通。因為 O 型是理論的現實派，B 型是直覺行動的非理論派。所以有的時候兩個人在觀念上會有差距，執行起來也會有各自的方法，而且大家都覺得自己的辦法才是最好的，所以雙方大多數時候是在爭辯中度過的。

**AB 型血**：AB 型血的人和 AB 型血的人，他們雖然是相同的血型，在很多個性方面會有相似點，但是他們這種對對方的吸引力僅僅停留在工作、學習上，他們是很好的工作夥伴，卻很難成為情侶！

AB 型血和 O 型血在一起會產生一種一急一慢的現象，O 型血的人會不由自主地給予 AB 型血的人指示，讓他們聽從自己的安排，但是 AB 型血的人則會慢下來先考慮清楚了再去做，於是就出現了 O 型血的人急得不行，而 AB 型血的人卻坐在一邊慢慢考慮的情景。但是兩個人在工作上配合也還是不錯的，所以他們在合作的過程中很容易成為好朋友。

**O 型血**：O 型血和 O 型血的同事有一種相互吸引但是又相互比賽的感覺，O 型血的人都是非常善於與人相處的人，所以他們會與對方相互吸引。但是兩個人都是很好勝的人，都希望對方能夠被自己領導，能夠對自己說好話，所以兩個人又會呈現出一種競爭比試的狀態，都想贏都想征服對方，但是到最後誰都無法征服誰。

其實無論你是什麼血型的人，你的同事是什麼血型的人，你應

該要記住，你在公司的重點是工作，所以你和同事之間的相處應該是以工作為大前提的。在這個大前提的基礎下，做到用合適的方式和同事和平相處。

> 　　對不同血型的同事做個歸檔分類，分清楚哪些是潛在敵人，哪些可以拉來做跟班，哪些能夠幫你在上司面前說話，成為你的助力。不同血型的人和不同血型的人相處，有著不同的相處之道。

# 4 搶佔功勞也要讓他們心服口服

　　很多時候我們辛辛苦苦工作而取得的成績會被身邊什麼都沒幹的同事搶了去，別人雖然什麼都沒做，或者是做了些無關緊要的東西卻拿到了功勞。這個時候心裏難免會有一些不高興。此時我們就要學會吸取教訓，這一次被別人搶佔了功勞，下一次就要把自己應該得到的功勞和榮譽都捍衛好，可不能再傻傻地被搶了功勞還只能做一個什麼都說不出來的啞巴！

　　如何才能捍衛自己立下的功勞又讓身邊的人毫無話柄和怨言，並且能夠心服口服接納呢？我們就要根據每一種血型同事的弱點，通過利用他們身上的某些特點來實施搶功勞的大作戰。如果我們還覺得不應該搶來搶去，功勞是誰的就是誰的，老闆能夠看得清楚明白。可是一般事情不會有那麼清楚直白，很多時候你拼死拼活立功

的時候別人看不到，而你的夥伴把功勞捧回去的時候卻被稱讚是最辛苦的人。人家不是沒有做事，而是你做事的時候太老實了，專門撿一些不容易被別人看到的工作去做。於是大家都會相信自己看到的東西，而不是你為自己的辯解。

很多時候你的辯解在別人看來就是想要分別人的功勞，你反而成了搶功勞的那個人。我們總是會特別在意別人對自己的評價，於是就會在不知不覺中默認了別人搶自己功勞的行為，認為自己這樣做別人會對你感激，殊不知這是在助長別人搶你功勞的氣焰，他們會覺得你這一次被搶什麼都不說，也就表示你很膽小懦弱，怕事！所以以後再搶你功勞的時候就會更加肆無忌憚，毫無愧疚之心。為了以後的工作能夠順利，我們不去搶別人的功勞，但是也應該要學會保住自己的功勞，這樣才不至於被人白白欺負。

陸離以前繼承了 AB 型血人的那種謙虛的性格，對什麼事情都能讓則讓，永遠都是一副謙謙君子的樣子。但是後來發生了一件事讓他徹底明白了，在職場中搶功勞就像是擠公車一樣，你不用力往前擠就會被人推到後面去，如果還是一副謙讓的樣子，你永遠都沒辦法上那班車！

尤其在面對利益的時候，沒有人會再跟你講謙讓，他們除了鼓足了力氣來和你搶之外沒有任何的策略，如果你永遠都是一副不溫不火的樣子，那麼對不起，你可能就被別人擠下了車！

陸離雖然是一個很低調謙虛的人，但是做起事來井井有條，一點都不鬆懈。不要看他平時對人的時候謙虛禮讓，但是在對外的業務方面，他堅持該搶就要搶回來。但是他的搶總是對別人，而對於自己的同事，他則沒有考慮那麼多。因為他工作成績好，所以老闆

284

特別信任他。每次春節前都是公司突破銷量的重要時刻，為了拿下一個很大的客戶，老闆特意交代陸離去跟進，因為這個客戶很重要，所以老闆還給陸離找了一個幫手，希望他們兩個能夠把這個客戶拿下。

雖然老闆說的是這個同事協助他的，但是陸離一點也沒有戒心，帶著他一起拜訪客戶，一起討論回扣，一起請大客戶吃飯娛樂，三下兩下，看似也沒費太大力氣就拿下了這單任務。其實，工作完成得輕鬆與陸離幾年來在這個行業裏累積的豐厚人脈有關，他為人好，辦事利落，生意之後客戶也就成了朋友，這個大客戶跟他的另一個客戶朋友關係甚好，於是生意也就一個電話的事而已。

陸離的同事搭檔屬於眼明手快聰明伶俐的那種角色，看到陸離如此輕鬆搞定看似不可能完成的任務，十分眼紅，卻不表現在臉上。他嘴甜，一口一個陸哥，一口一句學習，在陸離面前好話說盡，到老總那裏卻擺了自己一道頭功。他給老總闡明的事實是，陸離雖然能力強，但做事未免不夠認真，總是和客戶吃吃喝喝，連客戶公司都懶得去一趟，而自己呢，是接連往客戶那裏跑了不下十趟，才憑著辛苦和誠心拿來下這筆大單。老總皺著眉頭聽取了彙報，從此對陸離有了看法。那個會哭並且善於表功的同事，日後升位做了主管。

職場中的事情就是這個樣子，在你對同事毫無戒心的時候，就是他們可能在背後對你捅刀子的時候。陸離其實就是因為沒有對同事有一個很好的防備心理，現在才會有這種情況出現。

很多人並不覺得職場是一個什麼大不了的地方，於是就會對周圍心懷不軌的同事放下戒心，一旦你放下了戒心，沒有做好特別的

防備，那麼搶你功勞的同事就會馬上跳出來，一面對你歌功頌德，一邊就在上司面前說你的各種不是。我們面對這樣的人常常會不知所措，被搶了功勞的人可能會依然悶頭做事，有的人可能會憤憤不平，有的人則可能會帶著失望離開這家公司。

其實並不是這家公司才存在搶功勞的事情，每一家公司都會有這種情況發生。如果你總是這麼退避著，什麼事情都用離開這個辦法去解決，你是可以離開那些搶了你上一次功勞的人，那麼下一次再有人來搶的時候，你要怎麼辦呢？所以你能夠做的就是了解對方的血型性格，看看對方到底是會用什麼方法來搶你的功勞，然後再來一個見招拆招，最後讓那些想在背後搞小動作的人無功而返。

Ａ型血：Ａ型血的人其實不太會用這種方式，因為他們知道自己工作中的道德底線是什麼，他們會有很多的枷鎖在身上。但是如果你真的遇到來搶你功勞的Ａ型血同事，就必須要明確大家的職責。就算是你的上司，你也要懂得把握主動權，把工作的職責分配好，並且把這項工作中最重要最核心的部分握在自己的手裏。不要覺得不好意思就不說明職責，讓別人什麼事情都能夠參與進來，最後拿著你辛苦拼來的功勞去找老闆邀功，而且還借機把你貶得一文不值。

等到你覺得不對勁的時候，Ａ型血的人已經手拿著功勞在慶祝了，這個時候你才來後悔自己沒有進行分工，讓他們鑽了空子，但是一切都已經來不及了。Ａ型血的人其實有的時候很古板，他們會對自己的工作範圍特別的留心，但是如果你把這一點分清楚了，他們就失去了搶你功勞的資本，讓事情從根源上解決了。

Ｂ型血：其實Ｂ型血的人要搶功勞的時候都是靠他的口才，他會把很多原本不是這樣的事情來一個黑白顛倒。人們都說「會哭

的孩子有奶吃」，你們兩個人同樣是在外面工作，但是 B 型血的人卻在回來的時候跟老闆訴苦，說自己是如何如何的努力，而工作又是如何如何的艱難。老闆聽在耳朵裏，自然會覺得他們很辛苦很勤勞，雖然說老闆會用眼睛看，但是也禁不住 B 型血的人天天在他們身邊嘮叨。就算是沒有功績的人，最後都能夠憑藉他們對老闆的各種吹噓而受到提拔。其實，我們不用那麼害羞，那麼含蓄，你做的工作也要像一個女人回到家和老公聊天一樣說給老闆聽，只要這樣，老闆才會真的明白到底誰才是真正付出的人。

**O 型血**：對於 O 型血的人，我們都知道他們非常喜歡聽好話，對於別人的稱讚會不加思考地全盤接受，於是對付搶你功勞的 O 型血的人，我們就要學會來一招口蜜腹劍。首先對你這位同事的才能大加誇讚，然後利用周圍的人起哄的行為，讓他說說他是怎麼得到這樣一個成績的。在他說的時候你就要懂得像律師一樣抓住問題的要害對他提問，讓他自己露出馬腳。人一旦得意就很容易忘形，而一旦忘形就會露出破綻，這個時候老闆才能夠發現這個人其實是一個騙子和小偷，騙了老闆又偷了別人的東西。但是你一定要有詳細的考慮，可不能你沒有問倒他卻被口才了得的 O 型血的人問倒了。

**AB 型血**：而對於 AB 型血搶功勞的同事來說，要不你這次就忍耐退讓，要不你就徹底地遠離他。因為 AB 型血的人不要看他們外表一副很親切和藹的樣子，其實他們的內心會有很多很周密的計算，不然也不會貿然地搶奪你的功勞。他們在做每一件事之前都會經過深思熟慮，所以你要想用什麼招數再把功勞搶回來是不太可能的了，最好就是下次你們兩個也不要再做搭檔了。

對於搶功勞的同事，假如他是 A 型血，那麼你要明確職責，把握住主動權；對於 B 型血，你也可以把你的工作好好講給你的老闆聽；對於 AB 型血的人，要嘛忍耐退讓，要嘛徹底遠離；對於 O 型血的人，要抓住問題的關鍵使之露出馬腳。

## 5 針對不同血型下屬的感情攻勢

劉備雖然沒關羽和張飛能打，卻能掌控他們的心，讓他們能夠死心塌地跟著自己，助自己完成大業。其實很多上司都可能沒有下屬的能力強，可能你的業務不如下屬，可能你的人緣不如下屬，但是這一點也不影響你留住人才。做上司，能力沒有下屬強不要緊，我還可以利用感情來牽制下屬，不是嗎？

其實對於每一個老闆來說，要留住人才是一件很困難的事情，尤其是在現在這種獵人頭公司四處打獵。大公司提供的員工待遇和福利，這些都讓人才們有著隨時離開的可能。員工一走，公司又要再花錢去培養新的人才，新的員工，這不僅僅是錢的問題，還關係到一個時間接觸的問題，如果因為這個員工的離開，而讓公司在這段時間內的這個職位處於無法銜接的狀態，那麼這對於公司的影響是非常大的！

所以對於一個聰明的老闆來說，在提供給員工薪水、福利的同

時，最好還能夠拉近與員工之間的感情。因為一個員工如果對企業
產生了感情，那麼這個員工就不會隨便離職。雖然外面的公司可能
提出了高薪厚職作為條件，但是對於員工來說卻少了一種感情的寄
託，於是不用公司費心挽留，他們也不會輕易地離開。員工和老闆
之間的感情就像是一個枷鎖，一個有能力的老闆就是能夠鎖住員
工，不會讓員工輕易地掙脫這個枷鎖。

　　企業和員工之間的雇傭關係不應該只是通過金錢的關係來束
縛，對於一個能夠提供安全感的企業來說，他們提供給員工的不僅
僅是他們的薪資，而是一種感情的保障。但是不能說在這個什麼都
講錢的時代薪水不重要，而是說如果可以的話，在提供薪水的時候
也能夠附加一份感情在裏面，這樣的關係會更加有保障，也不會那
麼容易就被外界的糖衣炮彈所攻破。

　　**老**劉在廠裏已經幹了二十多年了，他是廠裏面的高級技工，說
　　　是高級技工，其實他的技術可是比任何人都要厲害，在行業
內大家都要尊敬地叫他一聲劉師傅。這個師傅不是說他年齡有多
大，而是說他的手藝達到了老師的水準，而且他帶出來的學生怎麼
也有百八十個。雖然是他帶出來的學生，但是學生們最後都不在廠
裏工作了，要嘛自己出去創業，要嘛當別人的師傅。雖然說那麼多
學生都很有出息，但是大家都知道，沒有一個人的手藝是可以超過
劉師傅的！

　　他在廠裏的這幾十年裏，也有不少的公司、老闆請他到自己的
公司工作，提供的薪水福利是他工資的兩倍還多，但是他都拒絕
了。大家都不明白這個 O 型血的固執老頭是怎麼想的，有更好的
機會發展和賺錢他怎麼就是不肯離開呢？大家都說，都是因為他是

O 型血的人，身體裏的每一滴血液裏都有固執的成分。

其實劉師傅不願意離開的原因只有一個，那就是廠裏對他有一份恩情。那個時候劉師傅還是剛剛進廠的一個普通工人，但是因為那個時候年輕，工作也不好好幹，每天就是混吃混喝的，自己的工資還沒到月底就全都揮霍完了。可是這個時候自己的母親在老家突然摔了一跤，然後就中風了，還好老家的人及時把她送到了醫院。但是劉師傅一點積蓄都沒有，他不知道拿什麼來給母親交醫藥費。這個時候他才後悔自己把所有的工資都揮霍完了。

正當他愁眉苦臉的四處借錢的時候，廠裏的主管知道了他的情況，馬上拿了五萬塊錢到醫院給他，還給了他一個月的假期，好好照顧母親。還好有了那筆錢，劉師傅的母親得到了很好的治療，也沒有生命危險了。

從那以後劉師傅像是變了一個人似的，工作是最賣力的那個，偷懶卻看不到他的影子。劉師傅常說：「廠裏的工資雖然不高，但是只要我在廠裏一天，我心裏就覺得很踏實。要是讓我到別的地方上班，給我再多的錢，我心裏不踏實也沒用！」

這就是為什麼一個企業能夠留住人的原因，就像劉師傅說的那樣，因為有了這份感情的牽絆，讓員工有了安全感覺得很踏實，所以他們更願意留下來繼續工作。用感情來牽絆住員工是非常高超的一招，但不是說對所有血型性格的員工都用同一招。不同血型性格的員工會對公司有不一樣的感情期許，如果老闆對所有人的感情期許都歸結到了一個辦法上，那麼一樣留不住員工。

一個人最可貴的是感情，但是最難以抓穩的也是感情，每個人對感情的看法不一樣，如果你找錯了位置，那麼就跟沒有採用感情

攻勢一樣，一切都是白費。相反，如果你抓到了不同血型性格的感情突破口，那麼就可以輕而易舉地拿下他們的心，讓這些才華橫溢的血型下屬們成為老闆身邊最忠誠的員工！

那麼對於不同血型的人來說，什麼樣的感情牽絆會讓他們不會做出離開的選擇呢？

**O 型血的員工——雪中送炭最感人**

對於 O 型血的員工來說，他們一向對自己的才華信心百倍，覺得什麼事情都不可能難倒他們。而且他們是浪漫的現實主義者，對於現實中的東西會有過多浪漫不切實際的想法，但是這種特點在工作中卻是一點也不會體現。在生活中，O 型血的人容易生病，雖然從調查來看他們是長壽的，但是容易生病的他們會在生病的時候胡思亂想，而且對於很多東西都有很敏感的觸覺，也就是說，他能夠很準確地分辨出對方到底是善意還是心懷不軌。

所以，如果老闆能夠在 O 型血的員工身處困難的時候給予他們幫助，對於 O 型血的人來說那就是一個巨大的肯定。其實 O 型血的人很明白什麼叫做世態炎涼，什麼叫做牆倒眾人推。雖然他們有些浪漫，但絕對不是傻，他們很明白社會的現實是什麼樣子的，所以如果老闆能夠在他最需要幫忙的時候給予他們一些幫助，那麼你就會變成他們對生活新希望的那團火！

**AB 型血的員工——知遇之恩最中意**

AB 型血的員工非常自信，但是由於他在處理人情世故上面沒有那麼的圓滑，所以他們常常是有志難伸的那一種人。其實 AB 型血的人常常給人捉摸不透的感覺，前一秒可能他們還是活潑開朗精力充沛地做事，熱情友好隨和有禮地待人，但是後一秒，他們就會表現得有些神經質，話多且煩躁易怒，會讓人有一種不知道該怎麼

跟他相處的感覺。

所以對於 AB 型血的人來說，能夠讓自己被別人理解，並且重用他是一件別人都不會做的事情，但是如果你做了，這個老闆，這個公司就變成了 AB 型血眼中的知音良朋，寧可摔琴也不可以斷義。

### B 型血的員工──志趣相投很重要

在工作方面，B 型血的人不太喜歡和別人搭檔，但是他對自己的工作負責程度是非常高的，凡事想到就做，即使明天再做還來得及，也要馬上動手實行。而且把工作交給 B 型血的人去完成也是非常讓人放心的，當他們碰到問題時，會做出重點性的結論，且能巧妙地把事情處理妥當。因此，B 型血的人很少發生失敗的事。

但是這樣的人卻很孩子氣，他們非常重視內心的感受，喜歡變化的生活，因此經常會尋求一些新奇的事物，不會將自己局限在某個範圍之中。所以如果不是能夠和他們志趣相投的人，是很難理解他們對事情的偏執和感受的！當然了，志趣相投的人會很多，但是願意支持 B 型血的人卻不一定很多，因為他們的想法過於新奇，很多時候甚至會讓人覺得難以接受。所以，如果老闆願意給這個 B 型血的員工一些自由的空間去發展，他們一定不會讓老闆失望的。

### A 型血的員工──被人記住最快樂

A 型血的人對於外界的反應有時候會過於激烈，這樣做的目的是為了獲得別人的重視。也是因為這樣，他們常常會委曲求全而不堅持己見，而且 A 型血的人還時常表現為缺乏自信、適應能力差、自主能力差，常有逆來順受的感覺；有時會因考慮到別人的感受而忽略自己的需要。

因為過於忽略自己，所以他們有時候也希望能夠得到被人的重

視，於是在他們看來，一個好的老闆就是能夠與你在街上碰見主動
跟你打招呼並且能夠叫出你名字的人，這樣的老闆才值得他們為你
付出。

> 　　對於感情攻勢，A 型血的員工——被人記住最快樂；B 型
> 血的員工——志趣相投很重要；AB 型血的員工——知遇之恩
> 最中意；O 型血的員工——雪中送炭最感人。

## 6 怎麼對待犯了錯的下屬

　　其實批評員工就是對員工做一個有效的溝通，面對犯錯的員
工，批評不是最終的目的，而是要有效地和員工溝通，看看問題到
底出在哪裡，可以用什麼樣的方式去解決。但是最重要的一點就是
無論員工犯了什麼錯誤，你都必須要讓對方明確地看到這個錯誤的
嚴重性，而且確保以後不再犯錯。這樣的溝通才能夠達到作用，否
則就算你對員工進行了懲罰，他們也還是會再犯。

　　作為上司，下屬犯了錯該怎樣去責怪最有效果，而且又不讓他
對你或者對工作有任何的意見，又願意為你效勞呢？這是一個很值
得思考的問題，無論是誰都會做錯事，我們不可能確保自己像一個
聖人一樣什麼錯都不會犯。但是作為一個上司你要對公司負責，面
對員工的錯誤，很多時候不是罵他或者罰款就能夠解決的問題。如
果可以挽回，上司就應該好好地想想要怎麼讓員工去挽救自己的錯

誤，但是如果不能挽回，就要盡量地避免下一次這樣的錯誤再發生。但是很多上司在看到員工犯錯誤的時候，首先想到的是要懲罰員工，要批評他們，而不會從事情的長遠角度去考慮。最後的結果就是錯誤不斷發生，公司不斷地蒙受損失。這樣並不是一個好上司應該要做的事情。

那個時候小張才剛剛進公司，很多事情都還沒有熟悉，加上自己家裏最近出了點事情，他整天都心緒不寧，一直走神。而且小張是一次只能做一件事的 AB 型血的人，如果要他同時做兩件事，要不就是手忙腳亂，要不就是不知所措，最後就是什麼都做不好。

這個時候公司有一批貨要送出去，等著人點貨，於是就讓小張去點貨，點完數目核對以後就把這些貨送到貨運公司讓他們發貨。其實這是一件很簡單的事情，但是小張接了一個電話以後就開始很煩躁，於是匆匆忙忙地點了貨以後就把確認的單子交給送貨的司機，讓司機送出去了。

誰知道這麼簡單的事情卻在第三天的時候出了問題，客戶打電話來給售後的人問貨怎麼少了一些，而且少了的那些貨是等著用的，現在送不過來客戶非常不高興。經理問是誰去點的貨以後，小張站起來說是他，小張本來以為經理要罵他一頓，可是沒想到經理什麼話都沒說，只是讓小張自己打電話給客戶說清楚這件事，然後再自己想辦法把貨送出去。

小張於是馬上出去打電話給客戶道歉，跟客戶說清楚原因，然後馬上把客戶要的貨送出去。一切弄好以後他才知道自己犯的這個錯誤多麼嚴重，給公司造成了多大的麻煩。他回去跟經理彙報現在

的情況以後，經理說：「你知道我為什麼還要讓你去把貨發出去嗎？因為我希望你知道，由於你的一個疏忽給公司帶來了多大的麻煩，這其中的問題只要你體驗了，你才會瞭解，你才會在下一次的工作中有所注意，不會再犯錯。」

小張很感激經理，雖然經理一句話都沒有罵小張，但是給小張留下了非常深刻的印象，他永遠都記得做事應該要認真，如果一次不認真，往後會帶來非常大的麻煩！

對於每一個在職場中的人，都不能夠確保自己永遠不會犯錯，但是如果上司對員工的錯誤念念不忘，還斤斤計較，就可能讓員工覺得心灰意冷，失去了繼續為你工作的決心，所以對待員工的錯誤一定要謹慎小心。但是這不代表上司應該對員工的錯誤視而不見，不對員工的錯誤做出任何的處罰，甚至都不批評一句。因為你沒有採取任何的懲罰措施，只會讓有的員工越來越有恃無恐，依舊是我行我素，而不會從自己自身出發。所以一個好上司是要對自己的員工有一個很清晰的認識，知道什麼樣的處罰方式最有教育意義，知道他們最能夠接受什麼樣的處罰方式。

不要相信你問員工服不服的問題，上司這樣問，而且又是員工自己犯錯，他們怎麼會對你說實話，說自己對你的處罰是心服口服的呢？其實很多事情都是上司覺得只要員工說自己服氣，就默默相信他們對自己真是心服口服。

上司永遠不要問員工對自己的處罰有什麼意見，因為不管那個員工有多麼不情願，他都會附和說自己是服氣的。而只有上司對員工有一個清楚正確的認識的基礎上，你才會對他們的話做出準確的判斷。

　　A **型血**：A 型血的員工在思想上會比較受到限制，他們理所當然地認為自己犯錯就一定會按照公司的規章制度來懲罰，但是規矩是死的，人是活的。作為上司要知道 A 型血的人犯錯不一定非要由自己來批評他們，最好的辦法就是讓周圍的人來給 A 型血的人施加壓力。A 型血的人最在意外界對自己的評價，也許你關起門來說幾個小時，還不如讓他們自己感受別人怨恨和生氣的眼光要有效果！

　　B **型血**：對於 B 型血的人來說，最好就是讓他們能夠做到「自我批評」。其實 B 型血的人思想比較活躍，或許你覺得是他錯了，但是他自己卻認為自己沒有錯，於是他們雖然嘴上說知道自己錯了，認識到自己的錯誤，但是最後也不會對自己的行為做出改正。所以要引導一個 B 型血的員工進行自我反省，最好的辦法就是讓他自己感受榜樣和標杆的作用，最好是你自己帶頭進行示範，然後充分肯定 B 型血的創新和這次的錯誤示範，然後再用積極引導的方式來感染、促進他的改變，而不是單一的批評。每個人都是有榮辱感的，當他知道了「好」與「壞」的區別之後，就會自覺地進行「自省」和「自我批評」，自覺地向好的行為看齊。

　　O **型血**：對 O 型血的人來說，他們犯錯是一個很不常見的事情，因為他們對於自己的工作是非常有責任心的。對於他們來說，一個好的工作等於是自己的生命，所以他們一定不會讓自己的錯誤來玷污了工作能力。而且對於自己犯錯的地方，他們早就做了深刻的自我檢討，他們對於改正錯誤這個想法已經是深入到內心了。所以對於上司來說，不要總是盯著一些細枝末節的「小節」不放，只要 O 型血的人不是犯什麼原則、價值觀、績效目標上的錯誤，你完全可以不批評他們。不能做一個讓 O 型血員工認為你就是一個

「整天就知道抱怨」的上司。

　　**AB 型血：** AB 型血的人非常的謹慎，而且他們的自尊心很強，內心強烈的自信讓他們不能隨便接受你對他們的批評，就算是很正確的批評，你也要講究方式方法，尊重員工也是進行有效溝通最好的辦法。你首先給他們面子，做到尊重他們，然後在沒人的地方給他們一點批評的提示，讓他們知道你知道他們犯錯了，但是為了照顧他們的面子，所以才沒有說。但是你應該強硬地表明你不希望再見到有這樣的錯誤發生。

> 　　員工犯錯，假如是 A 型血，只要讓周圍的人給其施壓；如果是 B 型血，他們會「自我批評」和「自省」；如果是 AB 型血，要講究批評的方法，要尊重他們；如果是 O 型血，他們早就做了深刻的自我檢討並會改正，可以不要一直盯著細枝末節不放。

# 7 從血型開始學習乾坤大挪移

　　「加薪」、「升職」永遠都是職場裏的人們最關心的話題，同時也是老闆最關心的話題。員工們在研究怎麼向老闆提出加薪的要求，而老闆們則在商量怎麼應對員工的加薪要求。這就是老闆和員工的一種博弈，最後誰贏誰輸，就要看看到底誰能學會乾坤大挪移。其實很多老闆面對下屬提出的加薪升職等要求，一時半刻也不

能給個答覆，就開始顧左右而言他，讓員工可以耐心等待，又不怨聲載道，這就是老闆的本事！但有的時候用這種方式對付某些血型的人是完全沒有作用的，他們的耐心比老闆的還強。於是員工和老闆的較量正式開始。

員工不好做，老闆更不好做！但是作為一個老闆，如果你沒有這種乾坤大挪移的本事，被一個員工要求加薪，接下來所有的員工都要求加薪的話，你怎麼應對呢？所以老闆要學會裝傻充愣、大吐苦水、同情無力等等招數。但是那麼多的員工，我們要怎麼知道哪個員工適合哪種招數呢？很簡單，看看你員工是什麼樣的血型性格，然後就能夠抓住他們對事情的態度來進行大反擊。

那個時候小李剛剛畢業，對工作有極大的熱忱。他認真工作，努力去爭取每一單業務，他的付出和努力也得到了老闆的認可，很多次老闆都在會議上表揚了他。B 型血的他也非常的高興，覺得自己這麼認真努力，而且有老闆的支持，一定能夠很快地加薪升職的！

誰知道這個老闆卻是一個懂得打太極的 A 型血的人，過了好幾個月，老闆都沒有提一句要加薪的事情。某一天，小李偶然知道和自己一起進公司的女同事薪資早已超越他的薪水，但是她的工作並未見得比他優秀多少，於是小李就跑到老闆的面前要求加薪水。但是這個 A 型血的老闆可不是一個容易對付的人，老闆說：「你工作那麼努力，難道我還會虧待你嗎？放心吧！」於是小李又等了幾個月，可是老闆還是沒什麼反應！

小李越想越覺得生氣，他覺得老闆這樣實在沒有什麼意思，於是對工作失去了熱情，開始敷衍應付起來。一個月後，老闆把他的

工作移交給了其他員工，小李這個時候才醒悟，他知道自己這樣一定不會得到加薪的機會了，在這裏繼續工作也沒什麼意思了！

於是就提了辭呈！

每一個老闆都會有自己的一套抵禦員工升職加薪要求的方法。但是有的老闆處理得並不好，就像是故事中小李的老闆一樣，他就用打太極的方式拒絕了小李，徹底地打破了小李的加薪希望。這不僅僅是拒絕加薪，還拒絕了小李再留在公司工作的可能性。

但是也不能說每個人都像小李那樣，大家也都會用自己不一樣的方式去找老闆談判。在這個過程中，老闆就應該靈活運用各種戰略戰術來應對。但是要想既留住員工又不加薪水，老闆們就很有必要掌握一些血型性格的控制法，這樣才能對症下藥，讓每一種血型性格的員工加薪希望都破滅。

**A 型血**：對付 A 型血員工的加薪要求，上司應該描述一下加薪水的情況！一個合理的解釋會讓 A 型血的人徹底接受你的不加薪理由。

通常情況是年終評議進行加薪，但不是全部員工都得到加薪，又或者加薪的幅度不同。即使某位員工沒有獲得本次加薪，也不見得他的工作就是「一落千丈」，很可能是因為本次整體加薪幅度太小，從而使該員工失去了加薪的機會。

另外，如果該員工的薪酬水準在該企業及同行之間已經到達了較高的水準，加薪的空間必然也會很小。可以說，影響加薪的因素是多方面的。

**B 型血**：而對 B 型血的人來說，他們有一種服務精神，肯為別人犧牲，所以上司大可以利用這一點，給他們說說現在公司的情

況是多麼不好，還要說說他的績效考評等等。這樣一來，B型血的人就會覺得自己這樣的要求是無理的，而且他們自信的心態怎麼能夠接受被人說他們還達不到加薪的標準，回去以後一定會更加努力地去工作，以求達到這個標準。

從員工的角度來講，他或許不清楚這些因素，只是感覺到自己工作非常努力，所以就應該加薪。因此，員工有加薪的願望和提出加薪要求是一件正常的事情。

當員工提出加薪要求時，首先應該考察他的績效考評成績，如果成績較低沒有達到加薪的標準，就應該向他解釋本企業的加薪政策，鼓勵他努力工作，爭取下次獲得好的工作績效與考評成績。

**O型血和AB型血**：而對於O型血和AB型血的人來說，他們如果要向你提出加薪的要求，就一定會做出非常詳細的計畫，讓自己達到所有的要求，到時候再來跟你談條件。他們很少打沒把握的仗！

如果該員工的績效考評良好，也沒有得到加薪，就要認真地調查原因，是由於工作失誤造成的，還是因為該員工的薪酬已經較高，不宜再加薪呢？

如果是前者，則應該立即糾正錯誤，對員工進行彌補；如果屬於後者，就應向他解釋本企業中與他能力相同的其他員工的平均薪酬水準，或介紹同行業其他公司同職位的薪酬水準，以便得到他的理解。

員工指出與他能力相同的員工也有加薪，而他自己卻沒有加薪時，這時不要輕易地將該員工與他所講的員工進行比較，這樣會使不滿情緒和抵觸的行為加深。

如果這兩位員工同屬一個部門，則應該交由部門經理進行解

釋；如果這兩位員工不在一個部門，則可以告訴他每個部門的加薪指標不同。

有些上司為了照顧下屬要求加薪的情緒，而採取一些很不實際的理由或輕易地答應他的加薪要求，這是一個非常不負責任的做法。這樣做法最直接的影響是，讓其他員工造成了「誰不爭取誰就是損失」的感覺，更為嚴重的負面效應是，如果員工們紛紛效仿，那麼後果則難以想像了。

面對提出加薪的員工，如果他是 A 型血，那麼老闆就要給其一個合理的解釋；如果是 B 型血的人，要向其解釋加薪政策，鼓勵其努力工作；如果是 AB 和 O 型，要針對情況具體去做。

國家圖書館出版品預行編目資料

血型使用說明書：從血型特質來掌控他人心理／孫靈嵐編著. --
修訂一版. -- 臺北市：菁品文化, 2020. 02
面；　公分. --（創智系列；127）

ISBN 978-986-98476-5-0（平裝）

1. 血型

293.6　　　　　　　　　　　　　　　　　　108021836

創智系列 127
血型使用說明書：從血型特質來掌控他人心理（暢銷修訂版）

編　　　著　孫靈嵐
發 行 人　李木連
執 行 企 劃　林建成
封 面 設 計　上承工作室
設 計 編 排　菩薩蠻電腦科技有限公司
印　　　刷　博客斯彩藝有限公司
出 版 者　菁品文化事業有限公司
　　　　　　地址／11490 台北市內湖區民權東路6段180巷6號11樓之7
　　　　　　電話／02-22235029　傳真／02-87911367
　　　　　　E-mail：jingpinbook@yahoo.com.tw
郵 政 劃 撥　19957041　戶名：菁品文化事業有限公司
總 經 銷　創智文化有限公司
　　　　　　地址／23674新北市土城區忠承路89號6樓（永寧科技園區）
　　　　　　電話／02-22683489　傳真／02-22696560
版　　　次　2020年2月修訂一版
定　　　價　新台幣300元　（缺頁或破損的書，請寄回更換）

I S B N　978-986-98476-5-0
版權所有‧翻印必究　　　　　（Printed in Taiwan）
本書 CVS 通路由美璟文化有限公司提供　02-27239968